CICIR 中国现代国际关系研究院中青年学者纵论

# 大国博弈视角下的全球金融稳定
基于结构、规则、组织、秩序和监管的分析

黄 莺 ◎著

时事出版社
北京

图书在版编目（CIP）数据

大国博弈视角下的全球金融稳定：基于结构、规则、组织、秩序和监管的分析/黄莺著.—北京：时事出版社，2019.10
ISBN 978-7-5195-0299-7

Ⅰ.①大…　Ⅱ.①黄…　Ⅲ.①国际金融—国际经济关系—研究　Ⅳ.①F831.6

中国版本图书馆 CIP 数据核字（2019）第 202967 号

出 版 发 行：时事出版社
地　　　　址：北京市海淀区万寿寺甲 2 号
邮　　　　编：100081
发 行 热 线：（010）88547590　88547591
读者服务部：（010）88547595
传　　　　真：（010）88547592
电 子 邮 箱：shishichubanshe@sina.com
网　　　　址：www.shishishe.com
印　　　　刷：北京旺都印务有限公司

---

开本：787×1092　1/16　印张：20.5　字数：255 千字
2019 年 10 第 1 版　2019 年 10 月第 1 次印刷
定价：110.00 元
（如有印装质量问题，请与本社发行部联系调换）

# 序

　　黄莺所著《大国博弈视角下的全球金融稳定——基于结构、规则、组织、秩序和监管的分析》一书终于出版了，可喜可贺。

　　此书是黄莺博士论文的修改版。2008年美国次贷危机引发全球金融经济危机，把全球化背景下的国际经济金融管理问题尖锐地摆在了人们面前，激起黄莺报考博士研究生从事深入研究的学术兴趣。本来，她硕士研究生期间师从中国社会科学院金融研究所研究员胡滨老师，又在中国现代国际关系研究院世界经济研究所从事世界经济问题研究多年，具备了在国际金融领域从事重大课题的研究能力，而且英文水平较高，深得领导和同事们的欣赏。也巧，2009年我率学术考察团赴东南亚考察中国企业投资情况，她是代表团成员。访问考察过程免不了聊天。当她知道我博士论文是围绕布雷顿森林体系兴衰的历史考察来批判美国国际政治经济学主流理论"霸权稳定论"，便提出希望报考博士研究生。考取博士研究生后，经过一段时间酝酿，便顺理成章地选择了国际金融稳定这个颇具学术前沿的问题作为博士论文题目。当然，在开题报告环节，中国工商银行副行长、博士生导师张红力先生，《工商时报》总编兼南开大学教授、博士生导师刘杉先生，中国社会科学院金融研究所研究员、博士生导师胡滨先生，中国现代国际关系研究院副院长、博士生导师傅梦孜先生和该院研究员、博士生导师刘军红先生都从不同角度提出了很好的意见和建议，坚定了她从事这个课题研究的信心和决心。在几位导师的悉心指导下，经过几年的艰苦努力，成功完成论文写作和答辩。由于论文写作质量较高，被评为当年研究院唯一的优秀博士论文，获得中国现代国际关系研究院资助出版的资格。

这些年来，我们围绕金融稳定问题一直保持着密切的沟通与探讨。她在研究院的研究主业是世界经济与金融，因而能密切跟踪国内外学术前沿动态，也勤于思考，对我有不少启发。

从理论一般看，金融与狭义经济相对应，二者互为依托，相互作用。同时，金融又构成广义经济的一部分，二者构成部分与整体的关系，也是互为依托，相互作用。

在市场经济漫长发展进程的大多数时间里，金融应市场需要而生，属于经济的派生物和附属物。如果把经济比作生命有机体，那么金融就是血液循环系统。如果把经济比作机械，金融就是润滑系统。因此，金融稳定是经济健康运行的前提和保障。研究经济不能不研究金融，发展经济不能忽视金融创新与管理。

市场经济的内在驱动力是获取利润，这使市场经济活动本身呈现出周期性特征。另一方面，市场经济运行的前提条件是财富或资本积累，市场经济的生成、扩展与深化的漫长历史进程将形成巨额财富积累，促使金融日益脱离实体经济或狭义经济，形成相对独立经济系统。进入20世纪90年代，随着市场经济全球化和社会信息化迅猛发展，金融不仅在一国范围内而且超越国界在全球范围内迅速脱离实体经济成为相对独立的社会系统，即全球化金融（Global Finance）。20世纪末东亚、拉美金融危机、2008年全球经济金融危机，都清楚地表明，在市场经济全球化背景下，各国经济相互依赖日益加深，各国金融相互依赖同样日益加深，脱离金融全球化的现实，谈论一般金融或者国别金融已经没有太大意义，谈论一般或者国别金融稳定尤其如此。

从经济全球化、金融全球化、金融与（实体）日益与经济相分离成为相对独立的社会系统这一实际出发，来分析研究金融稳定问题，必须明确这个金融稳定特指全球金融稳定。因此，就方法论来说，必须运用系统论的观点与方法。把全球金融看作是一个大系统，把这个全球金融系统看作世界经济这个更大系统的子系统，并把全球金融这个系统划分为若干子系统，把这个全球金融系统看作是由若干国家参与其中的大系统。同时，需要对全球金融进行历时态的比较与把握，谨慎并力求科学地确定稳定与不稳定的概念含义、逻辑边界与测定指标。在此基础上，按照目标或问题牵引，划分出影响全球金融稳定的若干常量与变量。

因此，本书的亮点或看点就在于，作者在依次厘清金融、金融体系和金融稳定等概念的基础上，运用系统方法，列举出影响全球金融稳定的五大要素，逐个剖析了全球金融结构与金融稳定、全球金融规则与金融稳定、全球金融组织与金融稳定、全球金融秩序与金融稳定、全球金融监管与金融稳定，把全球金融稳定的研究推向了一个新的高度和深度。作者提交答辩时，论文结构重点是对五大要素的分析。修改成书稿时，作者做了较大幅度的调整修改。全书按照理论篇、历史篇、现实篇和中国篇的结构展开，使本书在理论深度的基础上，增强了现实感与可读性。但因要素分析的篇幅缩小，难免影响到这部分的分析深度，似乎少了一点点思辨性与厚重感。

无论如何，本书选题是一次大胆尝试，付梓出版证明了作者的尝试是成功的。这为作者今后继续深入研究打下了很好的基础，对国内学术界在该问题上的研究应当有很好的启示和引领作用。毕竟，全球金融是个巨系统，影响该系统的变量还有很多，需要更多的学界精英投身其中。比如，如何看待全球产业结构及其区域布局作为全球金融运行的环境变量的影响、如何评估社会信息化水平日益提高对全球金融运行方式的影响、如何评估个别国家的经济金融紊乱等局部变动对全球金融整体的影响，如何通过建立健全金融检测系统和指标来提高风险预警水平，维护全球金融稳定，等等，都需要进行更深入更系统的研究。相信黄莺能够通过此书出版，进一步增强学术使命感与自信心，戒骄戒躁，与其他有志于此的中青年学者共同努力，着眼强化全球治理和推进人类命运共同体建设，推出更加系统、更有深度的研究成果，适应中国经济金融实力的稳步增强，把中国在该领域的研究水平提高到应有的高度。是为序！

王在邦<br>乙亥年2月于北京

# 目　录

前　言 ……………………………………………………（1）

**第一章　现有理论扫描** ……………………………………（7）
  一、金融脆弱性理论 ……………………………………（8）
  二、国际货币危机理论 …………………………………（12）
  三、金融周期理论 ………………………………………（14）
  四、马克思主义视角：资本积累金融化 ………………（18）
  五、动态视角：影响国际金融稳定的因素 ……………（23）
  六、国际政治经济学视角 ………………………………（26）
  七、现有研究的不足 ……………………………………（29）

**第二章　全球金融稳定的理论构建** ………………………（33）
  一、概念再审视一：何为全球金融体系 ………………（33）
  二、概念再审视二：何为全球金融稳定 ………………（36）

**第三章　影响全球金融稳定的五大变量** …………………（44）
  一、全球金融结构与稳定 ………………………………（44）
  二、全球金融规则与稳定 ………………………………（52）
  三、全球金融组织与稳定 ………………………………（58）
  四、全球金融秩序与稳定 ………………………………（63）
  五、全球金融监管与稳定 ………………………………（73）

六、小结 ·········································································· (81)

# 历史篇

## 第四章　英国主导下的国际金融体系 ·································· (87)
　　一、"自愿合作型"国际金融体系 ······································· (87)
　　二、基于规则与互助的稳定 ············································· (91)
　　三、发挥有限作用的霸权国 ············································· (94)

## 第五章　两次世界大战之间的国际金融体系 ························ (97)
　　一、国际货币制度礼乐崩坏 ············································· (97)
　　二、脆弱性根源 ···························································· (99)
　　三、英美货币博弈与稳定机制失灵 ································ (104)

## 第六章　美国主导下的国际金融体系 ································ (110)
　　一、从稳定走向不稳定 ················································ (110)
　　二、布雷顿森林体系：国际管制下的稳定 ······················ (115)
　　三、驶入信用货币的未知海域 ······································ (117)
　　四、小结 ··································································· (122)

# 现实篇

## 第七章　全球化背景下国际金融体系的运行 ······················ (129)
　　一、全球化浪潮兴起 ··················································· (129)
　　二、美国金融体系异化及影响 ······································ (139)
　　三、危机频发的动荡时代 ············································· (156)
　　四、全球金融体系的内在缺陷 ······································ (176)

## 第八章　2008年国际金融危机后的改革尝试 (191)
　一、自上而下的改革 (191)
　二、自下而上的改革 (209)
　三、改革成效评估 (215)
　四、面向未来的建议 (223)
　五、小结 (237)

# 中国篇

## 第九章　全球金融稳定的中国角色 (243)
　一、中国经济金融实力迅速崛起 (243)
　二、中国参与全球金融稳定的机遇与挑战 (253)
　三、分阶段制定全球金融稳定的参与战略 (266)
　四、四条路径提升中国金融影响力 (270)
　五、全方位打造中国金融外交 (278)
　六、从金融大国向金融强国转型 (282)
　七、小结 (285)

**结　语** (287)

**参考文献** (297)

**后　记** (316)

# 前　言

　　本轮金融全球化始于20世纪80年代初美欧政府开启的金融自由化浪潮。90年代初开始，受新自由主义、资本扩张和信息技术三大力量推动，金融全球化进入高歌猛进时代。但是，除世界经济总体上的增长外，与之相生相伴的还有全球金融体系的迅速膨胀和持续动荡，同时动荡之源也有从世界经济体系的边缘蔓延至核心的危险倾向。2008年，国际金融危机迅猛爆发，并从美国快速席卷欧洲，2010年终于波及新兴市场，造成全球经济同步下挫，直至今日，世界经济仍未从危机的阴霾中完全走出。这场危机充分暴露出现有全球金融稳定理论的缺陷和不足，以及全面审视和重新建构全球金融稳定框架的重要性和急迫性。因此，金融稳定的理论研究、政策设计、机制建设是一个时代性问题，是现代金融体系产生和发生在全球化和信息化阶段所表现出来的核心问题，它既是复杂的理论问题，也是迫切的实践问题。

　　国际上对"全球金融稳定"的大规模实践探索和理论研究始于布雷顿森林体系的崩溃。从国际实践上看，1975年成立的六国集团将国际金融稳定和货币政策协调作为核心使命，该组织后经历1976年和1998年两度扩围成为八国集团。1974年始，以巴塞尔银行法规与监管事务委员会为代表的国际金融标准制定机构也相继成立，成为G7/G8与国际金融机构的专业意见提供者和亲密合作伙伴。但是，大国间密切的货币金融政策协调和国际专业标准机构的陆续建立并没能有效预见和阻止国际金融危机的产生。20世纪80年代初，拉美债务危机、欧洲汇率危机和亚洲金融危机相继爆发，对全球经济的破坏性也越来越大。1997年亚洲金融危机爆发后，全球金融稳定问题上升为国际研究热点。一方面，八国集团于1999年组建金融稳定论坛（Financial Stability Forum）加强对全球金融体系风险的研究，美、欧等主要发达国家央行陆续发布年度金融稳定报告，国际货币基金组织也开始发布《全球金融稳定报告》；另一方面，一大批学者开始建构金融稳定的理论体系，大量相关著述得以出版。但是，十年的研究、改革和治理并未能阻止次贷危机在美国的突然爆发。尽管在2007年各种危机征兆就开始出现，但西方主流经济学界和政策界一直被"美国特殊论""这次不一样"等各种论调所干扰，这最终导致危机不断升级和蔓延。

  2008年国际金融危机爆发后，二十国集团取代七国集团成为全球经济治理的首要平台，并将金融稳定论坛升级为金融稳定理事会（Financial Stability Board），专司国际金融改革。目前，全球金融治理体系已经形成了以25家央行组成的金融稳定理事会为核心，以国际货币基金组织、世界银行、国际清算银行和经合组织等四家国际经济机构为支柱，以巴塞尔银行监管委员会（BCBS）、全球金融体系委员会（CGFS）、支付与市场基础设施委员会（CPMI）、国际保险监督官协会（IAIS）、国际会计标准委员会（IASB）和国际证券委员会组织（IOSCO）等国际标准制定机构为基础的庞大网络。与此同时，国际学术界也对危机进行空前反思，各种分析金融危机根源、国际金融改革、资本主义发展前景的著作不断问世。但十年来，国际金融治理仍效果不彰，反思的动力、合作的共识和改革的迫切性不断下降，大量结构性矛盾仍淤积在国际金融体系中。主要表现包括经济体对危机爆发根源存在巨大分歧①，在反危机的宏观经济政策上南辕北辙②，金融监管改革动力下降等③。这些实践上的巨大分歧映射了理论上的混乱、冲突和缺陷。时至今日，围绕"全球金融稳定"的一些基本理论问题，如全球金融体系的定义、全球金融稳定的内涵、全球金融稳定的条件，以及全球金融体系与政治体系的关系等，学术界仍存在研究不足和分歧。

就理论层面而言，到目前为止，国内外学者对何为"全球金融稳定"，并未形成统一看法。"全球金融稳定"更多被认为是一种与"国际金融危机"相对的状态，其意不证自明。现有研究文献中，从金融危机和金融脆弱性角度研究金融体系的文章非常多，但从"金融稳定"视角切入的较少。实际上，以上三个概念既有联系，又有区别，并不能等同视之。金融危机研究侧重于模型研究，特别是分析单个或某类金融危机的生成机理；金融脆弱性研究则着重分析金融机构和金融市场内生的不稳定性；而研究金融稳定则需要回答何为金融稳定状态，何为不稳定状态，以及金融稳定的条件等问题。目前，金融稳定相关研究多属于静态分析，即假设外部经济条件保持不变。然而，本次金融危机仅用"静态视角"分析是明显不够的，危机前国际政经力量对比变化趋势明显，危机破坏性被认为只有1929年大萧条可相提并论，且

---

① 美国强调宏观经济层面的原因，指责新兴经济体过度储蓄压低了美国借款利率，从而助推了美国金融市场泡沫；欧洲指责美国受短期利益驱动的华尔街模式，推升了国际金融体系的系统性风险；新兴国家则指出美元特权构成当前国际货币体系不公和风险的来源。

② 2008年国际金融危机爆发后，美联储实施的大规模量化宽松实验将央行货币政策推进到一个人类完全陌生的领域，其积极边际效应正迅速递减，而破坏效应难以预测。在美国的带领下，发达国家以刺激经济之名集体实施量化宽松，新兴市场则饱受资本冲击之苦，并面临着未来发达国家货币政策逆转的巨大不确定性。

③ 主要表现包括美国金融监管改革不彻底性突出、新兴市场逆向开放、国际合作成果十分有效等。

危机在国际社会引发了全球金融治理改革的热烈讨论，具有明显的政治经济综合影响。鉴此，本书将从国际政治经济学的研究视角出发，通过构建以权力来源和结构性权力为核心概念的分析框架，对影响全球金融体系稳定的主要因素、大国博弈焦点和最终稳定路径进行深入分析，并为未来研究提供导向。

  对全球金融稳定的理论探讨，对于现阶段的中国，有着特殊的现实意义。首先，对中国参与全球金融治理提供方针指引。鉴于近年来国际金融危机频繁爆发且破坏性大，包括中国在内的世界主要经济体都应当对全球金融稳定性下降的根源，以及构建金融稳定框架的重要性、必要性和可行性等问题进行深入研究，为推动和深化后危机时代全球金融治理改革提供理论支撑。作为G20和金融稳定理事会的重要成员，中国必须有一套完整的全球金融稳定理论来指导自己在国际金融改革中的行动。现有的金融稳定理论大多由西方学者建构，在实践中有明显的自由主义倾向，有利于维护西方发达经济体的经济金融利益和优势竞争地位。而中国仍处于经济发展阶段，仍需要金融主要发挥促进发展的职能，因此在国际金融稳定体系的建构、规则的确立以及政策的实施上，有着明显不同于发达国家的诉求。其次，为平稳推动人民币国际化提供理论支撑。在新一轮全球金融危机的冲击下，中国金融系统经受住了外部冲击的严峻考验，为世界经济恢复发展做出了巨大贡献。但是，目前中国金融系统中仍然存在诸多不稳定因素，金融风险仍然有不断积累的迹象，如金融机构混业经营与分业监管体制之间，以及金融系统对外开放与降低金融体系对外部冲击的敏感性之间的冲突越来越显著。2008年国际金融危机爆发后，人民币国际化成为中国国际经济战略的重要支点，国内金融体系改革也成为进一步深化经济体制改革、促进经济增长的着力点。从金融稳定的条件分析，国内经济体制改革和国际金融货币生态变化都可能通过促发金融结构调整，导致金融体系稳定性下降。如何在国际经济格局剧烈变动和国际金融货币体系稳定性下降的背景下,推动包括人民币国际化在内的内外金融改革,保证后危机时代中国经济的平稳运行和对外经济金融影响力的不断扩大,是摆在中国学者和政策制定者面前的重要问题。

# 第一章

# 现有理论扫描

　　国际上对"全球金融稳定"的大规模实践探索和理论研究始于布雷顿森林体系的崩溃,但直到1997年亚洲金融危机爆发,相关研究和实践才出现井喷式发展。就理论层面而言,到目前为止,国内外学者对何为"全球金融稳定"并未形成统一看法。"全球金融稳定"更多被认为是一种与"国际金融危机"相对的状态,其意不言自明。现有研究文献中,金融脆弱性理论、国际货币危机理论发展得较为充分,而从"金融稳定"视角直接切入的研究较少。实际上,以上三个概念既有联系,又有区别,并不能等同视之。金融脆弱性研究着重分析金融机构和金融市场内生的不稳定性;国际货币危机研究侧重于模型研究,特别是分析单个或某类货币危机的生成机理;而研究全球金融稳定则需要回答何为金融稳定状态,何为不稳定状态,以及金融稳定的条件等问题。2008年国际金融危机爆发后,金融周期理论得到进一步发展,它指出西方主流经济学一直将金融视为实体经济附庸的谬误。全球金融稳定问题除引发经济学家的浓厚兴趣外,也越来越受到政治经济学家的重视。与经济学较为静态的研究视角相比,国际政治经济学学者试图从历史周期切入,综合国际政经体系趋势性变化等因素,形成了独特研究视角。当代马克思主义者提出资本积累金融化理论,从资本积累方式的变化解释金融动荡的根源。其他一些政治经济学家则重点探讨国际政治因素、霸权国等对金融稳定的影响。

## 一、金融脆弱性理论

金融体系是否具有内生稳定性？这个看似简单的问题，引发了西方经济学家持续一个世纪的激烈辩论。"金融脆弱性理论"和"有效市场假说"这两派阵营针锋相对、水火不容，但在不同时期都曾主导过西方经济政策，在西方经济金融史上都留下了深刻的烙印。

2008年国际金融危机爆发之前，主张金融市场能实现自我稳定的"市场有效假说"长期居于经济学主流。该理论形成于20世纪60年代的芝加哥大学，由法玛等人提出并加以完善。1965年，美国芝加哥大学金融学教授尤金·法玛（Eugene Fama, 1939 - ）发表题为《股票市场价格行为》的博士毕业论文，并于1970年对该理论进行了深化，提出有效市场假说。有效性市场是指能够有效利用金融信息的资本市场，如果资本市场在证券价格形成中能够充分而准确地反映全部相关信息，则称其为有效率。该理论认为，金融因素只是"外生冲击"的传播机制，它用来解释为什么波动幅度很大，但金融因素本身并不是波动的源泉。有效市场假说有一个颇受质疑的前提假设，即参与市场的投资者有足够的理性，并且能够迅速对所有市场信息做出合理反应。有效市场假说自提出后，一直备受争议，但在西方现代金融学的主流理论中，该假说一直占据重要地位，并为20世纪80年代以来发达国家不断放松金融监管政策提供理论支持。

2008年国际金融危机的爆发，彻底打破了"有效市场假说"的神话。人们将国际金融危机爆发的标志性事件——雷曼兄弟公司的倒闭——称为"明斯基时刻"，让海曼·明斯基（1919—1996）这个长期游走在西方主流经济学边缘的学者重新回归大众视野。他提出的金融脆弱性理论再度引起重视，著述也被大量翻印。虽然明斯基是金融脆弱性理论的创始人，但他的思想源头可以追溯到更远的20世纪初期。

弗兰克·奈特（1885—1972）对社会经济系统中的"不确定性"和新事项给予了很大的重视，他认为"真正的不确定性……开启了关于行动自由的理念的大门"。①此后，凯恩斯（1883—1946）吸收并发展了奈特关于不确定性的思想，认为大多数经济决策都是在不确定的条件下做出的。他认为，资本主义经济拥有脆弱的金融结构，需要庞大的政府加以维持。金融市场不确定性的根本来源是生产过程的不确定性和金融资产交易过程的不确定性。凯恩斯《通论》第十二章集中论述了投资决策的不稳定性，认为这些决策是在固有的不确定性的条件下做出的，即"在一个不稳定的经济中，投机支配着企业经营"。凯恩斯不相信股市是理性的，并用"动物本能"来描述它，并警告"当一个国家的资本发展成为赌博活动的副产品时，就走向病态了"。②

明斯基以"金融凯恩斯主义者"著称于世，在其书《稳定不稳定的经济》中，明斯基对凯恩斯推崇备至。明斯基进一步深化了凯恩斯的不确定性思想，并提出"金融不稳定假说"，并在整个20世纪60年代到80年代，一直致力于发展和完善这一理论。他认为，资本主义经济具有复杂的、发达的而又不断发展的金融体系，它的发展变迁容易产生不连续性（表现为失控的通胀和大萧条）。③明斯基把非理性（"狂热"）和金融危机看做现代资本主

---

① [英]杰弗里·M. 霍奇逊著，任荣华译：《演化与制度》，北京：中国人民大学出版社，2017年版，第140页。

② [美]托马斯·卡里尔著，钟晓华译：《智慧资本：从诺奖读懂世界经济思想史》，北京：中信出版社，2016年版，第98页。

③ [美]海曼·P. 明斯基著：《稳定不稳定的经济》，北京：清华大学出版社，2010年版，第9页。

义固有的特征。在他看来，资本市场没有效率可言，它天生就是不稳定的；过热、恐惧和危机的循环是金融投机根深蒂固的自然属性。明斯基以三种投资方式描述这一循环：对冲性融资、投机性融资和旁氏融资。对冲性融资是融资主体及其银行的常规业务，指融资者能从未来收益中支付利息并偿还本金。而在投机性融资中，收益仅够支付利息，而不足以分期偿还贷款。如果未来可期待收益上升，预期收入将超过每一期须支付的利息。而在旁氏融资中，融资者需要持续借入新的资金，用于支付利息和本金。旁氏融资通常与边缘性的或欺诈性的融资活动联系在一起，虽然其最初的意图并不一定是要进行欺诈。[①]

金德尔伯格是明斯基的追随者。在他看来，即使个人是理性的，但金融投资是许多人貌似理性的行为所导致的非理性结果的一种从众现象。他将泡沫经济与自我膨胀的过程分为六个阶段：第一阶段，宏观经济体系的"异常变化"改变了获利机会并导致经济预期发生变化。部分经济体开始采取异常行为。第二阶段，经济活动达到巅峰，设备投资、金融投资将会一直维持持续扩张的假象。第三阶段，在金融规模相对于实体经济规模不断膨胀的过程中，出现了资产过度交易及投机行为，资产价格暴涨。第四阶段，市场行情异常狂热，出现投机过旺的现象。企业和家庭大规模从事投机行为，正常、理智的行为被狂热和泡沫取代。第五阶段，资金需求显著增大，货币流通速度增加，利率上升。企业资金周转出现困难，资产价格骤然下挫，金融机构停止发放以上述资产做担保的贷款，并开始着手回收贷款，一部分金融机构因大量不良资产的损失而破产。第六阶段，如果政府没有采取适当宏观和微观对策，市场上会迅速出现反向操作，金融缩水，从而

---

① ［美］海曼·P. 明斯基著：《稳定不稳定的经济》，北京：清华大学出版社，2010 年版，第 184 页。

陷入金融危机的深渊。国际政治经济学大师吉尔平曾评价说，虽然金德尔伯格不肯说金融危机是国内资本主义的固有特征，但他断言那是国际资本主义所固有的。因为他认为，明斯基的模型适用于国际金融领域……充满风险的投机，货币（信用）的扩张，想要获得的资产价格突然大幅度下跌，急忙换成现金或可靠的投资，这些都是国际投资者在世界追逐高利润时特有的现象……国际银行在新兴市场上的投机性投资和受到高度操纵的对冲基金促成狂热和投资泡沫。①

另一位金融脆弱性理论的坚定支持者是投机大鳄兼金融哲学家索罗斯。他直言不讳地说："理性预期理论认为，按照定义，市场总是正确的；但我认为，金融市场几乎总是错误的，只不过在一定的限度内它有自我验证的能力罢了。"索罗斯认为，金融市场存在着与生俱来的不稳定。……在现实世界中，均衡概念所赖以存在的假设条件很少得到满足。金融市场甚至不可能满足这些假设条件。金融是好似那个试图把未来"贴现"，而未来又反过来依赖于现在它如何被贴现。由于参与者的理解不完备，结果是存在着内在的不稳定性。因此，与自均衡调节机制的观点相反，金融市场的稳定必须要有公共政策来保证。②

除了上述学者和现在仍活跃在西方经济学界的后凯恩斯主义者外③，西方金融行为学的崛起也从另一个侧面支持了金融脆弱性理论。金融行为学试图综合金融学、心理学、人类学等相关理

---

① ［美］吉尔平：《全球政治经济：解读国际经济秩序》，上海：上海世纪出版集团，2013年版，第239页。

② 王小强：《投机赌博新经济》，北京：大风出版社，2007年版，第345页。

③ 如劳伦斯·萨默斯挑战了有效市场假说的基本前提，认为人类的基本行为，如害怕、恐惧，或者情感波动，能够驱动市场，这就足以推倒数学家所提出的完美理性；耶鲁大学教授罗伯特·希勒抨击有效市场假说是经济学理论史上最引人注目的错误。

论，揭示金融市场的非理性行为和决策规律。该理论认为，金融市场价格并非只由金融产品的内在价值决定，还在很大程度上受到投资者主体心理和行为的影响。例如，戴蒙德（Diamond）和拉詹（Rajan）（1999）、莱纳特（Lehnert）和帕斯莫尔（Passmore）（1999）、苏伯拉曼尼亚（Subrahmanyam）和蒂特曼（Titman）（2001）的预期自我实现理论、艾伦（Allen）和盖尔（Gale）（1996）的银行业恐慌模型、摩伦斯廷（Borensztein）和格洛斯（Gelos）（2003）的羊群效应、别克扬达尼（Bikhchandani）和夏尔马（Sharma）（2001）的正反馈策略等，都是对金融脆弱性理论的补充解读。

## 二、国际货币危机理论

20世纪70年代初布雷顿森林体系崩溃后，以汇率崩溃为标志的国际金融危机频发，国际学术界对国际货币危机爆发机理的研究也进入高峰期，并陆续发展了三代货币危机模型。

第一代货币危机模型由克鲁格曼（1979）构建。他强调，通过信贷扩张为大规模的预算赤字融资是固定汇率制度不可持续的原因。在给定的货币需求下，持续的国内信贷扩张会导致货币市场失衡。为了重建货币市场均衡，中央银行不得不出售外汇储备。在外汇储备被耗尽之前的某个时点，投机者会突然发动攻击。一旦外汇储备耗尽，汇率制度就不得不改变。

对20世纪90年代初欧洲货币体系危机的研究，催生了第二代货币危机模型，即"退出条款模型"。奥布斯特菲尔德（Obstfeld）（1994、1995）强调了均衡的多重性：市场参与者的预期取决于对政府对策的猜测，而政府对策取决于受市场参与者预期驱动的价格变化对政府经济政策目标的影响。除了高失业率之外，他还分析了其他一些自我强化机制，具体包括公共债务、银行、收入分配、实际利率、溢出和传染效应。

对东亚金融危机的研究催生了第三代国际货币危机模型。马松（Masson）（1998）、里杰克格姆（Rijckeghem）和维德（Weder）（1999）和克鲁格曼（1999）等建构的第三代危机模型，强调固定汇率导致的道德风险、资本市场上的羊群效应以及通过国际收支项目发生的传染效应。

侧重于研究新兴市场脆弱性的国际货币危机理论，形成了一些有趣的视角和观点。例如，一些学者较为关注新兴市场的资产负债表或债务问题，并区分了"债务不耐"（debt intolerance）、"原罪"（original sin）和"货币错配"三种情况。根据莱因哈特（Reinhart）（2003）的定义，"债务不耐"指的是，即使对于发达经济体而言是可控的外债水平，也会给新兴经济体带来脆弱性。艾肯格林（Eichengreen）等人（2003）将"原罪"定义为由于国际金融市场的结构性缺陷，新兴经济体无法在国际金融市场上使用本币发行债务。兰姆弗赖斯（Lamfalussy）（2002）对1982—1983年拉美债务危机、1994—1995年墨西哥危机、1997—1998年东亚金融危机和1998年俄罗斯债务违约事件进行研究后指出，大规模短期外债积累及与之相伴的资产价格泡沫最终变得无法支撑，是这四次危机的症结所在，尽管外债积累的过程各不相同，但最重要地是最终的结果，即外债的规模和到期状况。戈登斯坦和特纳（2005）强调新兴经济体的政策存在失误，以至于发生了严重的货币错配，未能有效地将外币短期债务控制在社会最优水平，而且未能充分地对潜在的不稳定后果进行对冲或保险。

近年来，国内学者也针对金融开放与金融稳定的关系进行了大量研究。如陶然（2009）的《金融稳定目标下的资本账开放研究》、黄志龙（2012）的《资本项目开放与金融稳定》、刘沛（2010）的《开放经济下金融稳定的理论和实践》、张煜（2011）的《金融开放、经济增长和金融稳定》等。

## 三、金融周期理论

早在19世纪,李嘉图、桑顿等经济学家就以货币和信贷的外生性作用,解释商业周期。在此基础上,奥地利经济学派对经济和信贷周期开展了持续研究。维克赛尔(1851—1926)的积累过程学说构建了静态均衡的信贷周期理论,即短期内,货币利率围绕自然利率波动,作用于投资、需求、物价等,产生经济周期。随后,哈耶克(1899—1992)提出动态均衡的信贷周期理论,认为银行派生货币的能力受到准备金率限制,货币额外增加引发的过度投资(相对于自愿储蓄)和资本品价格相对消费品价格的降低,将被要素收入提高和消费品需求增长所取代,最终造成派生货币减少,借贷利率提高及投资下降。米塞斯(1881—1973)的商业周期理论,则强调由政府及其中央银行所鼓励、推动的银行信用和银行货币的扩张,导致资本品行业出现过度投资、消费品行业却投资不足,从而导致繁荣与萧条的交替。奥地利学派虽洞见深刻,但在布雷顿森林体系时期,西方世界经济长期繁荣,金融危机几乎绝迹,人们普遍认为,经济周期已被"凯恩斯经济学"驯服,"信贷周期论"也随之没入历史尘埃。

20世纪80年代后全球金融体系迅速膨胀,金融周期对实体经济周期的干扰和影响作用越来越明显,西方学术界重新加强对"金融周期"的研究。白南克(Bernanke)等人建立了金融经济周期理论的一般理论框架,但主要将金融体系视为实体经济波动的加速器或放大器,否认金融周期的内生性。总之,2008年金融危机爆发前,西方主流研究范式将金融主要视为宏观经济波动的余兴表演。①

2008年国际金融危机爆发后，一些学者再次提到"华尔街周期"问题。如巴伯拉（Barbera）（2009）认为，从1945—1985年，全球没有一次衰退与金融市场有关。事实证明，20世纪70年代由通胀引起的经济周期，已经被具有相同杀伤力、由华尔街驱动的周期所代替。从1985年至今，全球共出现5次大的周期性波动，分别是美国90年代早期的衰退；1990年日本股市大跌及其后的衰退；90年代中期亚洲危机；新千年前后美国科技股泡沫膨胀与破裂；2007—2008年，美国房地产市场空前繁荣与崩塌。这5次全球或地区性衰退，均是金融投机导致资产价格泡沫破裂的结果。其过程是：先出现投资扩张，然后资本市场出现不可思议的高收益，最后崩盘，影响扩散至实体经济。

2008年国际金融危机的爆发表明，利率等金融价格并不能准确反映金融和实体经济之间的互动关系。金融体系不仅可以加速或放大经济波动，金融体系本身也存在周期性变化，并可能引发实体经济剧烈波动，甚至成为危机源头。博里奥（2014）认为，金融周期表示价值、风险、风险偏好和融资限制之间自我强化的交织作用，其表象是周期性的繁荣和萧条。博里奥（Borio）和迪亚塔特（Disyatat）（2011），博里奥（2014）使用"过度金融弹性"一词来说明经济体系所具有的积累金融失衡的特性。博里奥指出，金融周期具有三个特点：一是金融周期是个中期概念，与商业周期并不同步；二是金融周期的顶部有很强的危机指示作用，往往伴随着系统性银行危机的爆发；三是金融周期的收缩期与经济衰退重合时，将加剧经济衰退的幅度。

---

① Mathias Drehmann, Claudio Borio, Kostas Tsatsaronis, *Characterising the Financial Cycle: don't lose sight of the medium term!* BIS Working Papers No. 380, June 2012. http://www.bis.org/publ/work380.pdf

关于如何测量金融周期，目前学术界并无统一观点。例如，艾克曼等人（Aikman et al）（2010），舒拉利克（Schularick）和泰勒（Taylor）（2009），乔达等人（Jorda et al）（2011）关注单一金融指标，即信贷周期和商业周期之间的关系。克雷森斯等人（Claessens et al）（2011a，b）使用传统的拐点分析法对多个国家的三大金融指标——信贷、房地产价格和股价的谷峰和谷底进行测量。德雷曼等人（Drehmann et al）（2012）则认为信贷、信贷GDP比、住房价格是测量金融周期的较好指标，而股价和包括商用住房价格的资产价格总指数都不能清晰刻画金融周期。英格利希等人（English et al）（2005），Ng（2011），哈特齐斯等人（Hatzius et al）（2011）则试图纳入包括利率、波动性、风险升水、违约率、坏账等在内的更加广泛的金融指标，并从中寻找规律。

总体而言，大部分文献重点考察三类金融指标对金融周期的指示作用，即信贷类指标、房地产价格指标和资产价格综合指标。其中，信贷周期和房地产价格周期呈现较强相关性，且波动周期明显较长。其中期周期顶部附近多爆发金融危机，因此具有较强的危机指示作用。与信贷和房地产指标相比，股价或资产类价格综合指标短期内波动频率更大，波幅也更剧烈，其中期周期峰值与金融危机的相关度不高，因此不具有较好的危机指示作用。因此，一些学者认为，信贷周期和房产周期是测量金融周期的最为简洁的方法。[1]斯特林梅尔（Stremmel）则认为，包含信贷/GDP比、房价/收入比和信贷增长三者的合成指数，最能反映金融周期。[2]

---

[1] Claudio Borio, *The Financial Cycle and Macroeconomics: What Have We learnt?* BIS Working Paper, No 395, December 2012. http://www.bis.org/publ/work395.pdf

[2] Hanno Stremmel and Balazs Zsamboki, *The Relationship between Structural and Cyclical Features of the EU Financial Sector*, ECB Working Paper Series, No 1812, June 2015. www.ecb.europa.eu/pub/pdf/scpwps/ecbwp1812.en.pdf

一些西方学者试图在金融周期理论的基础上探讨全球金融周期，并认为，世界经济确实存在强大的全球金融周期，其特征是资产价格、总体流动性和杠杆的大规模共同运动。由于信贷周期和资本流动主要受国际因素影响，这些因素对于许多经济体的周期条件而言负面影响较大。对于某些国家，全球周期可能导致繁荣时期信贷过度增长，随后在艰难时期则是锐减。古林查斯（Gourinchas）和奥布斯特菲尔德（2012）及舒拉利克（Schularick）和泰勒（2012）发现，过度信贷增长是提示危机的最佳预测性指标之一。全球金融周期与资本流动的激增和锐减、资产价格的繁荣崩溃，以及危机相连。

贝卡尔特等人（2012），米兰达—亚格里皮诺（Miranda - Agrippino）和雷伊（Rey）（2012）及布鲁诺（Bruno）和申恩（Shin）（2013）认为，在国际金融体系的许多组成部分中，美国的货币条件、资本流动和金融业的杠杆之间存在相互联系。雷伊（Rey）（2013）也认为，全球金融周期的决定因素之一是美国的货币政策，因为美国货币政策影响国际金融体系中跨国银行的杠杆率、资本流动以及信贷增长。当资本能够自由流动时，不管一国采取什么样的汇率制度，全球金融周期都能对国内货币政策起到制约作用。全球金融周期将"三难困境"转化为了"两难困境"。只有当资本项目受到直接或间接管制时，一国的货币政策才可能拥有独立性。[①]

---

[①] Helene Rey, *Dilemma not Trilemma: the Global Financial Cycle and Monetary Policy Independence*, August 31, 2013, VOX CEPR's policy Portal. http://www.voxeu.org/article/dilemma - not - triemma - global - financial - cycle - and - monetary - policy - independence.

## 四、马克思主义视角：资本积累金融化

马克思主义政治经济学指出，金融活动的起源表明，金融活动天生具有不依附生产而自我增殖的投机倾向，这种倾向成为金融经济危机的根源之一。

在资本主义生产方式下，金融体系与实体经济发展出一种复杂的共生关系。一方面，金融体系的发展和壮大依赖于实体经济的不断发展和它对实体经济发展的贡献。另一方面，金融体系仍然具有让资本积累不通过使用价值的生产和交换而进行价值化积累的倾向。在实体经济利润率逐步下降的情况下，这种倾向表现得尤为突出。其具体表现是，金融体系的虚拟化、衍生化发展，及与实体经济联系的日趋脱节。生息资本、虚拟资本作为资本的发展形式，其积累越发背离生产过程，资本主义信用市场的发展使得产业资本积累和金融资本积累分化，形成了双层积累体制。

同样，全球金融体系形成后，也表现出服务于产业扩张和金融扩张的二元性特征。全球经济体系的发展阶段和主要特征决定了全球金融体系的发展阶段和主要特征。同时，全球金融体系的相对独立性，使其能对全球经济体系产生或积极或消极的反作用。全球金融体系在历史演化中呈现出二元性特征，主要表现在两个方面：一是同一历史时期，全球金融体系兼具帮助物质扩张和金融扩张两种职能；二是在不同历史时期，全球金融体系的主导职能会发生转变，或主要服务于物质扩张，或主要服务于金融扩张。

现代马克思主义者认为，实体经济利润率的降低是资本积累金融化的重要根源。这意味着，当竞争等因素导致实体经济利润率下降时，金融体系将调整其主要职能：主要服务于金融资本积累而非物质资本积累。现代马克思主义者将资本主义体系的演化

划分为四个时期,即重商主义阶段(15世纪初到18世纪中叶)、自由竞争阶段(18世纪中叶到19世纪末20世纪初)、垄断阶段(包括私人垄断和国家垄断阶段,20世纪初到70年代初)、国际垄断阶段(20世纪70年代初至今)。

1. 重商主义阶段。这一时期,资本积累主要来源于商业、农业和采矿业的利润。当从商业、农业和采矿业中积累起大量资本以后,随着整个贸易体系中竞争压力的增加,资本从采购、加工和销售商品向更加灵活的投资形式即主要为国内外的公共债务提供资金。[①]因此,生息资本或高利贷资本和商业资本在资本主义生产方式以前就存在,热那亚和荷兰的剩余资本更多的表现为高利贷性质的生息资本,即所谓"有资本的剥削方式,但没有资本的生产方式"。[②]

2. 自由竞争资本主义阶段。工业革命导致资本积累的重心从农业、商业和采矿业转向了工业,特别是第一部类即生产资料的部门。[③]生息资本成为资本主义生产方式的一个重要要素,而高利贷资本并没有介入资本主义的生产过程。主要由借贷资本和虚拟资本组成的金融资本服务于产业资本生产的需要,其收入也是来自职能资本所创造的剩余价值。

3. 私人和国家垄断资本主义阶段。19世纪末20世纪初,全球金融体系繁衍出两种价值观完全不同的子系统:一是以英国为代表,注重短期利益不愿进行长期产业投资的英语国家金融体

---

① 杰奥瓦尼·阿瑞基著,姚乃强、严维明、韩振荣译:《漫长的20世纪》,南京:江苏人民出版社,2011年版,第112页。
② 马克思著:《资本论·第三卷》,北京:人民出版社,2004年版,第676页。
③ 杰奥瓦尼·阿瑞基在其著作《漫长的20世纪》中指出,16世纪末和17世纪初,荷兰资本积累体制通过一种由保护成本的内部化构成的向前运动在世界范围里超过了热那亚体制;18世纪末和19世纪初,英国体制也正是通过生产成本内部化超过了荷兰体制,而工业资本主义是其主要的表现形式。

系。除英国外,荷兰和美国也属于这一体系。二是以德国为代表,产业资本和银行资本结合成金融资本,形成以促进和支持产业发展为目标的德式金融体系。福克斯韦尔曾警告说,不列颠的钢铁、汽车、装备制造品以及其他重工业处于被荒废的危险之中,而这在很大程度上是由于这个国家的银行家不能理解扩大长期信贷和推进股权投资对于扩大工业生产的必要性。[①]二战以后,垄断资本主义由私人垄断资本主义进入到国家垄断资本主义阶段。这一阶段后期,由于生产的相对过剩和整个经济体系有效需求不足的问题越来越严重,实体经济的停滞使得过剩资本绕过产业资本,通过金融资本的形式在金融投机中获取利润。"现在金融扩张不是以健康的经济为基础,而是以滞涨的经济为基础。"[②]

4. 全球垄断资本主义阶段。20世纪70年代开始,主要发达国家生产率增长持续下降,资本加速外流,"去工业化"和"金融化"成为两大并存趋势。金融化意味着金融部门逐渐从非金融部门分离的过程,"金融部门逐渐地从对非金融部门贷款活动为基础转向市场为基础的金融投机活动"。[③]与此相应,全球金融体系也出现虚拟化、衍生化发展倾向,与世界实体经济的发展日益脱节。沙奈(2006)指出,20世纪90年代后,全球金融体系表现出明显的金融脆弱性和体系风险,主要是因为产生了金融占统治地位的全球化积累制度。金融积累制度的出现和巩固发展,总是与生产增长率,同时也包括投资率和储蓄率的不断下降并行存

---

① [美]迈克尔·赫德森著,曹浩瀚译:《从马克思到高盛:虚拟资本的幻想和产业的金融化(下)》,载于《国外理论动态》,2010年10月。

② 约翰·福斯特、罗伯特·麦克切斯尼著,武锡申译:《垄断金融资本、积累悖论与新自由主义本质》,载于《国外理论动态》,2010年第1期。

③ 大卫·科茨著,孙来斌、李轶译:《金融化与新自由主义》,载于《国外理论动态》,2011年11期。

在。这一矛盾构成全球金融体系的结构性风险。[①]

杰奥瓦尼·阿瑞基将资本主义体系划分为四个积累期，在体系积累周期中处于主导地位的中心国家依次分别是热那亚、荷兰、英国和美国。荷兰通过保护成本的内部化取代了热那亚的中心地位，英国通过生产成本的内部化取代了荷兰的中心地位，美国则通过销售成本的内部化取代了英国的中心地位。每个积累周期都由物质扩张和金融扩张两个阶段组成。在金融扩张阶段，资本积累的主要渠道从实体经济转向金融领域。金融扩张又可分为三个阶段：首先是将过剩资本转化为信贷供给；其次是放弃贸易和生产；最后是创造有利于金融资本获利的市场条件。阿瑞基认为，当体系积累的中心国家进入金融扩张阶段之时，就是该中心及该体系陷入危机之时。在金融扩张阶段，资本将由衰落中心向新兴中心流动，作为衰落中心获得新兴中心积累的大规模剩余资本的一种手段。历史上看，热那亚、荷兰和英国都是在失去了生产和贸易的竞争优势时进入了金融扩张阶段。现在的美国也经历着相同的金融扩张，但与历史经验不同，这一阶段伴随着大量资本流入。

新熊彼特学派的佩蕾斯也对金融资本和产业资本的关系进行了研究。她从技术变迁、经济变迁和制度变迁三个方面对资本主义体系演进的动力机制进行剖析。她认为，技术变迁是资本主义体系演进最根本的动力，而技术革命在资本主义社会中的扩散需要金融与信用制度的支持。她将这一扩散所带来的巨大浪潮划分为技术—经济范式导入期和展开期。在导入期的爆发阶段，金融资本对新技术进行集中融资，帮助技术革命传播，并加深技术—经济分裂；在导入期的狂热阶段，生产与金融分离并几乎完全对

---

[①] [法] 费郎索瓦·沙奈等著，齐建华等译：《金融全球化》，北京：中央编译出版社，2008年版，第303页。

立，生产资本成为金融资本操纵和投机的对象，并诱发无法维持的金融泡沫，泡沫破裂导致新的调节框架产生，金融资本的行为受到规范，经济转型到展开期；在展开期的协同阶段，经济增长重新依托于生产能力，生产资本成为财富的创造者，金融资本和生产资本在生产过程中重新结合在一起；在展开期的成熟阶段，由于生产率和市场均达到极限，生产资本很难维持以往高利润，金融资本和生产资本又进入了去耦合过程中，金融资本可能向新的地区、部门和区域转移。①

上述几种理论虽然都没有直接论述金融体系或全球金融体系稳定性问题，但其分析视角具有较大的启发和借鉴作用。马克思主义理论对生息资本、高利贷资本、产业资本、金融资本和虚拟资本的区别和分析，揭示了金融体系与实体经济之间的复杂共生关系，即金融体系不总是服务于实体经济增长，始终具有脱离实体产业通过投机性活动自我增殖的倾向。当金融体系产生脱离实体经济的倾向，具体表现为资本积累金融化或金融资本与产业资本分离时，将导致金融体系泡沫积聚并诱发金融危机，甚至导致全球经济体系中主导国家经济实力的绝对衰落，从而引发体系的更替。

金融体系与实体经济的关系为理解全球金融体系的稳定性提供了有益的视角，但该视角在解释力上也存在一定局限。例如，英国经济曾在1873—1896年陷入长期低迷和持续停滞，英国领导下的全球金融体系也进入金融扩张阶段。按照上述理论，全球金融体系也应同时进入动荡期。但是，1880—1914年是国际金本位制的黄金时期，尽管英国相对衰落和美、德等新兴国家相对崛起的趋势一直持续，但全球金融体系表现出较强的稳定性。这说

---

① 卡萝塔·佩蕾斯著，田方萌等译：《技术革命与金融资本——泡沫与黄金时代的动力学》，北京：中国人民大学出版社，2007年版，第82页。

明，除了金融体系与实体经济间的关系外，还有一些因素也对全球金融稳定具有重要影响。

## 五、动态视角：影响国际金融稳定的因素

历史上看，国际金融体系周期性经历"稳定—不稳定—稳定—不稳定"的螺旋式发展。与剖析单个或同类型国际金融危机爆发机理的静态研究不同，一部分学者将关注点聚焦于驱动国际金融体系变迁的根本动力。并形成以下几种研究角度。

一是金融结构调整对国际金融稳定的影响。施纳斯（Schinasi）（2006）认为，20世纪70年代中期以来，国内和国际金融体系层面的若干结构性变化，对金融有效性和稳定性构成巨大挑战。应寅锋（2009）、张坤（2011）认为，金融稳定本质上是金融结构稳定。金融结构与金融功能之间存在着密切的相互联系，只有金融结构稳定，才能保证金融系统在法律形式上和经济意义上持续存在和完整性，并具有一定的金融功能。从结构—功能视角来看，金融稳定是由金融结构稳定决定的并反映金融结构变化的金融功能稳定。

二是全球经济增长不平衡对全球金融稳定的影响。2008年国际金融危机爆发后，西方主流经济学家将全球失衡视为危机根源，并将全球储蓄过剩视为促使资本源源不断流入美国的原因，比较著名的理论包括"布雷顿森林体系Ⅱ"。具体到中国，则是中国金融市场的不发达导致了系统性风险的积累。[①]对此，梅新育（2004）指出，现行国际金融体系的不公平体现在两个方面。一方面资本向全球扩张、金融全球化的利益在中心资本母国和非中

---

[①] ［美］巴里·埃森格林著，陈召强译：《嚣张的特权，美元的兴衰和货币的未来》，北京：中信出版社，2011年版，第141页。

心受资国之间分配不平衡。另方面，在发生宏观经济失衡和货币/金融危机时，调整的负担分担极不平衡，非中心国家、危机国家承担了过多的负担。

三是国际货币制度变革对国际金融稳定的影响。巴克利（Buckley）、阿尔纳（Arner）（2011）认为，二战后设计的金融构架（financial architecture）的基本特点是贸易开放、固定汇率制、国内融资和高度集中的发展支持。布雷顿森林体系崩溃后，取而代之的是贸易大部分开放、基本上的浮动法币体系、全球化融资和分散化的发展支持。上述基础性变化导致20世纪90年代以来金融货币不稳定频繁引发经济危机。[1]索罗斯（2010）指出，进入浮动汇率制后，发达国家货币政策目标发生变化，"汇率的错乱是破坏世界经济的一个主要根源。它威胁着已完成投资的价值实现，破坏了长期投资的安全性，并且根植于美国国内的保护主义情绪之中。市场机制无法做到令各国货币回归有序的组合，相反，市场投机活动强化了货币的无序流动。"[2]

货币稳定与金融稳定的关系受到西方学者和政府的高度重视，例如包括英国在内的大部分西方国家央行都将货币稳定视为金融稳定的重要支柱。施纳斯（2006）指出，金融稳定不仅需要金融体系能够充分发挥其配置资源、转化和管理风险，动员储蓄，促进财富积累和增长的职能，而且需要这一体系中，整个经济体中的支付流能平稳地发挥作用……换句话说，金融稳定和货

---

[1] Ross P. Buckley & Douglas W. Arner, From Crisis to Crisis, The Global Financial System and Regulatory Failure, Wolters Kluwer International BV, The Netherlands, 2011, p. 308.

[2] [美]乔治·索罗斯：《金融炼金术》，海口：海南出版社，2010年版，第314页。

币稳定在很大程度上是重合的。①邓肯（2007）指出，将资产价格剔除货币政策目标，意味着政府默许资产价格更大幅度和频度地波动。"布雷顿森林体系崩溃以来，全球货币供给呈现出近乎指数式的爆炸增长。当这些绿色的纸张进入全球银行体系时，其作用如同高能货币，和当初黄金扮演的角色完全一样。它们一旦释放能量，就会在全世界造成空前的信用扩张，而这股信用扩张的热潮也会吹向全球经济，在全世界造成经济泡沫。而泡沫终有破灭的一天。"②昌德拉塞卡（Chandrasekhar）（2011）则指出，流动性不断增长已成为当代全球体系所固有的一种长期趋势。2008年国际金融危机爆发前，全球金融体系中流动性大增并非因为全球需求增加，而主要是供应面影响，即西方国家货币供应的急剧增加。③

四是全球金融监管水平对国际金融稳定的影响。查里亚（Charya）和理查森（Richardson）（2009年）指出金融自由化和全球化导致各类金融风险不断积累，包括过度金融创新、金融机构高杠杆率与内部治理失效、评级机构出现道德风险和利益冲突、衍生品市场无序膨胀等。阿查里雅（Acharya）、瓦赫特尔（Wachtel）（2009）提出金融市场全球化与金融监管国家化之间存在尖锐矛盾。全球银行资金与金融资本流动规模庞大，但银行与金融监管仍主要停留在国家层面。国际层面的合作仅停留在资本水平及其计算等非常有限的方面，但在各国对本国银行的监管范围、全球金融机构破产的成本分担等重要方面，几乎没有任何

---

① Garry J. Schinasi, Safeguarding Financial Stability: Theory and Practice, International Monetary Fund, 2006, p30.

② [美]理查德·邓肯著，王靖国等译：《美元危机：成因、后果与对策》，大连：东北财经大学出版社，2007年版，第54—55页。

③ Jomo Kwame Sundaram, ed., Reforming the International Financial System for Development, Columbia University Press, 2011, p. 31.

共识。①亚历山大、都莫、伊特威尔（2010）指出，全球金融监管体制的发展，尤其是针对银行业和支付体系的监管体制的发展，主要是为了应对20世纪70年代中期以来爆发的一系列金融危机，没有系统性，属于头疼治头、脚痛治脚，这是当前体制的一个严重缺陷。要实现整个金融体系的彻底变革，必须使各国国内改革与国际层面上的金融体制及法律变革紧密相连。②

## 六、国际政治经济学视角

全球金融体系是全球政经体系的一个子系统，其演化和发展不可避免地受到全球政治体系的作用与反作用。自20世纪70年代英国学者斯特兰奇"发现"了国际政治学和国际经济学之间相互忽视后，西方国际政治经济学（IPE）的研究蔚然成风，形成新自由主义、新现实主义、新马克思主义三大研究阵营。尽管研究国际金融体系的稳定与效率是国际政治经济学的基本课题之一，③但目前看，从国际政治经济学视角研究经济全球化和贸易全球化的著述较为丰富，而对国际金融体系的研究相对较少。总体而言，关于国际政治与全球金融稳定关系的相关研究主要有以下视角：

首先，国际政治体系与国际金融体系的关系。格里科、伊肯伯里（2008）指出，资本主义世界经济体系和国家体系都是17

---

① Viral V. Acharya & Matthew Richardson, eds., Restoring Financial Stability, How to Repair a Failed System, New York University Stern School of Business, 2009, pp. 250 – 360.

② ［英］克恩·亚历山大、拉胡尔·都莫、约翰·伊特威尔著，赵彦志译：《金融体系的全球治理》，大连：东北财经大学出版社，2010年版，第1页。

③ 樊勇明著：《西方国际政治经济学》，上海：上海人民出版社，2001年版，第223页。

世纪登上世界舞台的,但自身逻辑并不相同。前者本质上是跨国性的,而国家本质上是领土性的。在不同时期,一种体系会受到另一体系的威胁或破坏,但两体系之间也在一些重要方面形成了深刻的共生共存关系。①皮珀(2012)指出,大型国际金融危机往往与政治及地缘政治的变革相关。例如,1873年世界陷入长期萧条,其中美国是因转向实行金本位制,欧洲则缘起于德意志帝国的建立及法国在德法战争后对德支付战争赔款。1973—1974年危机源于石油输出国的联合,使权力突然从原材料消费者转移至生产者,从而引发危机。2008年危机是紧随中国、印度和其他新兴工业化国家的成长而发生的。②吉尔平、金德尔伯格、斯特兰奇和托宾等都认为,国际金融体系是国际经济链条上最薄弱的环节,国际金融应当有效地加以管理,并主张订立国际条例或建立正式机制来管理金融市场。③

其次,霸权国与全球金融稳定的关系。关于霸权国的存在是否是国际金融稳定的必要条件,学术界存在激烈争论。一类学者持霸权稳定论观点。金德尔伯格(1986)认为国际金融体系有内在的"疯狂、恐慌和崩溃"倾向,并认为明斯基模型适用于国际金融领域,如充满风险的投机,货币(信用)的扩张,想要获得的资产价格突然大幅度下跌,急忙换成现金或可靠的投资,这些都是国际投资者在世界上追逐高利润时特有的现象。他提出,霸权国的强大保证了国际金融体系的稳定,而霸权国的衰落则导致国际体系的动荡。他指出,20世纪30年代全球经济金融陷入萧

---

① [美]约瑟夫·格里科、约翰、伊肯伯里著,王展鹏译:《国家权力与世界市场:国际政治经济学》,北京:北京大学出版社,2008年版,第84页。

② [德]尼古劳斯·皮珀著,周方等译:《大衰退——美国与世界经济的未来》,北京:译林出版社,2012年版。

③ [美]罗伯特·吉尔平著,杨宇光、杨炯译:《全球政治经济学,解读国际经济秩序》,上海:上海世纪出版集团,2006年版,第240页。

条和动荡，主要原因是美国在心理上没有准备、政治上也不愿意在金融结构、信用供给、开放市场和出现动荡与危机时充当最后贷款人的角色等方面承担起霸主和领袖的责任，而英国此时已没有能力承担上述责任。吉尔平（2001）认为，国际金融体系天生是不稳定的，很容易陷入严重的危机。①霸权国既是国际金融体系的管理者，又是这一体系的主要受益者。霸权国不仅是发展中国家获得资本的主要来源，而且霸权国的货币是全球金融的基础。只有霸权国才能使陷入危机的国际金融体系起死回生。②

另外一些学者提出霸权动荡论。与霸权稳定论者认为霸权国衰落将导致国际金融体系动荡的观点不同，这些学者认为霸权国的金融理念本身导致了国际金融体系的动荡。格雷（2011）认为，英国倡导的自由市场制度在英国只维持了30年（19世纪40年代到70年代），在国际上运行40年便将世界拖入一战的泥潭。同样，美国试图通过华盛顿共识推动自由市场制度在全球的普及，但伴随而来的是全球金融危机的不断爆发。总之，"当前世界范围的自由市场缺乏政治上的审核和平衡作用。"③诺兰（2011）认为，以自由市场资本主义为内核的全球化造成了商业权力前所未有的集中，权力集中加剧了全球贫富差距，造成了金融动荡。④在新马克思主义者看来，国际资本的投机性和多变性是全球政治经济动荡和第三世界国家贫困的重要根源。

---

① [美]罗伯特·吉尔平著，杨宇光、杨炯译：《全球政治经济学，解读国际经济秩序》，上海：上海世纪出版集团，2006年版，第234页。

② [美]罗伯特·吉尔平著，杨宇光译：《国际关系政治经济学》，北京：经济科学出版社，1989年版，第138—139页、第342—343页。

③ [英]约翰·格雷著，刘继业译：《伪黎明：全球资本主义的幻想》，北京：中信出版社，2011年版，第8页。

④ [英]彼得·诺兰著，丁莹译：《十字路口，疯狂资本主义的终结和人类的未来》，北京：中信出版社，2011年版，前言第15页。

## 七、现有研究的不足

　　国内外研究国际金融体系和国际金融稳定的学者，其学科背景非常多元化，主要包括经济金融学、国际政治经济学、经济史学、金融法学、金融地理学等。不同学科背景的学者在提出问题的角度、分析问题的方式和研究问题的深度上具有明显差异性，各有所长，也各有局限。

　　例如，经济金融学学者是20世纪90年代以来研究金融稳定问题的主力军，西方主流经济金融学以国际货币基金组织和主要国家央行研究力量为核心，从央行层面和国际金融组织层面如何稳定金融体系进行了大量探讨。但是，这类研究大多属静态研究，通常预设"经济平稳运行和结构不变"的前提假设，因此提出的建议大多是对现有体系细枝末节的修补。

　　国际政治经济学是研究国际金融体系的另外一个主要学术阵地，其三大主要流派，新自由主义、新现实主义和新马克思主义都将经济全球化问题作为主要研究对象，但论述重点往往放在国际贸易、国际投资、国际发展等问题上。尽管三大流派的领军人物，如新现实主义的金德尔伯格和吉尔平、新马克思主义法国调节学派的沙奈等在国际金融问题上都有所涉猎，但无法否认的是，国际金融研究一直是研究短板。

　　经济史学家也对国际金融研究做出了巨大的贡献，特别是聚焦两次世界大战之间和布雷顿森林体系的经济史学著作汗牛充栋，但这类著作往往流于对庞杂历史事件的梳理，缺乏对国际金融体系运作机制的系统性和专门性研究。在这类著作中，美国学者赫德森的两部力作《金融帝国——美国金融霸权的来源和基础》《全球分裂》堪称佳作，但他的分析止于20世纪七八十年代。

　　金融法学是金融学和法学的交叉学科。20世纪80年代开始，随着全球银行监管规则和全球金融治理的发展，金融法学成为观察全球金融体系稳定性的又一重要视角。主要著作包括克恩·亚历山大等著的《金融体系的全球治理》和布鲁梅（Chris Brummer）的《软法与全球金融稳定——21 世纪的造法》等。

金融地理学是经济地理学的分支学科，重量级著作包括理查德·奥布赖恩（Richard O'Brien）（1992）的《全球金融一体化：地理的终结》、波蒂厄斯（Porteous）（1995）的《金融地理学：中介行为的空间维度》等。[①]金融学与地理学的嫁接优势在于研究全球金融一体化在空间分布上的不均衡性及金融危机的地理层级性和传播特性等。

尽管金融法学和金融地理学构成全球金融体系和稳定性研究的有益补充，但至今未被有效整合到全球金融稳定的主流研究之中。总之，现有对国际金融稳定的研究分散在以上五类学科之中，且都不同程度地存在视野受限、深度不够、缺乏时代感等问题。

除此之外，现有对全球金融稳定的研究还存在以下几个突出的问题。

首先，"全球金融体系""全球金融稳定"等核心概念至今缺乏明确界定。近 20 年来，国内外以"金融稳定"或"全球金融稳定"冠名的著述大量出现，尽管对"金融稳定"的概念有较多探讨，但就何为"全球金融稳定"，学术界并无共识，更谈不上对其内涵、外延、影响因素和转换条件等重要问题的系统理论梳理。大部分著作和文章或直接将金融稳定的概念套用在"全球金融稳定"上，或将"全球金融稳定"视为不证自明的概念，在不

---

① Richard O'Brien, Global Financial Integration: the End of Geography, London, Royal Institute of International Affairs, 1992; Porteous D. J. The Geography of Finance: Spatial Dimensions of Intermediary Behaviour, USA: Avebury, Athenaeum Press, 1995.

具体探讨这一概念的情况下，直接分析国际金融体系存在的问题、原因并提出对策。但是，任何进一步地严谨思考都能发现，适用于国界线之内的"金融稳定"与处于无政府状态的国际政治体系中的"全球金融稳定"，存在巨大差异，无法简单互换。同样，与"全球金融稳定"密切相关的另外一个重要概念——"全球金融体系"，也没有被认真研究和严谨界定过。例如，不少学者将全球金融体系等同于国际金融市场，其中一部分学者甚至将国际金融市场等同于不受政府监管的离岸金融市场；一些学者认为全球金融体系包括国际金融市场和全球金融治理两个层面；还有一些学者认为全球金融体系包括国际货币体系和国际金融体系。由于对这两个关键概念长期缺乏共识性界定，对全球金融稳定的探讨无法形成共同的研究基础和框架，导致研究的多元化和分散性。

其次，国际政治经济学忽视了对金融问题的研究，有时甚至将国际金融体系与国际货币体系混为一谈。国际金融体系的稳定与效率是国际政治经济学的基本课题之一，但对这一问题，国际政治经济学者尚缺乏专门而深入的研究。斯特兰奇在《权力流散》一书中也不得不承认，国际政治经济学存在对金融研究的忽视。这种忽视主要体现在两个方面：一是缺乏专门著述。尽管近20多年来，特别是2008年国际金融危机爆发后，西方新马克思主义者和其他非主流学者对资本全球化和资本主义进行了大量反思，但从国际政治经济学角度专门研究全球金融体系和全球金融稳定的研究较少。二是将对国际金融体系的研究重点落脚到国际货币体系问题上。二战结束后，西方研究英镑衰落、美元崛起和战后美元霸权衰落的著述非常丰富，而以国际金融体系变迁为研究主题的国际政治经济学专著相对较少。一些重量级论著在论述国际金融体系问题时，大篇幅探讨国际货币体系问题。一些国内学者甚至将国际金融体系直接定义为国际货币制度或国际货币体系。应当指出，与一部分经济金融学家将货币因素从金融稳定问题中摘除的研究倾向相比，部分国际政治经济学者将货币问题纳入国际金融体系的研究视野，无疑更加具有研究上的完整性和深刻性，但用国际货币制度研究替代或大部分替代全球金融体系研究的做法，则是夸大了两大体系的交集，抹杀了全球金融体系和全球金融稳定问题的独特性和复杂性。

第三，从霸权国角度研究国际金融稳定成为主要视角，而从新兴大国如何参与稳定全球金融体系的角度进行研究的较少。20世纪70—80年代，以金德尔伯格、吉尔平为代表的国际政治经济学新现实主义者就提出霸权稳定论观点，认为金融霸权国的强盛保证了全球金融体系的稳定。80年代，基欧汉提出霸权衰落后，以大国合作为基础的国际机制合作能继续维持国际秩序稳定运转。1997年亚洲金融危机爆发之后，全球金融稳定成为国际研究热点，而西方主导的全球治理机制和国际金融机构成为这一研究热潮的中坚力量。其中，"金融稳定论坛—金融稳定理事会"作为理论需求方和规则制定者，一直牢牢把持着相关研究的议题设置权和话语主导权。同时，国际货币基金组织于20世纪90年代末开始定期出版《金融稳定报告》，成为全球金融风险的模型开发者和国际监测者。上述学派、全球治理机制和国际机构基本上构成全球金融稳定研究的主流声音，但其都是站在霸权国立场，思考如何帮助霸权国维系其统治地位。自布雷顿森林体系崩溃后，在全球激烈的政治与金融博弈中，欧洲、日本与新兴国家也根据各自利益提出了全球金融稳定与改革蓝图，例如巴克利主编的《从危机到危机》、孙达拉姆（Sundaram）主编的《为发展而改革国际金融体系》等。但这些理论和建议一直处在被忽略和被反复重新提出的尴尬境地中。目前，尚无统一的分析框架来整合这些理论和建议，为处于劣势的新兴国家指明稳定全球金融体系的博弈道路。

# 第二章

# 全球金融稳定的理论构建

尽管近20多年来,全球掀起"全球金融稳定"的研究热潮,但在涉及何为"全球金融体系"、何为"全球金融稳定"等关键问题上,并未形成统一的概念和研究框架。本章尝试在综合前人研究的基础上,针对上述问题给出清晰的概念界定。同时,通过对全球金融体系的历史发端与发展进行回顾,突出其与全球实体经济的复杂共生关系。

## 一、概念再审视一:何为全球金融体系

全球金融体系(global financial system),也称国际金融体系(international financial system)、世界金融体系(world financial system)。目前,国内外学者尚未就"全球金融体系"给出明确定义,但围绕此论述却有很多,实际上已勾勒出全球金融体系的内涵和外延。例如,欧洲央行(ECB)认为,金融系统包括金融机构、金融市场和金融基础设施三个构成部分。[1]巴克利、阿尔纳(Arner)(2011)从国际贸易机制、汇率机制、国际融资机制和

---

[1] http://www.ecb.int/pub/fsr/html/index.en.html

国际发展机制等四个方面分析了全球金融的构架。[①]约翰娜·蒙哥马利（2012）认为，全球金融体系的研究应当包括四个层面，即货币、信贷、投资和投机。[②]陈雨露（2012）从国际金融治理、国际货币体系、金融基本功能和金融监管体系四个层面论述了全球金融体系的改革方向。[③]王元龙等认为，国际金融体系是指有关国际货币金融关系、国际金融活动的一系列制度安排，主要包括国际货币体系、国际金融机构体系和全球金融监管体系等方面的内容。[④]综合上述观点，笔者认为，全球金融体系是一系列跨国金融交易的总和，其是一个由若干大大小小子系统构成的复杂巨系统，国际货币制度、国际金融市场和国际金融稳定机制是将不同子系统整合成一个整体的关键链条。

首先，全球金融体系有若干子系统构成。与国内金融体系不同，全球金融体系的子系统间存在较大的异质性，表现在经济发展阶段、经济金融实力、经济金融制度、经济金融理念等各个方面。其中，不同子系统金融实力的对比，反映了全球金融系统内各子系统之间在规模、重要性与影响力上的差别，并由此决定了全球金融体系的总体特征。

其次，国际货币制度构成跨国金融交易的货币规则。全球金融体系的核心问题是货币问题。国际货币将全球金融体系的各个组成部分连接成一个有机、庞大、复杂的系统。国际金融交易具有跨国性，不同货币之间的兑换关系和兑换条件对国际金融活动

---

① Ross P. Buckley, Douglas W. Arner, From Crisis to Crisis, The Global Financial System and Regulatory Failure, Wolters Kluwer International BV, The Netherlands, 2011, p. 308.

② ［英］约翰娜·蒙哥马利，车艳秋、房广顺译：《全球金融体系、金融化和当代资本主义》，载于《国外理论动态》，2012年02期。

③ 陈雨露：《全球金融体系向何处去？》，载于《金融博览》，2012年第1期。

④ 王元龙等：《后金融危机时代国际金融体系改革——中国的战略与抉择》，载于《经济研究参考》，2010年第9期。

产生重要影响。例如，货币之间兑换关系保持稳定，有利于提高国际金融活动的可预见性；而不稳定的兑换关系则可能加剧包括货币投机在内的各种金融投机，不利于基于实体经济联系的国际金融活动的进行。兑换条件的限制或放松会影响国际金融活动的规模。例如，布雷顿森林体系时期，各国对资本账户进行较为严格的控制，国际金融体系因此处于碎片化的割裂状态。而在第一次和第二次金融全球化时期，国际资本流动迅速，全球金融体系的一体化程度较高。

第三，全球金融市场是各种类型跨国金融交易的集合。本文中的全球金融市场并非指具体交易场所，而是指国际金融市场的参与者利用国际金融基础设施，按照一定国际金融市场规则，以交易国际金融产品为主要形式的跨境金融活动的总和。其中，国际金融市场的参与者不仅包括国际金融机构和非金融机构等活跃交易主体，也包括央行、政府支持机构等。按照目前国际金融机构通行的分类方法，跨境金融活动主要以三种形态出现，即国际直接投资、国际银行信贷和国际证券投资。此外，官方发展援助也是国际金融活动的一部分。全球金融市场的结构性变化，意味着国际金融市场旧有均衡状态的改变，这往往成为国际金融失衡和风险的爆发点。

第四，全球金融稳定机制是跨国金融交易持续进行的内在要求。金融活动本身具有内在不稳定性，而当金融活动跨国进行时，这一不稳定性会因信息不对称、汇率波动、国际规则缺失或滞后、最后贷款人缺位、政策调整等诸多不确定因素放大。因此，国际金融体系具有消除风险、增强稳定的内在要求。随着国际金融体制的发展、调整和演化，国际金融稳定机制随之产生、发展和改革。从形式上看，国际金融稳定机制可分为三种：一是全球金融规则；二是全球金融组织；三是全球金融监管。其中，全球金融监管出现的时间最晚，是全球金融一体化发展到一定阶段的产物。从供给方式来看,国际金融稳定机制又分为自上而下供给型和自下而上供给型两种。其中,自上而下的国际金融稳定机制是由国际金融体系的主导国提供,而自下而上的国际金融稳定机制则是由外围国自主建立。

## 二、概念再审视二：何为全球金融稳定

目前金融稳定并没有一个统一的概念,国内外学术界对其界定和表述大多突出金融体系对风险的管理能力和对冲击的抵御能力,以便正常履行其经济职能。学术界对"金融稳定"存在两种界定方式：一是否定式界定；二是肯定式界定。

否定式界定,即通过说明什么是"金融不稳定"来间接回答什么是"金融稳定"。例如,克罗克特（Crockett）（1996）认为,金融稳定就是不存在金融不稳定,金融不稳定是指实体经济部门受到来自金融体系的负面影响,如金融资产价格的剧烈波动或金融机构的倒闭产生的负面影响。美联储董事会主席弗格森（Ferguson）（2002）认为,定义金融不稳定似乎比金融稳定更有意义。他认为,金融不稳定有以下三个特征：一是一些重要的金融资产价格严重偏离实际；二是国内和国际市场运行和信贷可得性受到扭曲；三是总支出严重偏离经济的生产能力。钱德（Chant）（2003）指出,金融不稳定是指金融市场上的这样一种状态：金融市场的正常运作受到干扰,实体经济部门的增长因此受到或将要受到威胁。金融不稳定通过两条渠道影响实体经济部门,一是通过家庭、企业和政府等非金融机构渠道,致其财务状况恶化,失去继续融资的能力；二是通过金融机构或金融市场,导致其无法继续为企业和个人提供融资。国际货币基金组织经济学家施纳斯（2006）认为金融不稳定的表现主要有：(1) 一些重要的资产价格大幅偏离基本面。(2) 国内或国际金融市场运行和信贷供给

严重扭曲。(3) 出现具有传染效应的冲击，导致金融机构流动性和偿债能力出现问题。(4) 对实体经济造成损害。例如，破坏非金融实体（如家庭、企业和政府）的财务状况，使其无法获得融资；破坏金融机构和市场运行，使其无法为经济体其他部分提供融资。[1]

肯定式界定，即通过描述金融稳定的具体表现和特征来给出定义。本章借鉴张洪涛、段小茜（2006）和应寅锋（2009）的分类方法，将现有对"金融稳定"的肯定式界定分为以下三类：

从金融稳定实现条件和表现特征的角度进行界定。瑞典央行是世界上第一家设置金融稳定部门的央行，1998年其率先出版的《金融稳定报告》将金融稳定定义为整个支付体系的安全有效运行，并认为央行和监管部门的分工合作是确保金融体系稳定的重要支柱，具体包括由规章和法令所组成的监管框架，并结合对个别机构进行风险评估和违规检查的具体行动；央行对系统风险的即时监察；危机管理措施等。英国金融服务机构执行董事 Michael Foot（2003）强调，金融体系稳定应满足以下几点：货币稳定；就业水平接近经济的自然就业率水平；公众对主要金融机构和市场保有信心；经济体中的实物资产或金融资产的相对价格变化不会损害货币稳定和自然就业水平。吴念鲁等（2005）将金融稳定概括为通货稳定（货币供求均衡）、信用关系和秩序稳定（资金借贷均衡）、金融机构稳定（金融企业无需外部援助或干预能够履行合同义务）、金融市场稳定（金融资产价格稳定并反映经济基础面）、汇率稳定（国际收支平衡）和金融结构稳定（金融体系内部不同系统之间协调并与经济社会的发展阶段相适应）。

从金融体系抵御和管控风险的能力角度进行界定。Schinasi

---

[1] Garry J. Schinasi, Safeguarding Financial Stability: Theory and Practice, International Monetary Fund, 2006, pp. 94–97.

（2004）直接使用金融风险来定义金融稳定，他认为金融稳定是金融风险的定价、配置和管理机制运行良好并改进经济绩效的一种状态。金融稳定不仅与真实金融危机的消失相关，而且与金融体系减少、遏制和处理突发的失衡事件的能力相关，只要金融体系能够抵御内外冲击导致的不平衡，继续履行提高实体经济运行效率的职能，金融体系就处于一系列不同层次的稳定状态中。Schinasi之后对这一定义进行了进一步完善，他指出"金融稳定是金融系统能够令人满意地同时发挥三个关键功能的状态。其一，金融系统有效而平稳地促进资源从储蓄者向投资者的跨时配置，以及总体上经济资源的配置。其二，对前瞻性金融风险的评估、定价较为精确，管理相对较好。第三，金融体系如果不能平稳也能较为轻松地吸收金融和实体经济中的突发事件和冲击。"[1]欧洲央行的帕多瓦·舒奥帕（Padoa - schioppa）（2003）也强调金融体系对冲击的抵御能力，认为金融稳定就是指金融体系能够抵御经济冲击，避免矛盾积累，继续履行调动储蓄投向高效率部门以及支付清算等职能。

从金融体系正常履行功能的角度进行界定。目前，许多国家的央行都是从这一角度来定义金融稳定的。例如，德国央行（2003）认为，金融稳定指金融体系能够良好地履行其配置资源、分散风险、便利支付清算等经济职能，即使实体经济部门受到外部冲击、发生紧缩或较大规模的结构调整，稳定的金融体系应不为所动，继续正常运行。欧洲央行认为金融稳定具有三个关键特征，分别是高效顺畅促进资金在储蓄者和投资者之间的流动；金融风险能够得到合理和精确的评估和定价；金融系统能够轻松吸收来自金融和实体经济的冲击。国际货币基金组织经济学家乌本

---

[1] Garry J. Schinasi, Safeguarding Financial Stability: Theory and Practice, International Monetary Fund, 2006, p. 82.

（Houben）等人（2004）提出，在金融稳定状态下，金融体系应具有如下功能：在各种经济活动中以及资源的跨期配置中能有效分配资源；能有效评估和管理金融风险；能够吸收冲击。中国人民银行（2005）在首次发布的《中国金融稳定报告》中对金融稳定的定义也是基于金融功能视角：金融稳定是指金融体系处于能够有效发挥其关键功能的状态。在这种状态下，宏观经济健康运行，货币和财政政策稳健有效，金融生态环境不断改善，金融机构、金融市场和金融基础设施能够发挥资源配置、风险管理、支付结算等关键功能，而且在收到外部因素冲击时，金融体系整体上仍能平稳运行。应寅锋（2009）认为，金融稳定是在特定经济、社会环境下，金融体系的一种宏观、动态、均衡状态。在这种状态下，金融系统能够持续、有效、正常发挥"通过资源配置，推动社会财富增长"的核心功能。

以上国内外观点从不同角度对"金融稳定"进行定义，从上述分析中可以得到以下启示：首先，金融稳定是金融系统的稳定，构成金融系统的各个子系统均处于均衡状态，具体表现为货币稳定、信用稳定、金融机构稳定、金融市场稳定、汇率稳定等。其次，金融稳定不仅要求不发生大的金融危机或冲击，而且要求金融体系自身能够抵御并消化金融失衡。第三，金融体系抵御和消化金融失衡的能力无法由市场自然孕育，必须发挥"看得见的手"的作用，即央行和监管部门的分工合作。第四，衡量金融稳定的一个重要标尺是对实体经济的影响。第五，金融稳定是一个宏观的、全局的、连续的、动态的概念，不是一个微观的、局部的、离散的、静态的概念，它指金融体系就整体而言处于持续、有效、正常发挥其功能的状态，而不要求每一个金融机构在任何时候都保持最优状态。①

　　基于上述分析，本章对"金融稳定"所给出的定义是，金融稳定是在特定的政治、经济和社会条件下，金融体系所处的一种宏观、动态和均衡的状态。在这一状态下，金融体系能够正常、有效地发挥资源配置的基本功能，其稳定机制能够较好吸收和抵御金融失衡的冲击，并促进实体经济的平稳增长。

　　结合上述定义，并考虑到全球金融体系的特殊性，本章将"全球金融稳定"定义为在特定的全球政治、经济条件下，全球金融体系所处的一种宏观、动态和均衡的状态。在这一状态下，全球金融体系能够较好地发挥资源全球配置的核心功能，内在稳定机制能够较好吸收和抵御金融失衡的风险和冲击，并有效促进全球实体经济的平稳增长。

　　首先，全球金融稳定是一种宏观、动态和均衡的状态。一是宏观性。全球金融稳定作为一种状态，并不意味着全球金融体系的所有子系统、所有市场和所有微观参与主体，均处于稳定均衡的状态，而是指全球金融体系作为一个整体处于稳态。个别子系统、个别市场和微观参与主体的紊乱或倒闭不会对全球金融体系的整体平稳运行形成冲击。以全球金融市场为例，全球金融稳定并不意味全球金融市场完全没有波动，而是指波动处于合理范围内。具有活力的高效金融市场总是处于波动之中，扰乱时有发生，如金融机构倒闭、资产价格起伏、金融市场自我调整等。只要单个金融事件不具有传染效应和系统性影响，全球金融体系的自稳定机制能够吸收这些冲击，全球金融稳定的状态就将得以保持。二是动态性。全球金融稳定不是一个静态概念，而是动态均衡概念。全球金融体系的稳态、平衡是相对的，动态发展是绝对

---

① 应寅锋著：《金融结构、政府行为与金融稳定》，北京：中国社会出版社，2009年版，第15页。

的。全球金融体系是不断自我调整和演化的巨系统，全球经济实力对比的调整、金融创新和技术进步等因素都构成全球金融体系不断变迁的动力。全球金融稳定并非否定全球金融体系的动态演进，而是指在动态演化的过程中全球金融体系仍能保持一种相对稳定的状态。三是均衡性。均衡性意味着全球金融体系不存在威胁金融稳定的结构性失衡。张坤（2011）将金融系统失衡分为发展水平失衡、发展速度失衡和结构失衡三大类，分别对应总量失衡、动态相对失衡和静态相对失衡。其中，发展水平失衡分为要素发展水平失衡和系统发展水平失衡，而发展速度失衡分为要素发展速度失衡和系统发展速度失衡。全球金融体系的子系统和某些要素在发展水平和速度上的失衡，在积累效应的作用下，可能形成能够威胁全球金融体系稳定的结构性失衡。因此，均衡性意味着构成全球金融体系的各个组成部分协调发展，不存在结构性失衡的积累。

其次，全球金融体系能够较好发挥资源全球配置的核心作用，有效促进全球实体经济的平稳增长。全球金融体系的形成是基于国际贸易和国际投资的需要，其基本功能是润滑实体经济。全球金融体系的运行通过促进储蓄向投资的转化，提高全球资源的有效分配，促进产出的增长和社会财富的创造。如果全球金融体系脱离为实体经济发展服务的轨道，就会沦为投机客和赌博者通过操纵价格来牟利的乐园，并会对全球经济的稳定增长产生巨大负面冲击。全球金融体系能够持续、顺畅、高效发挥其基本功能是全球金融稳定的最核心特征。作为一种理想状态，其具体表现在以下几个方面：

1. 全球汇率关系稳定。在封闭经济体系内，货币稳定是金融稳定的必要条件。同样，在全球经济体系中，不同货币之间兑换关系的稳定是全球金融稳定的必要条件。汇率关系紊乱，不利于加强全球实体经济的联系。

2. 全球金融市场稳健运行，金融资产价格稳定并能反映经济基本面的变化，当后者没有较大变化时金融资产价格水平在短期内不会出现较大波动。

3. 金融机构，特别是系统重要性金融机构保持稳定，不存在过度风险暴露和倒闭的风险。

4. 全球资金借贷均衡，信用关系和秩序稳定，不存在大规模的全球经济金融失衡现象。

5. 全球金融体系的运行有效促进全球经济的稳步、健康、可持续增长，全球金融体系本身不会成为扰乱全球实体经济的危机源头。

第三，全球金融稳定意味着系统性风险处于可控状态，全球金融体系的内在稳定机制能够较好吸收和抵御金融失衡的风险和冲击。全球金融稳定并不意味着全球范围内不爆发金融危机，而是指全球金融体系整体上保持平稳发展，全球金融风险能够得到较好地吸收和化解。"系统性风险"指那些因金融机构间和市场间联系而产生的，会对实体经济造成潜在重大负面影响的金融问题。系统性风险或危机对实体经济和金融体系的冲击非常大，无法由金融市场自身消化吸收，必须通过金融体系稳定机制的干预来降解。在国家层面，金融稳定机制的运行需要金融监管部门和央行的通力合作；在国际层面，维护全球金融体系的稳定运行需要建立相应的全球金融监管治理机构，承担风险测量、危机预警和救助功能。在理想状态下，全球金融稳定至少应当表现为以下两个方面的稳定：一是处于全球金融体系中心的核心经济体金融体系保持平稳运行。作为全球金融体系的中心，核心经济体的金融体系具有较强的对外辐射效应。其金融理念、金融产品和市场规则往往成为外围国家学习、购买和遵守的对象，其金融市场也往往是外围经济体投资的主要场所。一旦核心经济体的金融体系风险增强、稳定性下降，而核心经济体的金融稳定机制无法阻止金融失衡和风险的持续积累，相关风险将会在全球金融体系中产生扩散、连锁和震荡效应。二是全球层面不爆发系统性金融危机。系统性金融危机指严重冲击全球金融市场平稳运行的大规模金融危机，其一般由核心经济体引发，或由边缘经济体引发但对核心经济体造成较大影响，并严重拖累全球经济增长。系统性金融危机的爆发往往折射出全球金融体系的深层次结构性矛盾和全球金融稳定机制存在的问题，需要通过对全球金融体系进行改革，才能避免类似危机反复爆发。

# 第三章

# 影响全球金融稳定的五大变量

全球金融体系总是在一定的国际政治经济环境下运行的。在这个复杂的环境中,全球金融结构、全球金融规则、全球金融组织、全球金融秩序和全球金融监管构成影响全球金融稳定的五个主要变量。

## 一、全球金融结构与稳定

全球金融结构的演进和变迁是影响全球金融体系稳定的重要因素。全球金融结构总是处于不断调整和变化中,金融结构性变化容易引发金融失衡和金融风险的积聚,从而导致金融体系不稳定增强。

### (一)全球金融结构的定义

1. 金融结构的定义

国内外学者对"金融结构"有较为丰富的研究。戈德史密斯(Goldsmith)(1969)首次给金融结构下定义,认为金融结构是金融过程中金融中介机构和金融工具之间的数量比例关系或构成状态。其可分为三个层次：第一层次是"金融上层结构"与"经济基础"，即国民财富的关系；第二层次是金融工具结构；第三层次是金融中介结构。阿斯利·D. 昆特（Asli Demirguc Kunt）和罗斯·列文（Ross Levine）（1999）将金融结构界定为金融中介机构与金融市场的相对状况。罗斯·列文（1997）从广义和狭义两个层面界定了金融结构。广义上来讲，金融结构是社会金融系统及金融政策的结构性方面；狭义上来讲，主要是社会金融合同、金融市场和金融机构的总体关系。她将结构划分为五个层次：一是相对于货币供应的政策结构方面；二是社会融资的结构性选择问题；三是金融资产及工具结构；四是金融市场结构；五是金融组织结构。铃木淑夫（1987）认为金融结构有三方面内涵：一是金融的范围；二是金融交易手段的充足程度；三是金融交易技术条件和经济的基础性条件。

　　国内学者也对何为"金融结构"进行了大量分析。如白钦先认为狭义的金融结构指短期金融与间接金融同长期金融与直接金融比例的不平行发展与不均衡发展；广义金融结构包括全球不同类型国家或一国不同时期金融机构、金融工具、金融资产、金融市场、金融商品、金融衍生商品、实质经济与虚拟经济的数量变化（比例）与质量高低，上述因素不同时间不同空间要素的变化与比例等。王广谦（2002）认为，"金融结构是指构成金融总体（或总量）各个组成部分的规模、运作、组成与配合的状态，是金融发展过程中有内在机制决定的、自然的、客观的结果或金融发展状况的现实体现，在金融总量或总体发展的同时，金融结构也随之变动。"董晓时（1999）认为金融结构是金融现象有机联系和有规律运行的科学系统，包括主体结构（体制结构和调控结构）、客体结构（金融活动的最终承受着和需求者）和联系结构（金融市场结构和金融市场价格结构），并认为联系结构的发展决定了整个金融结构的发育程度，并对金融主体和客体产生巨大影响，而后两者对联系结构的发展有着巨大的促进作用。应寅锋（2009）从系统论角度分析，认为金融结构是指"金融体系这个复杂系统内部各个组成部分及其要素的相对规模和相互配合作用的综合，是金融系统组成要素之间相对固定和比较稳定的有机联系。金融结构是金融系统保持整体性和具备金融功能的内在依据"，并认为金融结构包括七个方面的内容，即金融工具结构、金融机构结构、金融市场结构、金融制度结构、金融融资结构、金融开放结构和金融信心结构。

2. 全球金融结构的定义

目前，国内外关于何为"全球金融结构"讨论较少。斯特兰奇（1994）将全球金融结构定义为"支配信贷可获性的各种安排与决定各国货币之间交换条件的所有要素之总和"[①]，并认为国际政治经济学中的金融结构可以被视为一个中途站，一种部分是真正的全球体系，部分仍旧是一系列国内金融和货币系统的杂交产物。[②]

综合以上国内外研究，笔者认为，全球金融结构指在一定的全球金融体系中，构成各个子系统之间的联系方式和程度，以及国际金融市场、金融工具、金融机构的分布、相对规模、相互关系和联动的状况。

全球金融结构包括存量结构和流量结构。存量结构指一定历史时期内，全球金融机构、金融市场、金融工具等的规模和比例。例如，国际金融机构的资本规模、债务规模；国际资本市场的融资规模和交易量；基础金融产品和衍生品的交易规模等，都属于衡量存量结构的指标。流量结构指一段时期内国际资本在流

---

[①] [英] 苏珊·斯特兰奇著，杨宇光等译：《国家与市场》，北京：上海世纪出版集团，2012年版，第90页。

[②] 同上。

动方向、方式、速度、规模和融资方式上呈现的结构特征。例如，在流动方向上，国际资金主要从哪些国家流出，流向哪些国家和地区；在流动方式上，主要采取国际贷款、直接投资还是证券投资的形式；在数量上，与过去相比，国际资本流动是增多还是减少等。

近年来，学术界对衡量国际金融结构的指标进行了一些研究。其中，比较有代表性的是国际货币基金组织的分类方法（参见表3.1）。它首先将国际融资中介分为以市场为基础和以银行为基础的两大类，然后用规模与范围、金融缓冲比例、竞争度指数、金融全球化和全球关联度等五种指标，衡量全球金融结构的变化。

表3.1 国际货币基金组织对金融结构指标的分类

| 指标/亚指标 | 数据源 |
| --- | --- |
| 以市场为基础的中介 | |
| 非传统的银行中介 | |
| 非利率收入占总体收入之比 | 世界银行、全球金融发展数据库 |
| 其他获利资产占总资产之比 | IMF职员基于全球银行与金融机构分析库（Bankscope）数据的计算 |
| 其他付息债务占总债务之比 | IMF职员基于Bankscope数据的计算 |
| 非银行中介 | |
| 非银行机构持有的贷款和债券相对整体金融业的规模 | 《资金流动》（Flow of Funds）统计（各国统计办公室） |
| 私人债券市场融资额占GDP之比 | 世界银行、全球金融发展数据库、IMF、IFS；WEO |
| 新金融产品的使用 | |
| 衍生产品交易量占GDP的比例 | |
| 　外汇衍生品交易额 | 国际清算银行《三年央行调查》 |
| 　利率衍生品交易额 | 国际清算银行《三年央行调查》 |
| 证券化占GDP的比例 | SIFMA；IMF、WEO、IMF职员统计 |

续表

| 指标/亚指标 | 数据源 |
| --- | --- |
| 传统的以银行为基础的中介 | |
| 银行中介的融资额 | |
| 银行持有的贷款和债券占整体金融业的比例 | 《资金流动》（Flow of Funds）统计（各国统计办公室） |
| 银行业竞争 | |
| 净息差 | 世界银行、全球金融发展数据库 |
| 三大银行的资产集中度 | 世界银行、全球金融发展数据库 |
| 外国银行数量占比 | 世界银行、全球金融发展数据库 |
| 金融信息披露 | |
| 　　会计规则 | IMF Corporate Vulnerability Utility |
| 　　股价同步运动 | IMF Corporate Vulnerability Utility |
| 银行信用与股票和债券规模之比 | IMF 职员统计 |
| 规模和范围 | |
| 规模 | |
| 　　国内银行存款占 GDP 比重 | 世界银行、全球金融发展数据库 |
| 　　信贷占 GDP 比重 | IMF、IFS；WEO |
| 　　股票市场融资占 GDP 比重 | 世界银行、全球金融发展数据库 |
| 　　未到期公共债券占 GDP 比重 | 世界银行、全球金融发展数据库 |
| 　　未到期公共债券占 GDP 比重 | 世界银行、全球金融发展数据库 |
| 国内关联度 | |
| 批发融资占总债务比重 | IMF、IFS（货币统计） |
| 银行间资产与总资产之比 | IMF、IFS（货币统计） |
| 银行间债务与总债务之比 | IMF、IFS（货币统计） |
| 金融缓冲比率 | |
| 流动性资产与存款和短期融资之比 | 世界银行、全球金融发展数据库 |
| 　　股本与总资产之比 | 世界银行、全球金融发展数据库 |
| 竞争度指数 | |
| 效率 | |
| 　　净息差 | 世界银行、全球金融发展数据库 |
| 　　成本率 | |
| 　　间接成本与总资产之比 | 世界银行、全球金融发展数据库 |

续表

| 指标/亚指标 | 数据源 |
| --- | --- |
| 成本收入比 | 世界银行、全球金融发展数据库 |
| 集中度 | |
| 前三大银行资产占比 | 世界银行、全球金融发展数据库 |
| 外国银行占比（数量占比） | 世界银行、全球金融发展数据库 |
| 金融全球化 | |
| 外国银行占比（数量占比） | 世界银行"全球金融发展数据库" |
| 外国银行资产与GDP之比 | IMF《国际收支统计》；WEO |
| 全球关联度 | |
| 全球关联度（资产集中度） | BIS |
| 全球关联度（负债集中度） | BIS |

资料来源：IMF《全球金融稳定报告》，2012年10月。

## （二）全球金融结构变化的驱动因素

金融结构是一个不断变化的过程，可以从静态和动态两个角度分别考察，静态考察主要关注某一时点的金融结构（即在某一时点金融结构的布局情况），动态考察主要是研究金融结构变动的过程。一旦全球金融结构已经形成，那么这个金融结构就会在一定时期内具有相对稳定性。特别是当经济主体适应这种特定的金融结构之后，就会形成与之相应的思维定式和行为惯性，从而成为维持这种金融结构及其稳定性的一种力量（李健等，2005）。但是从更长远的历史来看，金融结构的稳定性只是一种相对状态，金融结构在经济活动中始终处于动态的变化之中。当社会条件和经济环境的变化达到一定程度时，就会出现金融结构越来越不适应实体经济发展的需要，从而导致原有金融结构内部进行必要的调整，这就构成了金融结构动态决定性的内因，同时由于社会条件与经济环境的变化也会引起市场参与者产生调整和变革的意愿，此时他们就会要求突破现有金融结构及其相应规制的束缚，要求通过金融创新来实现金融结构的渐变，从而满足其在新形势下对各种金融工具的需求，这就构成了金融结构变化的外在力量。[1]驱动全球金融结构变迁的主要有三大动力，分别是实体经济因素、制度因素和创新因素。

首先，全球实体经济发展。实体经济的发展是金融结构演进的原动力。在经济金融的发展过程中，金融结构的演变主要取决于实体经济活动对金融服务的要求。金融结构在经济增长过程中之所以会不断升级和变化，从根本上来说是由于实体经济活动对金融服务要求的多样性，以及各种金融中介所提供的融资方式在金融服务方面都有各自比较优势的特点。[2]同样，全球金融结构的驱动力也是全球实体经济的发展和对外部融资的需求。一般而言，全球经济增速较快的时期，也是全球金融活动扩张较快的时期，而全球经济增速下降或陷入衰退，全球金融活动将相对收缩。

其次，经济金融制度变迁。制度调整导致经济结构调整，金融结构也将随着调整。金融制度变迁更是金融结构变化与升级的重要原因。同样，全球货币金融制度的变化和调整，会对全球金融结构产生重要影响。例如，布雷顿森林体系时期，对资本流动进行严格控制，全球金融体系整体处于高度分裂的状态，国际资本流动以银行信贷、官方援助、直接投资为主。布雷顿森林体系崩溃后，官方援助的比例迅速下降，证券投资和银行信贷、直接

---

[1] 应寅锋：《金融结构、政府行为与金融稳定》，北京：中国社会出版社，2009年版，第47页。

[2] 同上，第44页。

投资成为资本流动的主要形式。

第三，金融创新。金融创新是金融结构演进的主要推动力，也是实现金融总量快速增长的推动力。金融创新包含三个方面内容，金融观念创新、金融制度创新和金融工具创新。世界金融发展的历史表明，每一次革命性的金融结构变迁都是由金融创新推动的，而每一次金融结构的重大调整后金融发展的实现也是得益于金融创新。早期的货币创新、信用创新、产业创新，近代的新式银行创新、金融机构组织及其业务创新、金融市场创新、金融宏观管理创新等，最终都是通过金融结构的革命性变迁发挥推动金融发展的作用的。[1]

## （三）全球金融结构与全球金融体系稳定

金融结构以及金融结构的调整过程是影响金融稳定状态的重要因素，金融结构失衡将带来金融体系的不稳定，甚至成为金融危机的罪魁祸首。[2]金融结构通过以下四条途径影响金融稳定：一是通过金融结构与实体经济的相互作用；二是金融结构对经济的反作用；三是金融结构与实体经济的协同性；四是金融结构通过直接反映并影响金融风险的分布。[3]这一分析也同样适用于全球金融结构。全球金融结构与国际实体经济的互动关系，影响全球金融市场的稳定性。

全球金融结构处于绝对的动态调整过程中。理论上，这种调整有两个方向：一是向结构优化、风险管理强化的良性方向发

---

[1] 应寅锋：《金融结构、政府行为与金融稳定》，北京：中国社会出版社，2009年版，第45页。

[2] 同上，第48页。

[3] 应寅锋：《金融结构对金融稳定的作用机理：功能观的分析视角》，载于《经济理论与经济管理》，2009年第8期。

展。这一过程中，经济资源转移和金融资源分配的效率提高，金融润滑经济的效率提升，国际经济体系的整体福利上升。二是向结构失衡、风险积聚的恶性方向演变，在这一过程中，经济资源转移受到阻碍，金融资源大量错配到低效或无效领域，金融过剩导致的金融结构失衡将导致金融风险的不断积累，甚至诱发大规模金融危机，国际经济体系的整体福利下降。

尽管理论上，全球金融结构的调整存在上述两种可能性，但在现实中，全球金融结构的调整相对较快，而与新的全球金融结构相适应的国际金融稳定机制的调整较慢。对于全球金融结构表现出来的新特征和新风险，旧有的国际金融稳定机制往往难以识别，无法有效防范和应对。由于国际金融稳定机制调整的滞后性，全球金融结构的变化和调整，尽管可能在一定程度上提升金融效率，但往往以降低全球金融体系的稳定性为代价。直到国际金融稳定机制做出相应调整，全球金融结构才能在一个新的均衡点达成新的均衡。

## 二、全球金融规则与稳定

全球金融结构在发展和演化的过程中形成了全球金融规则。全球规则是在国际范围内形成的约束不同主体活动的行为规范，其作用是降低交易成本、促进国际合作。全球金融规则有广义和狭义之分。狭义的全球金融规则仅指全球金融监管规则，全球金融规则改革也仅指全球金融监管改革。但实际上，全球金融监管规则只是全球金融体系运行规则的一部分。从国际金融发展史来看，全球金融监管规则的出现很晚，从《巴塞尔协议1》1988年出台到现在刚好30年历史。因此，对全球金融规则进行广义理解，更能全面揭示它的演进特征和权力属性。广义的全球金融规则指全球金融体系正常与稳定运转的一系列金融惯例、安排、协议、规章、法律（国际软法）的总和。

## （一）全球金融规则的构成

1. 国际货币规则。国际货币规则是全球金融规则的核心。一般认为，国际货币规则主要由三部分构成，即国际储备货币发行规则、汇率决定规则、国际失衡调整规则。国际储备货币及其发行规则的确定构成国际货币金融体系的基石，不同的国际储备货币和与之相应的汇率决定机制将衍生出不同特点的国际金融体系。例如，国际金本位制以黄金为国际储备货币，各国通过规定本国货币含金量来固定相互汇率，这一时期，由于固定汇率制有较高可信度，国际上针对汇率的投机活动较少。而在美元信用本位制时期，美元充当国际储备货币但与黄金脱钩，发行供应全由本国相机决策，国际汇率失去稳定的锚，为对冲风险，国际金融市场针对汇率、利率等金融价格的投机活动日益膨胀。此外，国际失衡调整规则也对塑造国际经济金融体系具有十分重要的作用。国际失衡表现为体系内重要国家的国际收支出现大规模、不可持续的逆差。解决这类问题，一般性危机救助规则发挥不了作用，必须通过大国间磋商，采取汇率调整、国际信贷、结构性改革等一揽子解决方案。历史上，两次世界大战间德国战债赔偿问题，布雷顿森林体系后期、20世纪80年代中期，以及21世纪初以来美国反复出现的大规模经常项目逆差，都属于此类问题。失衡调整规则的制定对于全球金融体系的未来发展方向，有着重要的塑造作用。因此，围绕此规则的制定，大国之间往往展开激烈争斗。

2. 资本流动规则。资本流动规则也是塑造全球金融体系的重要规则之一。①什么类型的资本在多大程度上能够在国际上自由流动，决定了全球金融体系的规模和紧密度。例如，金本位时期，由于当时主要经济体陆续采取金本位制度，并信奉国际资本自由流动，推动了国际金融全球化第一波浪潮的兴起。布雷顿森林体系时期，能够自由流动的资本类型被限定在较窄的范围之内，全球金融体系处于高度分割的状态中。布雷顿森林体系崩溃后的初期，发达经济体陆续开放资本项目，但许多发展中国家对资本项目仍然采取严格管制措施，国际资本流动集中在银行信贷、直接投资等领域。20世纪80年代后期开始，发展中国家也开始陆续放松对短期资本流动的管制，国际上证券投资流动规模开始迅速增长。

3. 金融市场规则。在金融监管出现之前的漫长历史中，各国金融市场的运行主要靠约定俗成的习惯、行规等市场主体在长期实践中摸索出来的规则予以规范。20世纪30年代的长期经济萧条，使得西方国家开始反思政府在经济金融运行中的作用，金融监管体系因此在国家层面产生并日趋复杂。与此同时，国际金融市场长期处于野蛮生长状态，由于全球金融监管长期缺位，金融霸权国的国内规则往往外化成为"国际"规则。而在那些连国内金融监管都没有覆盖的市场领域，弱肉强食的"无规则"状态更是常态。直到20世纪80年代《巴塞尔协议》的签署，国际金融标准第一次以国际协议的形式亮相，才在一定程度上结束了这一局面。此后，国际证券业、保险业等也陆续出台了本行业的国际标准。

---

① 部分学者认为资本流动规则属于国际货币体系的主要内容之一。如郑联盛、张明（2015）认为，狭义的国际货币体系包括五个方面的内容：一是各国货币兑换比率（汇率）的确定；二是各国货币的可兑换性以及对国际支付的规则与限制性措施；三是国际收支的调节机制；四是国际储备货币与储备资产的确定；五是资本自由流动是否受到限制。

4. 危机救助规则。纵观整个国际金融史，金融危机比比皆是，国家之间相互救助因此也成为常态。历史上不同国家间危机驰援的例子有不少，但在很长一段时间都是一事一议，没有形成固定的国际规则。例如，在19世纪早期，英国和法国央行之间存在危机时相互提供资金安排的合作。这种合作被证明能有效阻止危机升级。直到第二次世界大战结束之后，国际社会才开始认真思考危机救助规则的制定。在布雷顿森林体系的三大支撑机构中，国际货币基金组织肩负着为陷入短期国际支付危机的经济体提供流动性的职能。布雷顿森林体系崩溃后，国际金融危机频发，国际货币基金组织和世界银行职能不断拓展，开始承担金融危机救助职能。

5. 国际金融机构（IFIs）的内部组织规则。国际金融机构出现较晚。直到1931年，国际清算银行的成立才标志着国际金融机构的正式出现。但是，到目前为止，国际清算银行还是以盈利为目的的私营银行，负有为股东创造价值的责任。真正意义上的国际金融机构产生于第二次世界大战之后，即国际货币基金组织和世界银行的建立。两大机构通过复杂公式计算的份额和投票权体现其内部的权力分配结构。2015年正式成立的金砖发展银行，在内部权力分配上体现了创新。五个成员国平等出资和平等投票，显示了重视平等合作、平等对话的特质，这也是其与在强权体系下建立的国际金融机构的重要区别。

## （二）全球金融规则的特点

全球金融规则能够降低国家间交易的成本，促使国际合作的达成。全球金融规则的产生、变迁和创新都是国家间为了特定利益集体行动的结果。在实际运行中，全球金融规则呈现出以下几个特点：

一是非中立性。全球金融规则往往是在金融霸权国的主导下制定，因此主要体现其意志和利益。例如，资本流动规则具有明显的非中立性。对于掌握雄厚资本的强国而言，允许资本高度流动的全球金融体系，更有利于其分享外国发展红利。国际金融机构的组织规则和危机救助规则亦是如此。例如，国际货币基金组织的"一票否决权"规则，将美国的主导性成功内嵌入该机构的权力架构内。国际货币基金组织对危机国实行救助时，往往附加资本项目开放、经济结构改革、财政政策收缩等强硬条件，而这些条件便利了外国资本对受援国的经济渗透。至于其对受援国长期经济成长是否有利，至今仍存在较大争议。国际金融市场规则，也同样具有非中立性。由于金融强国是国际金融市场的主导者，运行规则都是基于其长期实践、根据其竞争优势制定的，对于其他参与者而言，进入这些市场意味着对现有规则的全盘接受。

二是松紧交替性。在全球金融监管出现之前，发达国家国内的金融监管规则往往外化为国际市场规则，对于塑造全球金融市场发挥举足轻重的作用。历史上看，发达国家金融监管呈现"放松—强化—放松—强化"的循环演化路径。在大萧条之前，美欧国家对经济金融发展采取高度放任政策；大萧条爆发至20世纪70年代，美欧国家为避免两次世界大战之间的国际金融乱象，强化对经济金融的干预和管理，金融体系受到较为严格的管制；布雷顿森林体系崩溃后，美欧陆续实施金融自由化，不断放松对金融业的监管，但与此同时，国际金融危机频繁爆发；2008年国际金融危机后，美欧开启大萧条以来最为严格的金融监管改革，再度强化对金融体系的监管。

三是分散性。与国际贸易领域以世界贸易组织为核心的国际造法体系不同，全球金融规则的制定具有高度的分散性。例如，国际金融机构的组织规则由这些机构的宪章规定。国际危机救助规则由负有危机救助责任的国际金融机构制定。但是，国际金融机构制定的仅是国际危机救助的显性规则。由于国际金融机构救助资金规模的有限性，一旦国际金融危机破坏性大、范围广，国际金融机构将无力履行救助职能。因此，全球金融体系的最后贷款人实际上由国际货币发行国的央行来担当，相应救助规则也由这些国家的央行"相机抉择"。国际金融标准的制定也很分散。20世纪80年代以来，国际金融业以行业划分的全球金融标准陆续出台。全球金融标准制定上的高度分散性，也意味着在国际金融事务上，缺乏一个统一的有广泛代表性的权威的规则制定机构，能对这些分散的规则进行整合，并平衡整个规则体系内的权利、义务和责任的关系。

四是滞后性。全球金融规则是在全球金融结构的演化中形成的，一经形成便具有一定凝固性。当全球金融规则不再能反映全球金融结构的变化时，便表现为规则的滞后性。以规范国际银行业发展的《巴塞尔协议》为例，从1988年《巴塞尔协议1》出台到现在，已历经两次大规模修订。但其尴尬之处在于，每次新协议墨迹未干，国际银行业就卷入新的风暴。国际金融机构的内部组织规则也表现出强大的凝固性。尽管为了与时俱进，国际货币基金组织和世界银行每隔几年就会重新评估份额和投票权，但复杂的计算公式使得份额与投票权朝发达国家有利方面分配的局面难以获得根本性改变。

## （三）全球金融规则与全球金融体系稳定

规则是在全球金融结构的形成和演化中逐渐产生的，其更多体现的是金融强国的意志，实质上是金融霸权国维护自身利益的手段之一。规则一经形成便具有一定凝固性，因而与不断调整的全球金融结构之间始终存在矛盾。一方面，国际金融结构的发展受市场力量驱动，随着各国实体经济与金融实力的消长，国际金融结构的变化对金融规则的调整产生客观要求，其核心诉求是限制核心国的规则特权，给予外围经济体更多发展空间，使全球金融规则在权、责、利的分配上更加平衡。另一方面，核心国家出于维护本国利益的考虑，总是试图不断强化对自己有利的规则体系和强化自己对规则体系的控制权。因此，全球金融规则对于稳定全球金融体系而言是把双刃剑。如果全球金融规则的调整方向与全球经济金融发展趋势相符，能够有效帮助国际金融市场熨平金融周期，吸收金融冲击风险，实现利益分配在公平和效率间的平衡，那么全球金融规则能较好发挥稳定金融的作用。在这种状态下，全球金融规则表现为温和的强权性，对外围国吸引力较强，能够帮助霸权国维护全球金融秩序的稳定。但是，如果全球金融规则与全球经济金融发展趋势相悖，无法帮助全球金融市场吸收危机冲击，甚至助长危机频繁爆发，并在利益分配上表现出明显不公性和强权性，那么全球金融体系的不稳定性大大增强，全球金融规则对外围国家的吸引力下降，改革全球金融规则的国际需求将上升。

## 三、全球金融组织与稳定

国际金融结构在发展和演化的过程中形成了规则，而维护规则需要国际组织的保障。在管理学中，"组织结构"指的是组织的全体成员为实现组织目标，在管理工作中进行分工协作，在职务范围、责任、权利方面所形成的结构体系。组织结构是组织在职、责、权方面的动态结构体系，其本质是为实现组织战略目标而采取的一种分工协作体系，组织结构必须随着组织的重大战略调整而调整。本章借用这一概念，将"全球金融组织结构"定义为"为了保障国际金融体系按照一定规则运行，不同机构和合作协调机制之间在职、责、权方面的动态分工协作体系",而"全球金融组织"指的是成员国为保障国际金融体系按一定规则运行,而建立的各种国际金融机构和合作协调机制,其根本目的是通过国际合作维护某种金融规则的实施,来保障成员国自身的利益。

## (一) 全球金融组织的构成

按地域分,全球金融组织可分为国内、地区和国际三个层次。在国内层次上,央行、金融监管部门和金融业行业协会构成金融组织结构的重要组成部分。国际金融体系中核心国家的国内机构,在地区和国际金融体系中发挥举足轻重的作用。在地区层次上,地区金融组织、地区货币合作组织等负责本地区金融合作。在国际层次上,国际金融机构(IFI)负责维护全球金融秩序,它们也是整个全球金融组织结构的核心。此外,国际债务解决机构、主要国家间央行货币互换合作网等,也是重要的国际金融组织。

按形态分,全球金融组织中的成员,既有国际金融机构这样的正式机构,它们拥有机构宪章、严格的内部组织原则、明确的机构职能和实施这些职能的正式机构和员工;也有准地区或国际机构,它们以国家间协议为基础,有明确的宗旨,即便设立秘书处,也只负责沟通和文件存档,组织形式相当松散,如七国集团、二十国集团等。除了政府间金融机构和准机构外,还存在一些非政府组织,它们有明确的诉求,作为来自民间的监督力量,在维护全球金融体系的稳定中也发挥着作用。

按功能分,组成全球金融组织的成员,有的负责金融标准制定,如地区性和全球性金融行业协会;有的负责宏观经济金融风险的监管,如国际货币基金组织;有的负责提供长期发展资金,如世界银行和地区性的多边发展银行；有的负责为危机国提供短期融资安排，如国际货币基金组织等。

按产生机制分，全球金融组织中的成员，既有自上而下型，即在国际金融体系的中心国家主导下建立的，以维持全球金融秩序为目的的国际性和地区性机构和准机构；也有自下而上型，即由外围国家主导建立，以反映其经济金融利益和诉求，以改良或改革全球金融秩序为目的的国际性和地区性机构和准机构。这两类机构和准机构之间的复杂博弈关系构成了全球金融组织调整的驱动力。

## （二）全球金融组织的结构形态

全球金融组织体系呈现核心、亚核心和外围三层结构。

**核心机构/机制**。由全球金融秩序的中心国家主导建立，承担着维护国际金融秩序的重要职能，是全球金融组织体系的核心。例如，布雷顿森林体系时期，在美国主导下建立的国际货币基金组织，其主要职责是维护汇率稳定和为面临危机冲击的经济体提供短期流动性支持。世界银行则提供长期发展融资支持。布雷顿森林体系崩溃后，七国集团成为协调主要发达国家经济金融政策的重要平台。同时，国际货币基金组织和世界银行在职能上经历调整，继续在全球金融组织体系中占据核心地位。

**亚核心机构/机制**。这类机构虽非全球金融秩序的核心国家主导建立，但是在其支持下建立或发挥功能。对于核心机构/机制而言，它们能发挥职能补充作用，两类机构总体良性互补，交往密切。如总部设在欧洲的国际清算银行、巴塞尔银行委员会，以及地区性多边发展银行等。

**外围机构/机制**。主要由外围国家主导建立。这类机构的出现，往往表明旧有全球金融组织在功能和效率上的衰退。由于与核心机构/机制存在明显的竞争关系，它们的出现将改变全球金融组织的内部生态：首先，在这些机构/机制发挥作用的地区，自上而下型机构/机制的活动空间和影响力被压缩。其次，在这些机构/机制发挥作用的领域，自上而下型机构/机制的部分功能将被替代。第三，如果空间的压缩和功能的替代还伴随着金融理念的革新，还可能削弱自上而下型机构/机制金融意识形态的权威性。例如，布雷顿森林体系崩溃后，全球金融货币危机频发，地区性货币合作机制遂兴起。这些机制为陷入危机的地区经济体提供短期流动性安排，因此与国际货币基金组织的危机救助职能存在重叠与竞争。

根据上述三类机构/机制之间关系的不同，全球金融组织体系可能呈现以下三种权力分布关系。

一是强中心的金字塔结构。在这种结构中，权力分布集中于核心机构/机制。亚核心机构/机制较少，或与核心机构/机制之间存在职能分工的良性合作关系。在这种结构中，外围机构/机制较少，或基本不存在。

二是弱中心的网状结构。在这种结构中，核心机构/机制的权威性和有效性都大大下降，面临激烈的竞争和调整。亚核心机构/机制，特别是外围机构/机制大量出现，导致权力的分散化。自下而上机构/机制的增多，虽然意味着核心机构/机制绝对控制力的减弱，但仍能通过建构与新机构/机制的关系，来维持对全球金融组织体系的相对控制力。理论上，核心机构/机制有四种应对策略：一是内化。内化意味着将新机构/机制纳入到全球金融组织的核心圈之内。这种做法是最理想的状态，但难度也最大。二是参与。例如，核心国以成员身份加入新机构/机制。通过这种办法，核心国可以影响到新机构/机制的运行。例如，英国、德国等西方发达国家接受亚投行邀请，成为其创始成员国。三是约束。约束意味着让新机构/机制认可核心机构/机制的权威,后者对前者功能的发挥拥有一定限制权。例如,"清迈倡议多边化协议"(CMIM)是东亚经济体之间的危机互助协议。该协议规定,成员国初步可获得贷款额度30%的资金,一旦该国向国际货币基金组织提出贷款援助申请,并获准启动其融资项目,才有权申请使用剩下70%的贷款额度。这是各成员国向清迈倡议多边化协议申请全额贷款援助的前提条件。四是合作。合作意味着核心机构/机制与新机构/机制开展对话沟通或在具体项目上开展合作。

三是多中心的分散结构。在这种结构中,核心机构/机制失去对亚核心和外围的控制能力,平行性金融体系大量出现。核心机构/机制与其他机构/机制之间的分工合作关系弱化,两者之间的关系从"专业化分工"向"职能性竞争"方向发展。核心机构/机制的不可或缺性降低。全球金融体系甚至可能出现平行金融体系。全球金融组织体系高度分散化,不同机构/机制之间激烈竞争,直到出现新的均衡结构。

## (三) 核心机构/机制:在全球金融稳定中的角色

在各类全球金融组织中,核心机构/机制最为重要,其主要功能是维护全球金融秩序。由于秩序的存续总是以一定的稳定性为条件,因此历史上,核心机构/机制也或多或少地承担了维护全球金融稳定的职能,尽管这是以维护全球金融秩序为前提的。其能否有效发挥这一作用,受到多种因素制约。

1. 政治意愿。核心国家是核心机构/机制的主要参与者和领导者,其稳定金融体系的意愿和能力,直接影响到核心机构/机制能否成功发挥其作用。例如,在20世纪30年代,主要大国之间央行合作机制一直存在,但是仍未能阻止全球经济滑向危机,主要原因是英国没有能力、美国没有意愿承担责任去稳定国际经济金融体系。又如，20世纪90年代，国际货币危机频发，而西方国家的金融投机者成为市场波动甚至危机的主要受益人，以国际货币基金组织为代表的核心机构/机制强调危机的内源性，并利用危机救助强行推销经济自由化药方，进一步加剧危机国的脆弱性。

2. 体系地位。核心机构/机制能否较好发挥金融稳定作用，还与全球金融组织体系的内部结构和权力配置密切相关。如果核心机构/组织能够有效统合全球金融组织内部的资源，发挥神经中枢和指挥部的作用，则整个全球金融组织就能够较好地完成金融稳定的任务。相反，如果核心机构/机制无法有效统合和调动资源，整个全球金融组织体系就会处于沟通不畅、职能重叠、理念混乱、效率下降的状态，那么它在发挥金融稳定职能时将面临各种掣肘。

3. 机构/机制能力。风险监控和危机救助是核心机构/机制稳定全球金融体系的两个重要工具。其中，风险监控属于预防措施，而危机救助属解决措施，两者相辅相成。如果核心机构/机制能够较早、较准确地预测到危机风险的存在及其破坏力，就能够更好地帮助全球经济体系控制或化解风险。但在现实中，主流判断、思维定式、数据滞后、信息不透明、成员国干扰等，都可能妨碍核心机构/机制做出正确的判断。此外，核心机构/机制能够动用的资金规模，也直接影响其危机救助的能力。

## 四、全球金融秩序与稳定

全球金融秩序是全球金融结构演化和规则、组织调整的结果。秩序一经形成，就具有一定的规范性和稳定性，并通过进一步加强对金融规则和组织的控制，来强化自身的权威。作为全球金融体系的"维护者"和利益的"分配者"，全球金融秩序起着捍卫稳定、保持霸权的关键性作用。其权力来源于全球金融体系中的力量对比，其领导者也往往是当时的世界霸权国。通过一系列市场和制度安排，即全球金融规则和组织，霸权国或独断、或妥协，并利用政治、经济甚至是军事等手段，将自己的意志贯彻进全球金融体系的方方面面，并以秩序为工具，保护自己及同盟、打压对手及潜在竞争者。

## （一）全球金融秩序的国际公共产品属性

国际公共产品是一种原则上能使不同地区的许多国家的人口乃至世界所有人口受益的公共品，它是公共产品概念在国际范围内的延伸和拓展。作为国际公共商品，它为国际经济交往提供了各种便利，这也是全球金融秩序能够被国际社会广泛接受的原因。首先，全球金融秩序包含了国际货币制度和汇率安排，并通过自愿遵守或签订协定等形式保证该安排的实施。国际汇率安排是国际经济金融交往的润滑剂，有助于降低经济金融交往的成本。其次，全球金融秩序包含对抗金融危机的安排。在繁荣时期，全球金融秩序为金融市场的正常交易提供保证；在金融危机爆发时，为陷入危机的国家提供救助，防止负面影响的扩散。第三，全球金融秩序还包含了对落后国家的长期金融支持。二战结束后，开发援助性国际金融机构孕育而生，它们为发展中国家提供的长期发展资金，在一定程度上加强了全球金融秩序的合理性和凝聚力。

作为特殊的国际公共产品，全球金融秩序还具有以下几个特性：

一是强权性。全球金融秩序是典型的强者提供型的国际公共产品，是少数发达经济体向国际社会提供的公共产品。Jayaraman 和 Kanbur 根据国际公共产品供给中参与者的地位不同，将之划分为加总供给、弱者供给和强者供给。加总供给的国际公共产品容易导致集体行为问题，即个别参与者可以利用不做贡献的方法来威胁其他参与者；弱者供给的国际公共产品容易导致"败德问题"，弱势成员会故意不去提高自身能力，从而影响国际公共品的供给；强者供给型国际公共产品优点适用于解决那些需要迅速做出反应的国际问题，缺点是会产生垄断风险，无法满足国际公共产品的多样性需求，更重要的是无法补偿其供给成本，造成效率损失（Sachs 1998，Stiglitz 1998）。全球金融秩序属于典型的强者供给型国际公共产品。它由一个或多个经济金融强国联合供给，并利用经济、金融、政治、军事等综合手段保证其存续。

二是等级性。理论上，国际公共产品可以使所有人受益，但这并不表明每个人的受益都可测量，也不表明每个人的受益都是相等。每个消费者从国际公共品的供给中所获得的受益不仅取决于其所在国的政策选择，也取决于消费者消费这种国际公共品的能力及其偏好。同样，全球金融秩序也具有明显的等级性，处于不同等级的国家，从中受益的方式和程度区别很大。全球金融秩序常常表现出明显的"中心—外围"结构。处于全球金融秩序中心的经济体，拥有规则制定权、机构主导权等，在国际金融市场的竞争中占据规模、信息等各种优势，在国际金融体系的整体受益分配格局中处于强势地位。处于全球金融秩序外围的经济体，是国际规则的接受者和国际机构的被领导者，虽然也能从国际金融体系中受益，但也经常成为核心国家经济金融风险的被转嫁者。全球金融秩序中的等级性有时表现得非常复杂。例如，全球金融秩序中的"中心"可能呈现出单中心结果、单中心主导下的多中心结构，或双中心、多中心主导下的多中心等结构。这些排列组合各有自己存在的条件。这些不同的结构将对全球金融秩序的稳定性产生较大影响。

三是竞争性。托德·桑德勒（Todd Sandler）将国际公共品分为纯国际公共产品和准国际公共产品。纯国际公共产品指完全符合非排他性和非竞争性的国际公共品，而准公共产品不完全满足非排他和非竞争性的性质。根据这一划分，全球金融秩序是典型的准国际公共产品。由于其外化形式——全球金融规则、制度、机制具有"非中立"特性，不同经济体参与国际金融市场获得收益的能力大不相同。

四是边界性。杨雪冬指出，秩序是有边界的，这种边界也是共同体或社会的边界。而且，边界也是可以改变的，既可缩小，也能扩展。由于秩序是多层次组成，存在中心—边缘结构，一旦中心秩序无法有效控制边缘秩序，那么秩序的边界必然缩小。此外，当秩序内部大范围的交往被破坏时，相互信任减弱，整体秩序会被众多次级秩序所取代。秩序边界的扩展有两种形式：一是自然扩展；二是强制扩展。同样，全球金融秩序也是有边界的。历史上，这个边界经常是以国际政治来划界。例如冷战时期，东西方并存两种全球金融秩序，并表现出截然不同的特点。而在今天的世界，一些被西方视为异端的国家被长期摈除在国际金融体系之外。全球金融秩序的边界是国际政治角力的结果，边界的扩张和萎缩反映了中心国家对秩序的控制力和吸引力。

## （二）全球金融秩序的权力来源

货币性权力、规范性权力、组织性权力和思想性权力构成了全球金融秩序的四大权力来源。这四种权力交叉强化，互相联系，共同保证全球金融秩序得到国际社会的遵守。

1. 货币性权力：国际货币制度。货币和金融的紧密关系不言而喻，无论是狭义还是广义的金融概念中，货币都发挥着关键性作用。如狭义金融指货币资金的融通，广义金融则指货币资金的筹集、分配、融通、运用及管理。因此，可以说货币性权力是全球金融秩序最核心的权力。只有控制了国际关键货币的发行权和垄断权，才能够进一步控制和塑造全球金融秩序。一般而言，国际货币制度包含三方面的内容：一是国际关键货币的确定；二是国际汇率的决定方式；三是国际收支失衡的调整方式。其中，国际关键货币的确定是国际货币制度的核心。占有较多国际关键货币或能够发行国际关键货币的国家，在国际金融体系中处于优势地位。"没有高度的主权货币国际化，就没有金融霸权地位。历史上的金融霸权国无不将本国货币发展成为国际本位货币或国际储备货币作为核心目标，并将构建符合本国利益的国际货币金融秩序作为其对外金融战略的根本目标。掌握了国际货币的制高点，就能在全球金融规则制定、国际金融资源配置等方面把握先机。一国赢得了国际货币体系的主导权，就能在争夺国际金融格局控制权中赢得主动。"[1]这种优势地位集中表现在以下几个方面：一是征收国际铸币税。铸币税也称货币税，指发行货币的组织或国家的政府，享有货币发行面值减去发行成本后换取实际经济资源的利益，从中攫取发行货币所产生的特定收益。这部分由货币发行主体垄断性地享受"通用货币面值超出生产成本"的收益，就被定义为铸币税。在金属货币制度下，铸币税是铸币成本与其在流通中的币值之差，而在当代国家信用的纸质和电子货币制度下，铸币税用来指货币当局依靠货币垄断权用纸质货币向本国居民换取实际经济资源财富。由于发行纸币的边际成本几乎为零，可以说铸币税差不多相当于基础货币的发行额。当一种货币成为国际货币后，铸币税就演化为国际铸币税，拥有此货币的国家就可以向世界居民征收铸币税了。二是对国际资本流动的控制权。由于国际资本流动以国际关键货币为载体，国际关键货币发行国

---

[1] 安文波：《国际金融格局调整及中国对策研究》，博士论文，第65页。

的货币政策就成为国际资本流动的总阀门。通过国际资本流动的各种形式，如直接投资、跨国信贷和证券投资等，国际关键货币发行国可以较低成本分享其他国家的发展红利。三是对国际金融体系的主导权。由于掌握了国际关键货币，发行国的金融体系将成为国际金融体系的核心。其资本市场也因为联通世界市场升级为国际资本市场，金融市场规则将通过国际资本的流动升级为全球金融规则，其金融法规的影响力和震慑力也将超越国界的限制。

2. 规范性权力：全球金融规则。全球金融规则是约束性权力，它划定了国际金融市场参与者的行为边界，并规定了相应义务。从内容上划分，全球金融规则包括国际货币规则、资本流动规则、金融市场规则、危机救助规则等。全球金融规则是全球金融秩序的外化。表面上看，全球金融规则与全球金融秩序相比表现出更大的弹性。例如，规范国际银行业行为的《巴塞尔协议》在不到30年时间内已被大规模修订两次。但是，全球金融规则在权力结构和利益分配上有着非常强的凝固性。例如，2008年国际金融危机爆发后，国际银行监管改革从微观、中观和宏观三大层次展开。其中，微观层面强调增强金融机构稳健性。提高资本和流动性监管标准；强化薪酬机制监管，改善金融机构风险文化；中观市场层面注重完善市场基础设施建设。降低对评级机构的依赖；改革会计准则；加强场外衍生品市场监管；宏观市场层面强调减少经济周期性波动，填补监管真空。危机之后，全球金融监管界提出了"宏观审慎"的新概念；提出系统重要性银行监管规则；解决顺周期问题；解决监管真空问题，加强影子银行监管；加强对国际活跃金融机构的跨境国际监管。这其中，处于微观层面的薪酬机制监管和金融机构风险文化，处于中观层面的会计准则和评级机构地位，处于宏观层面的"大而不能倒"和影子银行监管等，与美国特殊的金融结构和竞争力，以及由此衍生而出的金融权力联系密切。因此，虽然表面上看，全球金融监管改革在很多方面取得进展，但在这些涉及全球金融秩序结构性权力的核心问题上，国际合作往往流于表面，因为深入推进意味着对现有秩序的重构。

3. 组织性权力：全球金融组织。全球金融组织是指联系国际金融体系各组成部分，使之有效运转的由国际金融机构、国际协调机制等组成的一整套制度安排。通过控制关键性的国际金融机构／机制，处于国际金融体系中心的霸权国可以完成对全球金融组织的掌控。金本位时期，主要大国间央行协调是最重要的全球金融组织形式。尽管这一时期，央行协调尚未发展成为日常化机制，仅在危机出现时才会实施，但有效保障了国际金本位制长达30多年的平稳运行。相比之下，国际金融机构的历史要短得多。直到第一次世界大战结束，战胜国集团为处理战后德国赔款问题，才在瑞士巴塞尔成立了"国际清算银行"，这是最早的国际金融机构。二战后，为了结束全球金融秩序混乱的局面，在美欧等国主导下，建立了国际货币基金组织和世界银行。对于加强全球金融秩序的合理性和合法性而言，全球金融组织具有十分重要的作用。首先，国际金融机构是世界多数国家的政府通过签署国际条约或协定而建立起来的，它的存续和组织形式具有国际法上的合法性。通过建立全球金融组织，金融霸权国可以将尽可能多的国家纳入到其主导的全球金融秩序之中。其次，通过国际金融机构，金融霸权国可以向秩序中的落后国家提供长期发展资金或短期借款安排，帮助它们实现经济增长或度过危机。通过提供这两类国际公共产品，全球金融秩序的合法性和凝聚力得到进一步加强。第三，国际金融机构组织商讨国际经济、金融领域中的重大事情，协调各国间的相互关系。塑造和引导国际社会对世界经济金融重大问题与风险的看法和舆论。由于全球金融秩序可通过股权机制、投票机制、管理架构内化于国际金融机构之中,国际金融机构成为霸权国维护全球金融秩序的重要工具。

4. 思想性权力:金融意识形态。针对意识形态,国际社会学、政治学和经济学方面的诸多学者都有过理论化的阐述。意识形态是在社会历史进程中依赖于经济基础形成的一种代表某一社会集团利益的思想观念和价值体系,它体现出群体性、系统性和历史性的特征。意识形态与国家利益有着难以忽视的紧密联系,在《文明的冲突与世界秩序的重建》一书中,亨廷顿对此有过深刻的描述:"价值、文化和体制深刻地影响国家如何界定它们的利益。"谁若是主导了国际金融话语内容,意味着就可以向外兜售自己偏好的经济发展模式,制定对自己有利的国际金融市场规则,获得对重大国际金融事务的定义权和突发国际金融事件的解释权,从而在国际金融博弈中获得对他国的优势地位和主动权。[①] 在国际金融史上,金融意识形态的渗透力和影响力无处不在。例如,金本位时期,英国大力推崇自由主义经济学说,倡导自由贸易和资本自由流动。布雷顿森林体系崩溃后,美国在经济政策上实行凯恩斯国家干预主义,经济金融意识形态转向崇尚全球性的古典自由放任的新自由主义。在实践层面上,美国等西方国家极力推行着一场有利于其国家利益的社会经济转型运动,"华盛顿共识"和"休克疗法"均可被认为是其新自由主义付诸实践的试验场。处于中心地位的美国金融资本,需要统领全球要素,保证世界资源毫无阻拦的流向处于霸权"漩涡中心"的美国市场。以美国为首的西方发达国家是新自由主义金融扩张理论的鼓吹者,并从中获取巨大收益。

总之,货币性权力、规范性权力、组织性权力和思想性权力构成全球金融秩序的四大结构性权力。全球金融秩序的稳定首先

---

[①] 时吴华:《金融国策论》,北京:社会科学文献出版社,2015年版,第48页。

表现为这四大权力的稳定。一旦这四大权力出现松动或遭受挑战，也意味着全球金融秩序的稳定性下降。对于现有全球金融秩序的挑战者而言，想要改革或重塑全球金融秩序，其与现有秩序的维护者激烈争夺的焦点也将集中于上述四大结构性权力。

### （三）全球金融秩序与全球金融稳定的关系

全球金融秩序作为霸权国意志的延伸，其代表的是维护和守序。一种全球金融秩序的确立，往往意味着在国际政治经济领域占据优势的国家力量的体现和贯彻，其本质上是维护大国利益。因此某种程度上，全球金融秩序往往与霸权国实力的消长息息相关。其作为全球金融体系的外在维护性力量，往往与代表变革的内生于国际金融市场的金融结构这股稳定的破坏性力量相互交织，两种力量既相互斗争，也相互妥协。一旦全球金融秩序的建立者和维护者，即霸权国出现实力上的衰落，次力量者或新生力量势必会有新的权力诉求，这种权力诉求往往以全球金融结构的改变体现出来。这种变动小可影响全球金融体系的稳定，大可改变甚至是颠覆旧的全球金融秩序。因此，全球金融秩序只有在与国际经济金融实力格局相一致时，才具有稳定性。相反，当全球金融秩序与国际经济金融实力格局之间矛盾激化时，全球金融秩序就会承受持续的调整压力。

全球金融秩序能否促进国际金融体系的稳定，主要受以下几个因素影响：

一是供给者的实力。公共产品的悲剧在于如果供给者失去供给能力或意愿，公共产品将陷入供给不足的窘境。同样，全球金融秩序也存在供给不足的可能。当国际经济金融实力格局发生巨大变化时，原有供给者维护秩序的能力弱化，其从秩序中获得收益的空间也将被压缩。一旦供给者从提供全球金融秩序中获得的收益低于其成本，或称其国际义务高于其潜在收益，提供者可能选择终止对全球金融秩序的供给和维护。例如，布雷顿森林体系时期伊始，"美元与黄金挂钩、其他货币与美元挂钩"的美元汇兑本位制符合美国的经济金融利益，也为战后国际经济体系的复苏提供了支撑。但是，这一国际义务渐渐令美国不堪重负。在国际收支不断恶化，国内黄金储备不断流失的重压下，1971年初，美国政府宣布关闭黄金窗口，史称"尼克松冲击"，布雷顿森林体系一夜崩塌。这可被视为供给者因实力下降主动放弃维护全球金融秩序的一个例子。对于单中心的全球金融秩序而言，如果单中心实力相对衰落，可能出现双中心、多中心格局。例如，两次世界大战之间，全球金融秩序出现了英—美—法的三中心结构。20世纪90年代初，美—欧双中心逐渐取代美国的单中心结构。在双中心和多中心结构的全球金融秩序中，全球金融体系的稳定依赖中心国家间经济金融协调的有效性。

二是利益分配的公允性。国际金融体系具有强权性、等级性，利益分配并不公平。但是，只要它为其他处于外围的经济体提供了经济发展的空间，其作为国际公共产品，仍然具有吸引力。在全球金融秩序中，寻求利益分配的绝对公平是不现实的。利益分配的相对公平成为全球金融秩序具有吸引力和凝聚力的重要原因。其表现形式多样，如中心国家向外围国开放其金融市场，为其提供经济金融资源，帮助其获得经济发展。在外围国陷入经济金融困境时，提供短期援助。一旦国际金融体系的公允性明显下降，其吸引力和凝聚力将会降低，并导致去中心化的分散化发展趋势。这种分散化的发展，可能表现为金融保护主义的蔓延、全球金融市场的碎片化、平行国际金融机构的崛起或新的中心崛起等。

三是秩序的弹性。全球金融秩序的稳定性还取决于它的弹性，即改革自新的能力。当国际经济金融实力格局发生不利于全球金融秩序供给者的变化时，供给者继续维持该秩序的成本将升高，收益将下降。如果供给者能接受新兴势力的相对崛起，通过对全球金融秩序微调，在一定程度上承认和保护新兴势力的利益，就仍能在一定时间内保持秩序在许多方面的延续性。但是，如果秩序缺乏弹性，或说供给者缺乏改良秩序的意愿或能力，新兴势力可能会寻求建立平行的金融秩序，对原有秩序发起挑战。

## 五、全球金融监管与稳定

在影响全球金融稳定的五个要素中，全球金融监管出现的时间最晚。在全球金融监管出现之前，全球金融体系是按照"强权—利益"的逻辑演化发展的，全球金融规则和组织主要是作为强化全球金融秩序而存在。然而，全球金融秩序的存在并不意味着全球金融稳定，有时甚至以全球金融不稳定为代价，来维持有利于金融霸权国的权力结构和利益分配。全球金融监管是全球金融一体化发展到一定阶段的产物，反映了全球金融体系的内在稳定要求，也是其自稳定机制。其通过制定全球监管规则、建构全球监管架构对旧有全球金融规则和组织进行改革，以此消除全球金融结构性失衡或风险、重塑全球金融秩序，从而起到稳定全球金融体系的作用。

### （一）全球金融监管的构成

全球金融监管是全球金融体系的自稳定机制，主要通过标准制定、风险监测和危机管理来维护全球金融稳定，其构成要素至少有三个，即全球监管理论、全球监管构架和全球监管规则。

全球监管理论。全球监管理论构成全球金融监管实践的理论基础，其核心任务包括三个：一是应当建构一个什么样的国际金融体系；二是建立全球金融监管的必要性、可行性；三是构建全球金融监管的具体路径。前两个属于核心和价值观层面的问题，第三个则属于组织和技术层面的问题。与影响全球金融稳定的其他四个因素相比，全球金融监管更加依赖国际合作，它通过国际合作的方式来制约国际金融秩序的强权性和不合理性，追求对全球经济发展和金融利益更加合理和公平的分配。基于国际合作与基于权力和秩序的国际金融体系的建构诉求是截然不同的。国际合作的范围越广泛、参与成员国家越多，代表的利益越广泛，对不合理国际金融秩序的约束力就会越强。全球金融监管是国际金融体系发展到一定阶段的内在要求：随着国际金融一体化的深度发展，国家监管已经无法监控全球金融结构出现的失衡和风险积累，必须通过建立全球金融监管来管理和消除相应风险。

全球监管架构。全球金融构架是实施全球金融监管的组织保障，它规定了全球监管架构应当采取的组织形式和决策机制。全球监管架构属于全球金融组织的范畴，是全球金融组织体系中的新成员。在现实演化中，全球监管架构与旧有国际金融组织存在千丝万缕的联系，其特殊性主要表现在以下几个方面：第一，建立宗旨不同。全球监管架构以维护全球金融体系平稳运行为根本宗旨，并以大规模、综合性的国际金融造法活动为基础。这一独特的宗旨设定是旧有全球金融组织所不具备的。第二，影响范围和深度不同。从范围而言，全球金融监管在规则制定上考虑的利益更加广泛；从深度而言，国际金融造法要求国内金融法律与之衔接，因此具有改革与塑造国际和国内金融体系的双重作用。第三，整合能力不同。在全球监管构架成形之前，众多国际金融组织实际上已经在不同领域承担了全球监管的部分职能，但基本各守一方，相互合作性较弱。全球监管构架在建立初期，就表现出巨大的资源整合能力，形成了与这些国际金融组织的巨大合作网络。

全球监管规则。全球监管规则是实施全球金融监管的技术保障，主要包括以下几个方面的问题：哪些是重点监管领域、如何制定具体监管指标和措施、如何保证相关规则的执行等。全球监管规则是全球金融规则中的新成员。旧有的全球金融规则是霸权国主导的全球金融秩序的外化，以维系全球金融秩序为主要目的；而全球监管规则是主要国家博弈的结果，其以管控全球金融风险、纠正不合理全球金融秩序、维护全球金融稳定为主要目的，两者存在巨大差别。此外，旧有全球金融规则，包括国际货币规则、危机救助规则和全球金融机构组织规则等，一旦形成就具有较大凝固性，而全球监管规则需要根据国际金融结构的变化，进行不断调整。在各类全球金融规则中，全球监管规则的技术性最强、覆盖范围最广、调整变化速度最快。

## （二）全球金融监管的演化阶段

1. 分领域制定国际金融标准的探索阶段（20世纪70年代至90年代中期）。布雷顿森林体系崩溃之后，随着全球金融市场一体化的迅速发展，主要发达国家开始探索共同制定统一的全球金融规则。这方面的先驱是十国集团。[①] 20世纪70年代初，主要发达国家在国际清算银行会晤，制定了自愿遵守、具有法律约束力的国际标准及规范，在审慎监管的原则下管理金融机构、支付系统和外汇市场。其中，最著名的是1974年成立的巴塞尔银行监管委员会，该委员会成为国际银行业领域标准规则的制定者，于1988年推出《巴塞尔协议Ⅰ》，之后又于1996年和2010年两度予以大规模修改。此外，国际证券委员会组织（IOSCO），由世界

---

① 十国集团的成员都是发达国家，包括比利时、加拿大、法国、德国、意大利、日本、卢森堡、荷兰、瑞典、西班牙、瑞士、英国和美国。

主要证券委员会组成,制定了有关披露、内幕交易和证券公司资本充足性的标准。国际保险监督官协会(IAIS)1994年举行第一次会议,由来自160多个国家的保险监管官员组成,致力于在披露、保险准备金管理和消费者保护等问题上建立国际保险监管标准。金融行动特别工作组(FATF)制定的国际标准旨在打击金融犯罪,对银行及其他金融服务机构的笔录和透明度的要求做出规定。这一时期,国际金融标准制定采取了分领域推进的方式,相关规则的国际影响力也有较大差别。其中,巴塞尔委员会和金融行动特别工作组制定的规则影响力较大,而国际证券委员会组织和国际保险监督官协会影响力较小。国际金融标准具有国际软法性质,并没有强制执行力,其国际适用性依赖成员国和非成员国的自愿遵守,它虽不是真正意义上的全球金融监管,但是为后者奠定了基础。一方面,消除跨境金融交易风险是国际金融标准制定的诉求之一,这与全球金融监管的核心诉求一致;另一方面,它营造的国际合作氛围,有利于后来全球金融监管合作的开展。

2. 以金融稳定论坛为核心的尝试阶段(20世纪90年代中期至2008年)。20世纪80年代以来,国际金融危机频繁爆发,特别是1997年亚洲金融危机的爆发,在国际上掀起了构建全球金融稳定机制的讨论热潮。这一阶段,全球金融监管在架构建设和规则制定上初具雏形。架构建设上,七国集团为加强多边合作、维持全球金融稳定,推动建立了金融稳定论坛,其成员包括主要国家的中央银行或金融监管部门、国际金融组织以及国际标准制定机构等。同一时期,国际金融机构和国际标准制定机构也开始尝试制定金融稳定指标,试图对影响全球金融稳定的风险进行预警。例如,1999年5月国际货币基金组织和世界银行共同推出"金融部门评估规划"(FSAP),对成员国和其他经济体的金融体系进行全球评估和检测。为加深对国际资本流动的理解和加强对金融市场发展的监控，基金组织于2001年成立国际资本市场部，并于2002年春推出第一份《全球金融稳定报告》，开始对全球金融风险进行监测。①此外，十国集团新兴市场经济金融稳定工作组则于1997年4月发表了一份评估新兴市场金融稳定性的工作报告，将金融稳健性指标分为：法律及司法框架；会计、披露和透明度；市场结构；监管与规制当局；社会安全网设置等。

这一时期，全球金融监管的国际实践仍处于摸索阶段。尽管与上一阶段相比，全球金融监管的架构和规则已初具雏形，但离有效发挥监管全球金融风险、维护全球金融稳定的职能仍有较大距离。从权威性上看，这一时期全球金融监管的核心组织——"金融稳定论坛"主要由发达国家组成，代表性明显不足；从监管范围上看，这一时期国际金融机构或组织的监管重点主要是新兴市场，发达国家并不在雷达监测范围之内；从监管有效性来看，金融稳定论坛的松散论坛性质制约了其建议和决议的执行力，而监管范围的局限性也导致承担全球金融监管职责的国际金融机构无法预见并阻止产生自发达国家的巨大金融风险。

3. 以金融稳定理事会为核心的改革阶段（2009至今）。2008年国际金融危机的爆发，暴露出全球金融监管工作的巨大缺陷及改革的迫切性和必要性。2009年4月，二十国集团伦敦峰会将金融稳定论坛升级为金融稳定理事会（FSB），将其成员扩展至包括十一个重要新兴经济体在内的所有二十国集团成员国，并对其结构与职能进行了重大改革和调整。②"FSB的成立标志着国际金融体系改革迈出了决定性的一步，为建立全球金融监管改革框架奠

---

① IMF: Global Finanical Stability Report, March 2002：Market Developments and Issues, http://www.elibrary.imf.org.

② 目前，金融稳定理事会包括二十国集团在内的24个国家和地区，以及国际清算银行、国际货币基金组织、世界银行、经合组织、巴塞尔银行监管委员会等12个最重要的国际金融组织、全球金融监管机构及中央银行专家委员会。

定组织基础的同时,为统一全球金融监管标准搭建了实践平台。"①升级后,金融稳定理事会成为二十国集团倚重的促进全球金融标准制定和执行的核心机构。为提升国际金融软法的执行"硬度",金融稳定理事会成立执行情况监测网络工作组,并通过同行评议、政策交流、技术援助等方式推动成员国遵守新规则。金融稳定理事会在强化其国际标准制定职能的同时,还建立了对金融危机的预警体系。

与过去相比,目前以金融稳定理事会为核心的全球金融监管架构虽具有较大进步性,但仍存在很多问题。第一,代表性不足。尽管成员国范围有所扩大,且成员国占全球经济比重高达85%,但金融稳定理事会仍是一个由少数国家组成的全球监管治理机构。由于无法代表大多数国家的利益和诉求,其权威性受到质疑。第二,规则偏向性。一方面,金融稳定理事会制定的规则对于成员国和非成员国是非中性的;另一方面,即使是在成员国内部,由于博弈能力不同,规则也具有偏向性,且这一偏向性因参与国家数量有限而难以得到纠正。第三,构架松散,内部协调成本巨大。目前,金融稳定理事会与国际金融机构、国际金融标准制定组织之间的关系更接近于合作型网络。尽管它试图采取各种方法提高规则执行力,但并未克服金融稳定论坛时代就存在的构架松散、协调成本高、执行力低等问题。

## (三)全球金融监管与全球金融稳定的关系

全球金融监管是全球金融一体化发展到一定阶段的产物。随着全球金融市场联系的不断加深,各国形成相互依存、相互制约

---

① 谢世清、曲秋颖:《金融稳定理事会面临的挑战》,载于《宏观经济管理》,2012年第10期。

的竞争合作关系。同时，由于全球金融结构日趋复杂，金融风险生成机理和传播渠道变异，金融危机爆发频繁且破坏性大增，全球层面产生了在合作基础上建立全球金融监管的内在要求。全球金融监管的目的是监测全球金融风险、促进全球金融合作、维持全球金融稳定。达什（Das），昆廷（Quintyn）和舍纳德（Chenard）（2004）等研究发现，监管治理与金融体系稳定之间存在明显的正相关性，即监管治理与金融体系的稳健密切相关，并由此影响金融稳定。同样，在全球层面，全球金融监管的定位和使命决定了，其监管能力和质量与全球金融体系的稳定直接相关。由于全球金融监管是个新生因素，国际实践时间很短，且仅具雏形，在组织、规则、功能各方面均不完善，因此发挥作用有限。作为未来全球金融合作的一个重要发展方向，其能在多大程度上发挥全球金融稳定的作用仍有待检验。目前看，全球金融监管的效力主要受以下几个因素影响：

一是全球金融监管的代表性和权威性。全球金融监管建立在国际合作基础之上，以维护全球金融稳定为目标，其决策也应以广泛的全球参与为基础。布雷顿森林体系时期，国际货币基金组织发挥国际汇率监管职能，是以成员国对其监管职能的授权为基础的。然而，布雷顿森林体系崩溃之后，以国际金融标准制定为核心的全球金融监管以少数国家合作为基础，经常遭受非成员国的质疑。许多国际标准制定机构，虽然是非正式的，但仍然是由富裕国家组成的"独家"俱乐部。这些国家使其规则适用于世界其他地区，或者由严格的政策核心来管理"开放会员资格"的组织。被排除在政策制定过程外的一些国家认为，规则和标准代表核心参与者的利益（尤其是发达国家）。因此，全球金融监管，即使有效，也可能面临着缺乏代表性（甚至比WTO更严重）、缺乏透明度和问责机制的指责——这些指责本身将减少对全球金融监管的认同。[1]代表性不足直接影响权威性和公正性，进而影响相关国际金融标准的全球适用性。

二是全球金融监管的领域覆盖范围。从监管领域来看，全球金融监管应当包括对全球金融市场的监管和对国际货币体系的监管，两者相辅相成，共同保证全球金融平稳运行。对国际货币运行体系的监管，主要目的是稳定全球汇率关系，防止汇率大幅波动对金融市场的干扰。如果仅加强对金融市场的监管，而忽视保持全球汇率的相对稳定，将意味着金融机构始终处于高波动、高风险的市场环境中，从而不利于维持全球金融稳定。

三是对结构性失衡和系统性风险的识别能力。结构性失衡和系统性风险是全球金融稳定的最大威胁。全球金融结构总是动态变化的，而系统重要性经济体的大型金融机构和市场是推动全球金融结构变化的主要因素，也是系统性风险的重要来源，因此应当是全球金融监管的重点监测对象。然而，从20世纪90年代到2008年国际金融危机爆发之前，全球金融监管的主要对象是新兴市场，而对发达经济体内部及之间联动导致的结构性失衡和系统性风险视而不见，导致相关风险不断积聚，最终引发全球金融风暴。

四是全球金融监管的决策执行力。全球金融监管以监测风险、消除风险、制定标准、促进合作、维护稳定为主要目标，主要通过抑制和纠正国际金融结构失衡发展、限制和改变不合理的全球货币金融规则、改革不合理的国际金融秩序来发挥稳定全球金融体系的作用，而这些都倚赖全球金融监管的相关决策能够得到有效执行和落实。20世纪末以来，全球金融监管构架表现为网状合作形式，相关决策及建议的形成与执行，倚赖国际机构之间合作和成员国的自愿遵守，因此决议得不到执行成为较为突出的

---

[1] Chris Brummer, Soft Law and the Global Financial System: Rule Making in the 21st Century, Cambridge University Press, 2012.

问题。

总之，全球金融监管的出现是全球金融体系发展到一定阶段实现自我稳定的内在需求。其能否有效发挥稳定全球金融体系的作用，取决于其权威性、代表性、监管能力和执行力。

## 六、小结

全球金融稳定即全球金融体系的稳定，指全球金融体系整体上保持平稳发展，全球金融风险或冲击能够得到较好地吸收和化解。全球金融体系总是在一定的国际政治经济环境下运行的。在这个复杂的环境中，全球金融结构、全球金融规则、全球金融组织、全球金融秩序、全球金融监管构成影响全球金融体系稳定性的五个主要变量。

全球金融结构的演进和变迁是影响全球金融体系稳定的重要因素。全球金融结构总是处于不断调整和变化中，其驱动力是金融创新、制度变迁及国际经济金融实力格局的变化。金融结构性变化容易引发金融失衡和金融风险的过度积聚，从而导致金融体系不稳定增强。如果全球金融结构的趋势性变化导致全球金融体系的稳定性下降，往往昭示着全球金融体系中的利益分配机制即全球金融秩序存在缺陷。而纠正这一缺陷，意味着必须对全球金融秩序进行调整，使得全球金融利益的分配符合新的国际经济金融实力对比。

全球金融规则是在全球金融结构的发展和演化中逐渐形成的，其目的是维护结构的稳定性。全球金融规则一经形成便具有一定凝固性，因此与处于不断调整中的全球金融结构之间始终存在矛盾。全球金融结构的变化客观上驱动着全球金融规则的变化，而脱离全球金融结构的全球金融规则将陷入陈旧和无效。全球金融规则是霸权国和新兴国妥协与合作的结果，更多反映霸权国利益。一方面，霸权国总是希望通过控制全球金融规则的制定和主导全球金融规则的变革，来加固由其主导的全球金融秩序；另一方面，新兴国家也试图通过寻求改变全球金融规则来捍卫自身利益。在新规则的酝酿和制定过程中，全球金融秩序的内核也将被重塑。

国际金融结构在发展和演化过程中形成了规则，而维护规则需要国际组织的保障。从组织结构的视角来看，"全球金融组织结构"是为了保障全球金融体系按照某种规则运行，不同国际机构、准机构和合作协调机制之间在职、责、权方面的动态分工协作体系。其中，核心组织/机制是金融霸权国维持全球金融秩序的工具。由于秩序的存续总以一定程度的稳定为条件，因此，核心组织/机制也承担了部分金融稳定职能，但其根本目的是维护金融霸权国主导的金融秩序。

全球金融秩序是全球金融结构演化和规则、组织调整的结果。秩序一旦形成，就具有一定规范性和稳定性，并通过进一步强化对金融规则和组织的控制与塑造，来加强自身权威。全球金融秩序构成全球金融体系的权力内核，其核心功能是分配利益。它的外化形式是基于国际经济金融实力对比的一系列市场和制度安排，即全球金融规则和组织。作为强者提供的全球金融秩序，其权力来源主要有四种形态，分别是货币性权力、规范性权力、组织性权力和思想性权力。这四大权力相互交叉强化，共同保证全球金融秩序得到国际社会的遵守。尽管为保持秩序的合理性和吸引力，全球金融秩序也隐含了一定程度上维护全球金融稳定的义务，但秩序对稳定的促进不是必然的。全球金融秩序的存在并不意味着全球金融稳定，有时甚至以全球金融不稳定为代价，来维持有利于金融霸权国的权力结构和利益分配。

全球金融监管是全球金融一体化发展到一定阶段的产物，反映了全球金融体系的内在稳定要求，也是其自稳定机制。其通过

## 第三章 影响全球金融稳定的五大变量

国际合作制定全球监管规则（从而矫正不合理的全球金融规则）、建构全球监管架构，来消除全球金融结构性失衡或风险、重塑全球金融秩序，以此起到稳定全球金融体系的作用。由于全球金融监管是个新生因素，国际实践时间很短，目前仅具雏形，在组织、规则、功能各方面均不完善，因此发挥作用有限。作为未来全球金融合作的一个重要发展方向，其能在多大程度上发挥全球金融稳定的作用仍待检验。

在全球金融监管出现之前，全球金融体系是在前四大因素推动下，按照"强权—利益"的逻辑演化发展的。其中，全球金融结构的演化是破坏稳定和现状的力量，而金融秩序是维持现状的力量。这两股力量斗争、角力、妥协、相互影响和重塑的过程，就是全球金融体系从不稳定走向稳定的过程。在这一过程中，金融秩序的内核，国际金融权力版图被重新改写，其外在表现即金融规则和组织被相应调整，而全球金融结构的失衡被消除、新发展趋势得到确认。全球金融监管出现后，全球金融体系的变迁动力向"国际合作—博弈变革"的方向转变。全球金融监管成为介入并调整全球金融结构和全球金融秩序之间关系的变量，它通过改革全球金融规则和组织对不合理的全球金融秩序予以限制和改造，同时起到消除全球金融结构性失衡的作用。在这一过程中，全球金融体系得到进化发展，并从不稳定状态走向新的稳定。

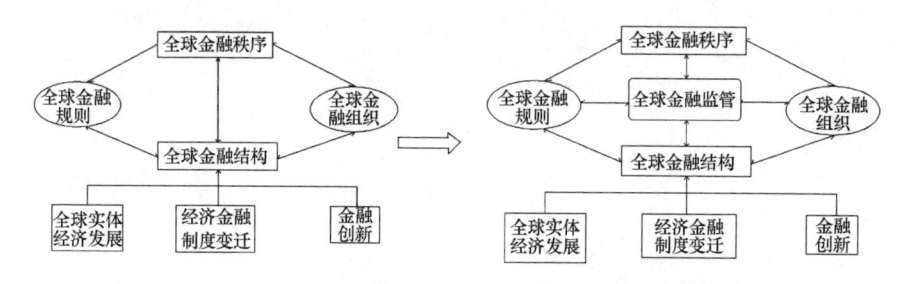

图 3.1　影响全球金融体系稳定的五大变量及相互关系

# 历史篇

# 第四章

# 英国主导下的国际金融体系

英国主导下的国际金本位时期,是国际金融体系难得的稳定期。在三十多年的平稳运行中,处于国际金本位制度的核心国家没有爆发系统性金融危机,国际经济与贸易得到飞速发展。在国际金融体系中,尽管英国享有结构性权力,英镑是最重要的国际储备货币,但由于金本位制内设的游戏规则,英国不能过度透支其特权,因此在稳定国际金融体系方面发挥的作用也较为有限。[①]

## 一、"自愿合作型"国际金融体系

这一时期的国际金融体系主要呈现以下特点:首先,金本位制构成国际金融体系运行的国际货币制度环境。英国是世界上最先实行金本位制的国家。其实施金本位制的历史可以追溯到1717年或1774年。从1816年起,英国从法律上采取金本位制。工业革命的成功,使得英国成为全球最大经济体,经济贸易和对外投资独占鳌头。同时,英国经济的成功,也使其货币制度成为欧洲

---

① 一般认为,1815年法国拿破仑战争的结束标志着国际金融中心从巴黎转移到伦敦,英国成为国际金融体系的主导国家。但是,考虑19世纪80年代国际金本位确立后,国际资本流动大大加强,国际金融市场规模扩大,国际金融体系从相对松散走向紧密,并呈现出与以往不同的特征,因此本节主要聚焦国际金本位时期国际金融体系的稳定性问题。

各国学习和借鉴的对象。1854年，葡萄牙采取金本位制。1871年，德国实行金本位制。受其影响，丹麦、荷兰、挪威、瑞典等北欧国家和以法国为首的拉丁货币联盟国家也纷纷实行金本位制。19世纪80年代至90年代末，金本位制覆盖至欧洲、美洲、亚洲的许多国家。在国际金本位制度下，货币汇率的决定基础是两国货币含金量之比，即黄金平价；汇率变动仅限于黄金输送点界限以内。这一时期，促进经济增长和就业还未被纳入政府的经济目标，实行金本位制的各国将维护货币与汇率稳定视为第一要务。国际金本位制并非建立在国际条约或协定的基础上，而是基于各国政府的自愿遵守。这一缺乏强制力的国际货币制度之所以能成功运行三十多年，很大程度上是因为各国将维持本国货币与黄金的固定兑换关系视为国力与信誉的象征。金本位制并非国际协定的结果，事实上只是各主权国家国内法的体现。由于各国并无国际义务维持金本位制，因而金本位制于第一次世界大战爆发之际顷刻崩溃。[①]

在金本位时期，英国在国际金融体系中享有结构性特权。由于率先实施金本位制，英国具有强大的先发优势。在19世纪上半叶的长期试验中，英格兰银行学会了如何管理国际储备，之后又学会了如何通过操纵贴现率来影响全球资本流动，并由此掌握了全球利率的制定权。由于英镑与黄金长期保持稳定的兑换关系，加上伦敦城国际金融中心的地位，英镑逐渐成为黄金的可靠替代品。英国用英镑汇票为本国的进出口融资，其他国家与第三国贸易也用英镑汇票支付，而英镑利率则由伦敦操纵，所以金本位制就是英镑本位制。伦敦城持有世界其他地区货币储备的很大一部分，反映为对其他地区，尤其是实行货币局制的英联邦和殖民地

---

① Kenneth W. Dam, the Rules of the Game, Reform and Evolution in the International Monetary System, University of Chicago Press, 1982, p. 15.

的负债。1877—1914年，外国和殖民地银行在伦敦的存款由1.07亿英镑增至18.55亿英镑。除此之外，伦敦城的货币市场也拥有巴黎等欧洲金融中心无法比拟的优势。巴黎的货币市场不如伦敦，其原因很多，包括缺少适当的机制与伦敦的由银行、承兑行和汇票经纪人三个层次组成的体制竞争。对巴黎尤其不利的是其复本位制，这使法兰西银行能选择金或银支付汇票，而在伦敦，当局毫不犹豫地允许持票人随意换取黄金。①基于上述优势，英格兰银行以很少的官方储备支撑了对英镑的巨额债权。信心是关键，而信心与其说取决于支撑对伦敦的短期债权的有形储备，不如说取决于英国作为"世界车间"的地位和英国海军保卫世界和平的作用。②

其次，国际金融结构显现多极化发展趋势，一超多强的国际货币格局逐渐形成。国际金融结构多元化的驱动力是欧洲大陆经济相对于英国的崛起。以19世纪70年代为界，在此之前欧洲大陆征战不休，一些国家在政治和经济上四分五裂，严重制约了其经济金融实力的增长和与英国抗衡的能力。19世纪70年代之后，欧洲大陆战事渐平，法国虽因普法战争失败和赔款短期内元气大伤，但短短几年后便重返金本位；德国、意大利实现了统一，国内经济金融资源在更大规模上整合，经济获得快速发展。在此情况下，英国与欧洲大陆主要国家间的经济金融差距不断缩小。这一时期，国际金本位制的出现极大促进了国际经济金融交往，但同时国际金融结构的多中心发展趋势也不断加强。以资本输出为例，直到1850年伦敦一直掌握着资本输出的垄断大权。③但此后，欧洲对外资本输出的能力迅速增长。19世纪70年代到一战以前

---

① [美]查尔斯·金德尔伯格著，徐子健、何建雄、朱忠译：《西欧金融史》，北京：中国金融出版社，2010年版，第285页。
② 同上，第489页。
③ 同上，第284页。

的第一次经济全球化时期，英国国际收支经常项目顺差占GDP的比重，大部分年份在3%以上，最高时约9%，这是英镑成为国际主导货币的主要支撑之一。1913年，在已知的外汇储备货币分布中，英镑占比从1899年末的49.6%降至41.4%，但仍处于主导地位。类似的，第一次经济全球化时期，德国的经常项目都是顺差，法国也有多年顺差，当时马克、法郎同为重要的国际货币。①

表4.1 主要国家对外投资：1825—1913年

（单位：百万美元）

| 国家 | 1825年 | 1840年 | 1855年 | 1870年 | 1885年 | 1900年 | 1913年 |
| --- | --- | --- | --- | --- | --- | --- | --- |
| 英国 | 500 | 750 | 2,300 | 4,900 | 7,800 | 12,100 | 19,500 |
| 法国 | 100 | (300) | 1,000 | 2,500 | 3,300 | 5,200 | 8,600 |
| 德国 | * | * | * | * | 1,900 | 4,800 | 6,700 |
| 荷兰 | 300 |  | 300 | 500 | 1,000 | 1,100 | 1,250 |
| 美国 | N | N | N | N | N | 500 | 2,500 |

数据来源：摘自Kuznets（1961）。为简明计，合并了一些年份，并省略了两次世界大战期间和中间的数据。

第三，国际政治形势制约国际金融体系的深度整合。国际金本位的实施推动了国际金融市场的联接，但对于不同国家而言，方向和程度并不相同。对于英国，国际金本位加剧了英国对欧洲大陆投资比例的不断萎缩。尽管英国对外投资总额仍在迅速上升，但对欧洲投资的比例却在不断下滑。1830年，对欧投资占英国对外投资总额的66%，1854年降至55%，1870年为25%，而

---

① 王信：《经济金融全球化背景下国际货币博弈的强与弱》，载于《国际经济评论》，2009年7—8月期。

1900年仅为5%。①一些学者认为，欧洲保护主义抬头使英国放债在1875年后自欧洲转向其他地区，更为常见的说法则认为1848年是转折点。总之，尽管法国和德国的金融中心在业务熟练程度上与伦敦差距较大，但实力和对外影响力已不断增强。

## 二、基于规则与互助的稳定

国际金本位制时期被认为是资本主义发展的黄金时期，西方主要大国的经济实力在此时期都得到迅速增长。而且，国际金本位时期，全球金融体系表现出较强的稳定性，突出表现在实行金本位制的核心国家，即英国、法国、德国等国的金融体系相对稳定，没有爆发系统性风险。例如，英国在1866年之前几乎十年爆发一次金融危机，但在1866—1890年之间金融危机几乎绝迹，只出现了格拉斯哥市银行倒闭的孤立事件；法国在1882—1924年之间，也没有爆发金融危机；德国在1873—1914年之间金融运行也较为稳定。这一时期，国际金融体系能够保持相对稳定，主要有以下几个原因：

一是汇率制度可信度高。金本位制具有自我稳定和调节能力，因此被视为一种可信的国际货币制度。其自我稳定机制被总结为两种模型：一是基于国际贸易的休谟模型，即顺差国流通的货币增多—物价上涨—价格机制导致出口减少进口增多—顺差下降；一种是基于资本市场、商品市场和央行干预的综合模型，即逆差国面临黄金流出压力—央行货币干预，通过调整贴现率、升降利率、买卖国债等金融资产等方式—阻止或弱化黄金流出—增减国内货币供应量—影响物价水平—消除顺差或逆差。此外，从

---

① [美] 查尔斯·金德尔伯格著，徐子健、何建雄、朱忠译：《西欧金融史》，北京：中国金融出版社，2010年版，第236页。

政治角度看，货币当局的独立性也促成他们维持兑换黄金的承诺。其效果可以自我强化：当一国货币走低时，当局的承诺增强了投资者购入货币的信心，最大限度地降低了货币当局为稳定兑换比率而进行的干预，避免干预造成的不良后果。由于政府行为可预测，稳定性高，可信性强，因此，当一国国际收支出现逆差，货币对外贬值时，投资者就会购买逆差国资产以获取利率和汇率双重收益，从而有助于国际收支调整。马克拉伯（Machlup）、贝蒂尔（Bertil）、奥林（Ohlin）等人认为，当时不存在"扰动类"国际资本流动。

二是政府经济政策目标单一。各国必须尽一切努力保卫央行的黄金储备，维持货币可兑换性，央行的主要任务是将黄金储备维持在保持货币金本位的水平上。政府不必承受其他经济目标的压力，比如让货币目标从属于就业、增长等其他经济目标。总之，金本位时期，货币稳定对金融稳定起到了良好的促进作用。

三是央行间合作常态化。由于参与国际金本位制的主要国家央行目标高度一致，均将维护货币和汇率稳定视为第一要务，应对危机的合作自然顺理成章并越来越频繁。例如，1893年，在各国政府的鼓励下，欧洲银行共同支持美国财政部维护金本位制；1898年，德国央行和德国商业银行得到了英格兰银行与法兰西银行的援助；1906年和1907年英格兰银行遭遇金融危机，从法兰西银行和德国国家银行得到支持，俄罗斯国家银行随即将黄金运往柏林补充德国国家银行储备。1907年，加拿大政府采取措施增加通货券的储备，一定程度上为处于信贷紧张状态的美国金融体系减轻了压力。1909年和1910年，法兰西银行贴现英国票据，向伦敦输送黄金。此外，比利时、挪威和瑞典等欧洲小国从外国央行和政府借用储备。总之，1871—1913年，是欧洲难得的和平时期，国际协作开展顺利，体系遭遇的冲击得

第四章　英国主导下的国际金融体系

到很好的化解。[①]

值得注意的是，尽管这一时期核心国家金融形势较为稳定，但包括美国在内的外围国家仍时常遭遇金融危机冲击。以美国为例，与英国在1866年之前的情形相似，美国几乎十年就爆发一次金融危机，包括1873年、1884年、1890年、1893年和1907年。其中，1893年危机中，有500家银行倒闭。美国被金融危机反复折磨，主要原因之一是一直未建立最后贷款人机制，因此缺乏稳定金融体系的国内制度保证。直到1913年，美国才最终设立美联储。在之前的漫长年代，美国一直处于自由银行时代，金融体系较为脆弱。

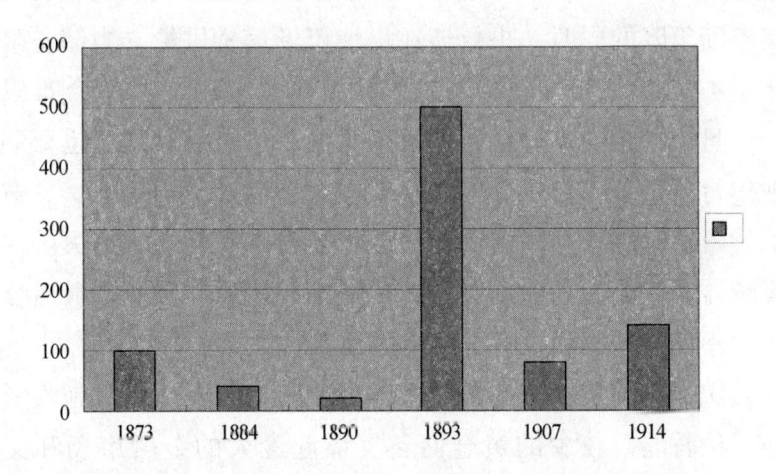

**图4.1　1873—1914年间在银行业恐慌中倒闭的美国银行数量**

图表来源：伯南克著，巴曙松译：《金融的本质》，北京：中信出版社，2014年版，第10页。

---

[①] [美] 巴里·埃森格林著：《资本全球化》，北京：机械工业出版社，2014年版，第43页。

## 三、发挥有限作用的霸权国

尽管在国际金本位时期，英国拥有主导地位，英镑也是最重要的外汇储备货币，但英国稳定国际金融体系的能力却受到多方掣肘。

首先，充当最后贷款人的角色与金本位制管理者的角色冲突。这一点在国内危机的救助上体现得非常明显。例如，如果某家英国商业银行遭到挤兑，存款人纷纷提现并兑换成黄金，则英格兰银行的储备会减少。如果要救助陷入困境的银行，英格兰银行就必须提供流动性，但这违背了金本位制的游戏规则。在黄金储备不断下降的同时，央行还在增加市场信贷供给。当储备降至低于金本位制设定的最低限时，可兑换黄金的承诺就会难以落实。一旦市场担心央行会暂停黄金兑换、宁愿货币贬值也要制止商业银行危机蔓延，就会加快存款搬家和兑换黄金的节奏，避免在通货贬值时因持有的国内货币资产贬值带来的资本损失。向银行系统注入流动性的速度越快，则流出越严重。因此，最后贷款人干预不仅举步维艰，甚至会适得其反。

其次，英国黄金储备较为稀薄，难以担当全球危机施救者的角色。伦敦能以较少的黄金储备支撑起庞大的金融市场和交易量，主要依靠英镑与黄金之间长期稳定的兑换关系。一旦英国卷入危机，则是对这种稳定兑换关系的冲击，将削弱英镑的可信度。跨国性质的金融危机尤其如此。在国际金本位时代，国际资本流动以黄金做支撑。危机时，债权要求必须用黄金来支付，英镑虽然被视为黄金等价物，但随时可能被要求兑换成黄金。因此，在繁荣时期起到杠杆作用支撑伦敦市场的较少的黄金储备，在危机时期反而成了英国金融体系的软肋。

第三，英国与欧洲危机救助方式不同。英国主要通过中央银行

## 第四章 英国主导下的国际金融体系

放松贴现的方法来对付金融危机。比较有效的手段包括（1）担保面临困境银行的负债；（2）让所有银行停业若干时间；（3）向处于困境的商人以库存商品做抵押发行国库券，商人可拿这些国库券去英格兰银行或可予再贴现的银行贴现。后者实际上使财政部扮演了最后贷款人角色，而非央行。而欧洲大陆除了法国以外，以中央银行放松贴现的方法用得较少，而筹集特别基金解救软弱机构的方法用得较多。[①]对其他国家而言，英格兰银行放松贴现对它们抗危机帮助微乎其微。而对于英格兰银行而言，动用黄金储备帮助其他国家纾困，既存在风险，自身也面临困难。

第四，在国际金本位时期，特别是后期，英国时常是以被救助者，而不是以施救者的身份出现。英国和法国央行在危机互助上存在较长的历史。例如，1825年英国困难时，法兰西银行以黄金换白银，帮助英格兰纾困。1836—1839年，英格兰银行分别于1836年和1839年向巴黎支取80万英镑和200万英镑，另向汉堡银行支取90万英镑，其中部分用白银支付。1846年底和1847年初，法兰西银行向伦敦借款2500万法郎（100万英镑），并向俄国政府出售5000万法郎的债券。1860年和1861年，英国与法国再次以黄金换白银，帮助法国制止因兑换过多而造成的铸币流失。但是进入国际金本位时期后，法国金融体系逐渐稳定，但英国却因1890年巴林危机和1907年美国危机，数次陷入困境。1890年，英格兰银行为了救助濒临破产的巴林兄弟银行，向法兰西银行支取300万英镑黄金，从俄罗斯抵押贷到150万英镑金币。1907年美国危机爆发后，法兰西银行将黄金运往伦敦购买英镑汇票，以协助英格兰银行应付纽约铸币流失，数额高达8000万法郎。对于英格兰银行而言，向法兰西银行借入黄金以应对危机，

---

[①] [美]查尔斯·金德尔伯格著，徐子健、何建雄、朱忠译：《西欧金融史》，北京：中国金融出版社，2010年版，第298页。

并不是什么光彩的事情。英格兰银行对普鲁士国民银行在1873年危机中主动提出贷出黄金一事的刺痛性消极反应,突出反映了中央银行和政府对此事的敏感。①

总之,国际金本位制建立在"自愿型"国际合作的基础上。英国虽然在国际金融体系中拥有金融霸权,但也受到金本位制游戏规则的制约,并不能无限透支其特权。英国主导的国际金融秩序促进了国际经济与贸易增长,而国际经济金融多极化发展趋势反过来又强化了国际金本位制的运行基础。这一时期,由于国际金融规则明确、对称,以央行协调为主要形式的国际合作卓有成效,国际金融体系保持了长期稳定发展。

---

① [美]查尔斯·金德尔伯格著,徐子健、何建雄、朱忠译:《西欧金融史》,北京:中国金融出版社,2010年版,第300页。

# 第五章

# 两次世界大战之间的
# 国际金融体系

两次世界大战之间,国际货币制度崩坏,全球金融体系的不稳定性相较于国际金本位时期明显加强,货币危机、市场危机和银行危机交替或交织爆发。这段时期也是国际金融秩序从英国主导向美国主导的转换期。为稳定国际经济金融形势,英美在国际金融规则的制定上激烈竞争,难以开展有效合作,国际金融稳定机制的作用大为降低。

## 一、国际货币制度礼乐崩坏

两次世界大战之间,国际货币制度崩坏,主要国家货币在经历了与黄金的短暂挂钩后,又不得不纷纷脱钩。货币稳定是金融稳定的前提条件,尽管货币稳定不一定带来金融稳定,但是货币不稳定肯定不利于维护金融稳定。[1]一战后,美欧主要国家都将早日重返金本位制作为稳定和复苏经济的首要目标,但受战争债务、通胀或通缩、货币投机等各种因素掣肘,包括美国在内的主

---

[1] Claudio Borio, Monetary Policy and Financial Stability: What Role in Prevention and Recovery? BIS Working Paper, No 440, January 2014.

要国家都无法重建本国货币与黄金之间的稳定兑换关系。从 1924 年开始，美欧各国陆续重返金本位，但估值过高（如英镑）或估值过低（如法郎）招致国际游资猛烈攻击，货币危机在各国轮番上演。1933 年 3 月，美国在美元遭受攻击不断贬值的情况下，不得不终止美元与黄金的固定兑换关系。[①]在此之后，国际货币制度进入浮动汇率时代，各国货币因缺乏稳定的相互兑换关系经常性剧烈波动。为维护自身利益，美、英、法等主要国家开始实行外汇管制、双边清算等举措，在"有管理的货币制度"上开展各种实验。全球金融体系也走向四分五裂，被分割为英镑区、法郎区、美元区等。

这一时期，国际经济金融实力格局加速演化，美国优势不断凸显。第一次世界大战的爆发进一步加剧了国际金融体系的分散化发展趋势。经过一战，英国和法国分别失去了 1/4 和 1/3 的对外投资，德国则因为战败失去了全部对外投资。一战改变了国际债权债务格局。一战结束时，美国从 1914 年的净债务国变成欧洲的债权国，而英国变成净债务国。1918 年 11 月停战时，英国政府对美国政府的战争债务达 41 亿美元，法国的总债额更多一些，半数以上是欠美国的，不到一半是欠英国的。战争还改变了主要大国金融市场的筹融资能力。纽约作为新的国际金融中心迅速崛起，不仅是道威斯计划和杨格计划的主要筹资地，而且对内和对外投资能力都明显增强。相比之下，伦敦的国际融资能力日渐衰落。1929 年后，国际金融中心从伦敦转移至纽约。

与此同时，国际金融组织出现分散化发展趋势。国际金本位时期，国际金融组织主要以央行不定期互救的形式出现。一战后，以稳定国际金融体系为目的的国际金融组织纷纷建立，

---

[①] 金汇兑本位制本身，也可能成为不稳定的风险来源。金德尔伯格认为，金汇兑本位制的困难，在于格雷欣定律造成的不稳定性。

主要有三种形式：一是国际联盟主导下的危机救援行动。由于美国拒绝加入国联，因此，这一危机救助基金的主导国是英国和法国。国联的经济与金融部曾牵头为奥地利提供两笔"国际稳定贷款"，用于战后稳定国内经济。在1931年5月，奥地利的信用银行陷入挤兑危机时，国联在8月份组织7个政府提供了2.5亿先令的贷款。二是国际清算银行。国际清算银行建立的主要目的是协助德国偿还战争赔款。此外，它也参与金融危机的救助。1931年5月，当奥地利的信用银行陷入挤兑危机时，国际清算银行于5月29日从十家最强大的中央银行和自有资金中安排了1亿先令（1400万美元）的贷款，之后又提供了一笔贷款。三是央行间合作。与金本位时期相比，这一时期的央行合作更为频繁。为就同盟国之间战争债务、德国战争赔款、回归金本位、相互间汇率等问题达成一致，美欧主要大国央行开展了长时期的紧密磋商。从重要性上看，美、英、法、德四国央行协调对于国际货币金融稳定的影响和作用比国联和清算银行要重要得多。美国游离于国联领导的国际金融稳定机制外，并主要通过央行间合作发挥作用，这是国际金融组织多元化和分散化的反映。

## 二、脆弱性根源

金本位时期，金融危机主要表现为银行危机和金融市场危机。而在两次世界大战之间，货币危机频发并与银行危机和金融市场危机相互交织，增加了应对的复杂性。一方面在国际游资猛烈冲击下，主要国家无法有效维持本国货币与黄金的稳定兑换关系，汇率不稳定又进一步加剧国际资金流动，形成恶性循环；另一方面因银行过度投资和不当金融创新，银行和资本市场的稳定性进一步下降。

这一时期，国际金融体系不稳定的根源比较复杂：

一是主要国家债务负担沉重，国际资金循环异常脆弱。一战结束后，同盟国之间形成了错综复杂的债务关系。由于美国坚决要求清偿战债，包括英国、法国、意大利在内的欧洲国家尽管赢得了战争，但在战后背上了沉重的经济包袱。德国因需要向盟国交付战争赔款，负担尤重。根据1921年制定的赔款协议，德国需缴纳的赔款高达1320亿金马克。1930年4月开始实施的杨格计划，将德国赔款总额最终定为1210亿金马克，贴现现值为370亿金马克，分59年还清。对于德国经济金融体系而言，这无疑是沉重负担。为帮助德国支付赔款，美、英、法主导设计了一套由德国发行债务，美英帮助筹资，所得款项作为赔款支付给同盟国的资金回流计划。其结果是，直到1922年的恶性通货膨胀和1924年的道威斯计划时，德国的赔款实际上是由美国人支付的。[1] 1928年，美国国内股市出现暴涨行情，美国停止对外提供长期贷款，德国的国际融资链面临断裂风险。[2]在20世纪20年代后半段，道威斯贷款的美国部分成功运作之后，美国的投资者和银行向德国提供了30亿美元的贷款。开始阶段是以买债券的形式，但在1928年春天华尔街股市进入繁荣期，德国人开始通过银行融资。正如1919年至1922年对德国货币的投机和存款一样，这些贷款均以全部或部分违约而告终。[3]除了外部融资链的风险外，德国国内的货币管理也愈加混乱。1931年夏，德国爆发金融危机时，央行储备稀薄，无力自救。6月19日，美国不得不宣布延期偿付，把赔款和战债推迟一年，实际上永久地终止了杨格计划。

---

[1] [美]查尔斯·金德尔伯格著，徐子健、何建雄、朱忠译：《西欧金融史》，北京：中国金融出版社，2010年版，第316页。

[2] 同上，第322页。

[3] 同上，第337页。

表 5.1　1919 年同盟国之间的债务额估算

(单位：百万英镑)

| 贷款对象 | 美国贷款 | 英国贷款 | 法国贷款 | 总计 |
|---|---|---|---|---|
| 英国 | 842 | — | — | 842 |
| 法国 | 550 | 508 | — | 1058 |
| 意大利 | 325 | 467 | 35 | 827 |
| 俄国 | 38 | 568 | 160 | 766 |
| 比利时 | 80 | 98 | 90 | 268 |
| 塞尔维亚等国 | 20 | 20 | 20 | 60 |
| 其他同盟国 | 35 | 79 | 50 | 164 |
| 总计 | 1900 | 1740 | 355 | 3995 |

资料来源：凯恩斯：《和平的经济后果》，1931 年版，第 31 页，转引自金德尔伯格《西欧金融史》，第 323 页。

二是国际资本自由流动增加金融周期弹性，多个国家出现"银行业务过剩"（banking excess）。[①]对比 1914 年前和两次世界大战之间的跨国资本流动，一个关键的不同点是：一战前国际资本流动的主要形式是债券融资，而两次世界大战之间则主要是银行信贷。银行信贷的大幅增加，令核心国家金融周期的波动幅度明显增加，金融脆弱性上升。如图 5.1 所示，一战前，各国银行贷款相对于 GDP 的增长较为和缓。1907 年突然爆发的危机仅短暂干扰了这一进程。相比之下，20 世纪 20 年代一些国家出现严重的银行业务过剩，并最终引发 1929 年大萧条。在法国或英国，银行业并未出现过剩，但是"过度金融弹性"问题在奥地利、德

---

[①] "银行业务过剩"，是指银行业的过度放贷行为。Caudio Borio 等学者认为银行业过剩导致金融周期的波动幅度增大，是引发金融危机的重要根源。

国、美国、荷兰和瑞士非常明显。①在美国这个最大的债权国内部，作为对原有国内债券市场的补充，新的外国债券市场发展起来，与之伴随的是一场深刻的金融创新。尽管 J. P. Morgen 等老牌债券发行商对于新兴欧洲市场非常谨慎，但富有创新和进取精神的新发行商却认为这是夺取市场份额的绝佳时期。图 5.2 展示了一些积极参与国际信贷业务的美国银行资产负债表的扩张态势。德国方面，由于战后初期爆发高通胀，德国银行的资本被摧毁了，在 20 世纪 20 年代中期的稳定期，银行重新开展业务时资本水平比战前要低得多。由于吸收存款也比战前困难，德国银行不得不通过国内和国际银行间信贷来获取融资。外部融资驱动着德国信贷的不断扩张。在中欧金融危机爆发前，德国、奥地利、

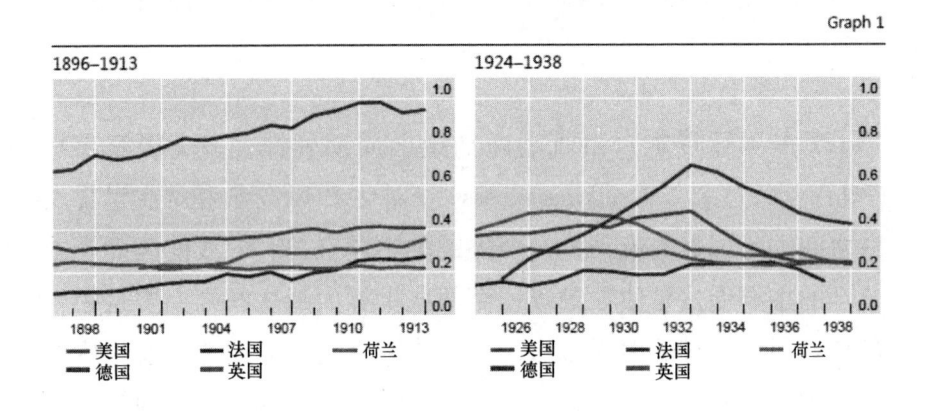

**图 5.1 银行贷款占 GDP 的比重（1896—1913 年、1924—1938 年）**

资料来源：BIS Working Papers, No 457, The Internaitonal Monetary and Financial System：a Capital Account Historical perspective, August 2014.

---

① Caudio Borio, Harold James and Hyun Song Shin, The International Monetary and Financial System：a Capital Account historical Perspective, BIS Working Papers, No 457, August 2014. http：//www.bis.org/publ/work457.pdf

瑞士和荷兰之间存在十分复杂而脆弱的融资链。1931年夏，金融危机首先从奥地利开始，迅速波及德国等中欧多个国家，由于美国和英国也是德国外部融资的主要来源风险，风险进一步扩散至全球金融体系。

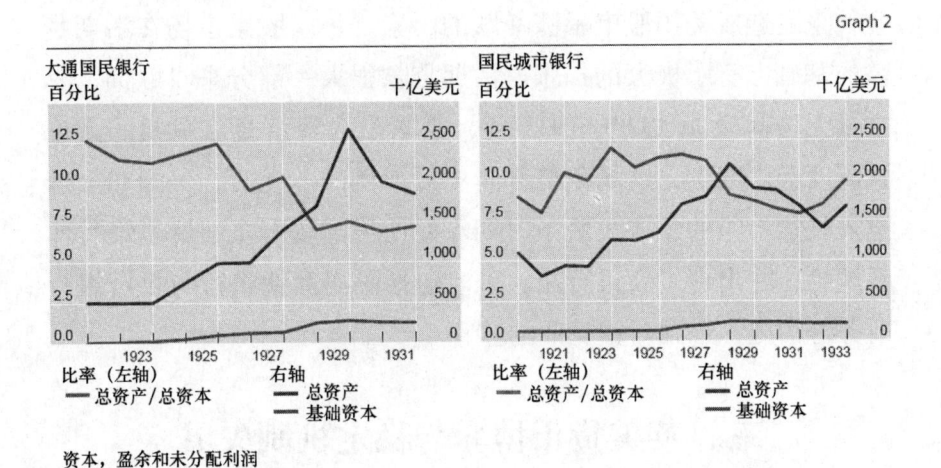

图 5.2　美国两大银行杠杆率（1921—1933 年）

资料来源：BIS Working Papers，No 457，The Internaitonal Monetary and Financial System: a Capital Account Historical perspective，August 2014.

面对中欧金融危机，英美当时的共识却是货币稳定高于金融稳定。德国银行大规模失血意味着这些银行必须从中央银行获得更多的贴息贷款，但英格兰银行和纽约联储银行要求德国央行——帝国银行紧缩信贷以制止德国货币贬值，帝国银行因而拒绝向陷入危机的银行提供帮助。实际上，德国银行的货币储备已经不足以支付因信贷撤回引发的对外国货币的需求。帝国银行被紧紧束缚在金汇兑本位制的协议网之中，已不再具备操作自由，它只能寄希望于其他央行的互换或其他形式的支持。①

三是金融投机盛行，加剧金融体系的系统性风险。1929年，美国爆发股市危机。此前，金融过度创新、资金杠杆过高、投资风气盛行造成美国股市泡沫严重膨胀，强化了因实体经济收缩引发的金融危机的破坏性。此外，国际资本大规模参与这场资本盛宴，也是造成美国股市暴涨暴跌的因素之一。股票市场在活期贷款的基础上有了极大的扩张。活期贷款很大一部分来自欧洲，其数量无法衡量。② 1929—1933年，美国陷入经济金融危机。无论从深度和广度上，这场危机都是史无前例的。此后，美国和全球进入长达十年的经济大萧条时期。促使美国政府全面反思银行体系风险，并出台了新银行法，采取包括隔离商业银行与投资银行业务等措施，加强对银行业的监管。

## 三、英美货币博弈与稳定机制失灵

在两次世界大战之间，英国经济金融实力明显下滑，与英镑主导的国际金融秩序之间矛盾加剧，美国依托自己不断增长的经济金融实力，从国际金融规则的制定和国际金融组织的控制两方面发力，加速了英国经济金融实力的衰退。但是，在积极进攻的同时，美国却没有做好承担更多国际责任的准备。因此，在美英激烈博弈下，全球金融稳定机制失灵，全球金融体系也走向分裂。

一战后，英国主导国际金融秩序的能力下降。

---

① Caudio Borio, Harold James and Hyun Song Shin, The International Monetary and Financial System: a Capital Account historical Perspective, BIS Working Papers, No 457, August 2014. http://www.bis.org/publ/work457.pdf

② [美]查尔斯·金德尔伯格著，徐子健、何建雄、朱忠译：《西欧金融史》，北京：中国金融出版社，2010年版，第387页。

第一，英国无力肩负稳定国际货币体系的职责。一战结束时，英国主导国际金融秩序的能力下滑，突出表现在难以重建英镑与黄金之间稳定的兑换关系，英镑的国际影响力急剧下降，英国以有限黄金储备高杠杆撬动全球资金的货币特权消失。对于英国而言，重返金本位是恢复英镑国际特殊货币的唯一路径。但战后英国受到战争债务、国内通缩、经济形势等多重制约，无法重建英镑与黄金的稳定兑换关系。1919—1920年间，英国曾希望把金汇兑本位制推广到欧洲。相对于金本位，金汇兑本位制将外汇也纳入储备范畴，有利于英国继续发挥主导作用。但英国直到1925年4月才重返金本位，又因为其坚持以战前的平价水平将英镑与黄金挂钩，结果导致英镑被高估，英国也反而陷入通缩、经济萧条和货币投机交织的窘境。1931年9月，英国被迫宣布英镑与黄金脱钩，国际经济政策也转向构建英镑区和外汇管制，这意味着英国已放弃对世界经济主导权的追逐。

第二，英国的货币政策陷入两难，且有效性降低。金本位时期，英格兰银行主要利用"再贴现率"操作来牵引国际资本流动。一战后，这一工具再难发挥作用。面对黄金外流，英格兰银行只能选择提高再贴现率，以吸引资金回流支撑英镑的黄金价格。但是，提高再贴现率将进一步打击国内经济形势和失业问题，因此受到国内广泛责难。除了政策两难外，这一工具的有效性也大为降低，"提高再贴现率对英国同大陆之间的资本运动不会有多大影响了"。[①]

第三，黄金储备不断流失，英国承担国际危机救助责任的能力削弱。1925年，英镑重返金本位并没能提振英国经济，反而令

---

[①] 《塞耶斯》，1976年，第一卷，第215—217页，转引自查尔斯·金德尔伯格著、徐子健、何建雄、朱忠译：《西欧金融史（第二版）》，北京：中国金融出版社，2010年版，第360页。

英格兰银行的黄金储备不断外流。1924—1931年，英国占全球外汇储备的比例从8.3%降至5.2%（见表5—2）。1931年9月，当英镑与黄金脱钩时，英国外汇储备已所剩无几，仅比英格兰银行交割远期合同的外汇以及偿付七、八月份的借款和中央银行借款所需要的数额多出500万英镑。此时，英国在储备上已是自顾不暇。与黄金脱钩之后，英国开始强化资本管制，恢复英镑国际地位的政策逐渐被建立英镑区所取代。①

**表5.2 各国央行和政府黄金储备（1913—1935年）**

（单位：占总数百分比）

| 国家 | 1913 | 1918 | 1923 | 1924 | 1925 | 1926 | 1927 | 1928 | 1929 | 1930 | 1931 | 1932 | 1933 | 1934 | 1935 |
|---|---|---|---|---|---|---|---|---|---|---|---|---|---|---|---|
| 美国 | 26.6 | 39.0 | 44.4 | 45.7 | 44.4 | 44.3 | 41.6 | 37.4 | 37.8 | 38.7 | 35.9 | 34.0 | 33.6 | 37.8 | 45.1 |
| 英国 | 3.4 | 7.7 | 8.6 | 8.3 | 7.8 | 7.9 | 7.7 | 7.5 | 6.9 | 6.6 | 5.2 | 4.9 | 7.8 | 7.3 | 7.3 |
| 法国 | 14.0 | 9.8 | 8.2 | 7.9 | 7.9 | 7.7 | 10.0 | 12.5 | 15.8 | 19.2 | 23.9 | 27.3 | 25.3 | 25.0 | 19.6 |
| 德国 | 5.7 | 7.9 | 1.3 | 2.0 | 3.2 | 4.7 | 4.7 | 6.5 | 5.3 | 4.8 | 2.1 | 1.6 | 0.8 | 0.1 | 0.1 |
| 阿根廷 | 5.3 | 4.5 | 5.4 | 4.9 | 5.0 | 4.9 | 5.5 | 6.0 | 4.2 | 3.8 | 2.2 | 2.1 | 2.0 | 1.9 | 2.0 |
| 澳大利亚 | 0.5 | 1.5 | 1.5 | 1.5 | 1.8 | 1.2 | 1.1 | 1.1 | 0.9 | 0.7 | 0.5 | 0.4 | ① | ① | ① |
| 比利时 | 1.0 | 0.7 | 0.6 | 0.6 | 0.6 | 0.9 | 1.0 | 1.3 | 1.6 | 1.7 | 3.1 | 3.0 | 3.2 | 2.7 | 2.7 |
| 巴西 | 1.9 | 0.4 | 0.6 | 0.6 | 0.6 | 0.6 | 1.1 | 1.5 | 1.5 | 0.1 | n.a. | n.a. | 0.1② | 0.1② | 0.1② |
| 加拿大 | 2.4 | 1.9 | 1.5 | 1.7 | 1.7 | 1.7 | 1.6 | 1.1 | 0.8 | 1.0 | 0.7 | 0.7 | 0.6 | 0.6 | 0.8 |
| 印度 | 2.5 | 0.9 | 1.3 | 1.2 | 1.2 | 1.2 | 1.2 | 1.2 | 1.2 | 1.2 | 1.4 | 1.4 | 1.4 | 1.3 | 1.2 |
| 意大利 | 5.5 | 3.0 | 2.5 | 2.5 | 2.5 | 2.4 | 2.5 | 2.7 | 2.7 | 2.6 | 2.6 | 2.6 | 3.1 | 2.4 | 1.6 |
| 日本 | 1.3 | 3.3 | 7.0 | 6.5 | 6.4 | 6.1 | 5.7 | 5.4 | 5.3 | 3.8 | 2.1 | 1.8 | 1.8 | 1.8 | 1.9 |
| 荷兰 | 1.2 | 4.2 | 2.7 | 2.3 | 2.0 | 1.8 | 1.7 | 1.7 | 1.7 | 1.6 | 3.2 | 3.5 | 3.1 | 2.6 | 2.0 |
| 俄罗斯 | 16.2 | — | 0.5 | 0.8 | 0.9 | 0.9 | 0.9 | 1.4 | 2.3 | 2.9 | 3.1 | 3.5 | 3.4 | 3.7 |

---

① 1931年8月开始，英格兰银行就通过禁止对外投资开始进行资本管制。1933年5月，由限制向外国放款扩大到限制在国外市场上购买现有债券。1936年4月，成立咨询委员会，从伦敦城监督对国外的放款。

续表

| 国家 | 1913 | 1918 | 1923 | 1924 | 1925 | 1926 | 1927 | 1928 | 1929 | 1930 | 1931 | 1932 | 1933 | 1934 | 1935 |
|---|---|---|---|---|---|---|---|---|---|---|---|---|---|---|---|
| 西班牙 | 1.9 | 6.3 | 5.6 | 5.5 | 5.5 | 5.4 | 5.2 | 4.9 | 4.8 | 4.3 | 3.8 | 3.6 | 3.6 | 3.4 | 3.3 |
| 瑞士 | 0.7 | 1.2 | 1.2 | 1.1 | 1.0 | 1.0 | 1.0 | 1.0 | 1.1 | 1.3 | 4.0 | 4.0 | 3.2 | 2.9 | 2.0 |
| 其他 | 9.9 | 7.8 | 7.1 | 6.9 | 7.4 | 7.3 | 7.4 | 7.3 | 7.0 | 6.3 | 6.4 | 6.0 | 6.9 | 6.7 | 6.6 |
| 合计 | 100.0 | 100.0 | 100.0 | 100.0 | 100.0 | 100.0 | 100.0 | 100.0 | 100.0 | 100.0 | 100.0 | 100.0 | 100.0 | 100.0 | 100.0 |

①低于1%的0.05
②玻利维亚、巴西、厄瓜多尔和危地马拉

资料来源：Hardy 1936, p.93. 转引自巴里·艾森格林著, 麻勇爱译：《资本全球化》, 北京：机械工业出版社, 2014年版, 第65页。

英国主导国际金融秩序的努力受到美国的有力挑战。

第一，美国牢牢掌握国际规则制定权。在战争债务和战争赔款上，坚持对己有利的解决方案。一战后，围绕战争债务和战争赔款，欧美主要大国展开激烈博弈。英国出于自身利益考虑，在战后战争债务和德国赔款问题上的基本立场是希望同盟国免除相互之间的贷款，并减免甚至取消德国赔款。几个世纪以来，英国在战争中都向其盟国提供补贴。从图5—1可看出，英国向同盟国出借的贷款为17亿英镑，减去从美国的借款仍有9亿英镑，如果再减去不太可能收回的对俄贷款，就只剩3亿多英镑。美国坚持认为战争债务与赔款没有关系，并坚持收回战争债款。如图5—2所示，美国向同盟国出借贷款高达19亿英镑。法国希望摆脱战争债务，并由于在普法战争中付给德国10亿美元的高额赔款，坚持德国必须赔款。德国对战争债务不感兴趣，痛恨赔款，不断要求减免或推迟赔付。在这场规则制定之争中，美国的主张最终占据上风。对于英国而言，其债权国很强，而债务国很弱，"由于对弱债务人的债权无法与对强债权人即要求苛刻的债权人的债务相抵消，从而所产生的对外债务增加了 16 亿英镑"。[①]

第二，利用央行合作管道，提高金融影响力。美国没有参加国联牵头的维护国际金融稳定的主渠道，而是通过央行合作以及对英法提供贷款等方式，不断提高美元影响力。一战后，英镑和法郎不断遭受投机攻击，美国成为能帮助英法两国稳定汇率的唯一贷款来源国。美国也充分利用了央行合作这一管道，借此提升金融影响力。例如，1927 年 5 月，法英之间爆发争执。法兰西银行聚集 1.6 亿英镑，以将之兑换成黄金为筹码要挟英国提高利率；英国则要求法国稳定法郎汇率，以此减慢法国资本从伦敦向巴黎转移。美国居中协调，提出用黄金从法国手中购买英镑。作为交易的一部分，法兰西银行改变了美元和英镑的买价，以表示对英镑的歧视和对美元的特别优待。如果法兰西银行向市场提供法郎的话，将购入美元而非英镑。纽联储还同意在纽约按伦敦的金价向欧洲提供黄金，以减少英格兰银行的储备消耗，并用美元多买一些法兰西银行所持有的英镑。此外，美国还以与自己达成战争债务解决方案为前提，向法国和意大利分别提供货币稳定贷款，帮助稳定法郎和里拉。

尽管美国经济金融实力凸显，在许多方面反超英国，但并未形成绝对的领先优势。再加上美国国内孤立主义倾向较重，美国的国际金融政策时常在合作与自保间切换。例如，1930 年，美国在经济金融危机的背景下，出台以邻为壑的《斯穆特—霍利关税法》，导致主要国家纷纷出台提高关税的贸易保护主义政策，加深了国际经济的衰退程度和经济金融危机的破坏力。此外，推动欧洲主要国家重返金本位制、稳定主要货币间汇率本是美国一战后长期坚持的立场，但 1933 年美元遭遇投机攻击后，美国政策转

---

① [美] 查尔斯·金德尔伯格著、徐子健、何建雄、朱忠译：《西欧金融史（第二版）》，北京：中国金融出版社，2010 年版，第 355 页。

为内向，推动美元大幅贬值。在这一背景下，以稳定国际经济金融形势为目的的1933年国际经济会议以失败告终。美国否定了会议提出的稳定英镑—法郎—美元汇率的方案，罗斯福将稳定汇率斥为"华而不实的谬论""中央银行家们的迷信"。会议之后，德国由开放转向封闭和外汇管制；英国由金本位制和世界贸易转向英镑区和帝国贸易特惠制；法国构筑黄金集团，但不久就转向建立法郎区；围绕美元的美元区也建立起来，国际金融体系走向全面分裂。①金德尔伯格认为，两次世界大战期间是"霸权真空"的时代，旧大国有心无力，新大国羽翼未丰且缺乏经验和意愿提供"国际公共产品"去维护世界市场的秩序和稳定发展，这加剧了国际市场的"失灵"，导致史上最严重的金融危机。②

---

① 1936年，为稳定相互间汇率，美、英、法签署《三国货币协议》，但这个协议内容十分单薄，仅规定，每个国家都同意随时准备与其他国家就外汇业务进行磋商；同意在兑换黄金前持有彼此的货币24小时，实际效果也十分有限。
② [美]查尔斯·金德尔伯格著，徐子健、何建雄、朱忠译：《西欧金融史》，北京：中国金融出版社，2010年版。

# 第六章

# 美国主导下的国际金融体系

二战结束到 20 世纪 90 年代初,是美元霸权时代。按照国际货币本位的变化,这 40 余年可分为两个阶段:一是布雷顿森林体系时期,采取美元金汇兑本位制;二是后布雷顿森林体系时期,采取美元信用本位制。在前一时期,全球金融体系表现出较强的稳定性;而在后 20 年,全球金融体系的稳定性明显减弱,大型金融危机频繁爆发。

## 一、从稳定走向不稳定

二战结束至 20 世纪 90 年代初,世界经济格局的多元化趋势不断增强,美国相对实力不断衰落。二战刚结束时,美国在资本主义世界中拥有压倒性经济优势。然而,20 世纪 50—60 年代,西欧主要国家在经济增速上超过美国,与美国经济差距迅速缩小。1955—1968 年,美国国民生产总值以每年 4% 的速度增长。同期,日本、法国和联邦德国的增速分别为 7.2%、5.7% 和 5.1%。布雷顿森林体系崩溃后的 20 年,美欧之间差距进一步缩小。美国、欧洲和日本国民生产总值(GNP)之比,1970 年为 5∶3∶1,1991 年则为 1.8∶2∶1;三国出口额之比,1971 年为 1.84∶1.6∶1,1991 年为 1.3∶1.3∶1;海外直接投资方面,欧共体已与美国大体相当,约 5200 亿美元,日本为 4000 亿美元。美国商会《90 年代美国的国际竞争力》报告中指出,美国在技术、生产过程、劳动力素质三方面均落后于日本、德国等竞争对手,并将受到来自欧洲、亚洲及拉美的更加激烈的挑战。不过,在 20 世纪 80 年代末 90 年代初,美国仍是世界经济无可争议的火车头。因美元贬值、工资增长缓慢、制造业生产率提高,其生产成本已是"全球最低",科技和市场潜力巨大、服务业和信息业出口强劲,从整体上说仍是全能冠军。欧洲和日本实力和影响虽有加强,还只是单项冠军,且进出口对美国依赖较大。[①]

国际货币体系由规则明确的布雷顿森林体系转变为"无体系"的牙买加体系。二战结束前夕,在重建国际货币制度的谈判中,美国凭借其巨大综合优势,否决了英国的凯恩斯方案并迫使其接受自己提出的怀特方案,以此为基础建立了布雷顿森林体系的新型国际货币制度。这一制度也被称为美元金汇兑本位制。其规定美元与黄金挂钩,其他货币与美元挂钩,因此赋予了美元在国际货币体系中的核心地位。与金本位制相比,布雷顿森林体系有了明显的进化。首先,建立了永久性的国际金融机构,包括国际货币基金组织和世界银行集团等。通过国际金融组织的组织、协调和监督,保证了美元金汇兑本位制各项原则、措施的推行。其次,与国际金本位制完全建立在自愿合作基础上不同,布雷顿森林体系以国际硬法,即《国际货币基金组织协定》为基础。该协定属于国际协议,对会员国政府具有一定约束力。其统一性在于把资本主义国家囊括在美元汇兑本位制之下;其严整性在于对维持国际货币制度运转的有关问题做了全面规定,并要求各国遵守。但是,由于布雷顿森林体系存在"特里芬难题"的天然缺陷,从 1958 年正式实施到 1971 年崩溃,仅存续了 13 年的时间。

---

① 陶坚:《冷战后的国际经济格局和几个值得关注的动向》,载于《世界经济与政治》,1994 年第 1 期。

布雷顿森林体系崩溃后，在美国的主导下，1976年1月，国际货币基金组织的100多个成员国在牙买加达成修改国际货币基金组织条款的协议，承认了浮动汇率制度的合法性，国际货币制度自此过渡到"无体系时代"。[①]浮动汇率制解除了美国在布雷顿森林体系中维系国际汇率稳定的国际义务，意味着美元可以继续享受国际货币的特权，其发行量却不受任何制约。其弊端表现有三：一是汇率体系极不稳定。20世纪70—80年代，全球1/3的国家实行独立浮动或管理浮动，2/3的国家实行盯住汇率制。整个汇率体系的稳定基础取决于美元、原西德马克、日元三大货币的稳定。二是大国侵害小国利益。由于大多数发展中国家采用盯住汇率制，因此不得不承担由于大国为了自身利益改变汇率而被迫随其调整汇率的额外的外汇风险。三是国际收支调节机制不健全。全球范围的长期国际收支不平衡不但未能解决，反而成为国际金融体系的顽疾。

美国在全球金融体系中一极独大，享有结构性权力。二战结束到20世纪90年代初，国际货币制度发生巨大变化，但美元发挥核心作用这一点没有改变。这一时期，美国从国际货币体系、国际金融组织、国际金融规则和国际金融理念四个维度，建立了对全球金融体系的绝对领导权。一是美元长期充当唯一的国际货币。布雷顿森林体系中，美元获得黄金等价物的特殊身份，发挥唯一国际货币的关键作用。布雷顿森林体系崩溃后，世界经济进入浮动汇率时代。由于没有货币能够取代美元，美元继续充当国际关键货币，美元霸权得以延续。二是通过主导国际货币基金组织，居于国际经济金融协调的中心。布雷顿森林体系时期，国际货币基金组织的宗旨是监督成员国经济政策，帮助管理国际汇率

---

[①] Joseph Gold, Legal and Institutional Aspects of the International Monetary System, Selected Essays U. S. W. D, IMF, 1984, part. 7.

## 第六章　美国主导下的国际金融体系

制度。布雷顿森林体系崩溃后，国际货币基金组织尝试转型，如为成员国提供宏观经济政策咨询，为陷入金融危机的国家提供援助等。按照惯例，国际货币基金组织的总裁由欧洲人出任，但重大事项须获成员国85%的投票赞成才得以通过，而美国长期在17%左右，因此享有绝对主导权。三是控制国际金融规则制定权。与英国当年维系其全球金融霸权一样，美国的全球金融霸权是建立在其经济、政治、军事综合实力的基础之上。在冷战和全球军事对抗的大背景和德国、日本货币国际化程度不高的小环境下，美国长期掌控国际金融规则的制定权。这一时期，全球金融体系最重要的国际规则是国际汇率规则和国际收支失衡调整规则。四是主导国际金融理念。美国根据自身利益，影响和塑造国际金融理念。布雷顿森林体系时期，美国主张限制国际资本的国际流动。布雷顿森林体系崩溃后，新自由主义代替凯恩斯主义成为指导美国经济发展的主流经济学说，美国对国际资本流动的态度从限制转向支持，并借助国际货币基金组织和世界银行等国际金融机构，向全球推广以自由市场为核心的美式经济金融理念。

部分得益于这种内嵌式的结构性权力，布雷顿森林体系崩溃之后，尽管美国相对实力仍在不断衰落，但美元却得以在之后的20年中继续一极独大。这一时期，美元仍是国际主导货币，马克和日元在国际金融市场上的使用十分有限。在二战后的很长一段时间内，美国在金融自由化和发展方面迅速超越其他国家，德国和日本却限制外资进入其金融市场并抵制货币国际化。其中德国是为了缓解通货膨胀压力，日本则为产业政策创造空间。[1] 20世纪80年代末90年代初的研究表明，德国和日本并不羡慕国际货币的角色，都不希望自己的货币国际化。一份关于德国马克研究

---

[1] ［美］巴里·埃森格林著，麻勇爱译：《资本全球化》，北京：机械工业出版社，2014年版，第233页。

报告的附件列举了德国限制资本流入的措施。严格的限制措施始于20世纪70年代初，直到80年代才逐渐放松（塔弗拉斯，1991年，第36—37页）。关于日元作为国际货币的非官方研究报告指出，日本经历了大量的资本外流，但是政府限制外国人使用日元（塔弗拉斯和Ozeki，1991年）。德国和日本都没有发挥正常的国际银行的作用，即允许资金在使用前存入本币账户，以借短贷长为特点的金融中介的作用。如表6—1所示，美元虽然在银行贷款、外债发行、欧洲货币存款等方面的支配地位有所削弱，但是其使用程度仍超过其他主要货币之和，也超过其他任何一种货币的3倍。美元地位未受到挑战的另外一个表现是，德国和日本通过购买美国国债弥补了美国的国际收支逆差，并且心甘情愿地用美元购买和接受汇率风险，而不是坚持只用本国货币放债。①

**表6.1 对外资产的币种比较：20世纪80年代** （百分比）

| 资产种类及币种 | 1981—1984（平均） | 1985 | 1986 | 1987 | 1988 | 1989 |
| --- | --- | --- | --- | --- | --- | --- |
| 银行国外贷款各货币占比 | | | | | | |
| 美元 | 83.3 | 62.5 | 67.0 | 65.1 | 69.9 | 77.0 |
| 德国马克 | 1.7 | 2.1 | 3.0 | 2.4 | 2.2 | 3.2 |
| 英镑 | 3.1 | 3.4 | 6.4 | 14.7 | 14.1 | 6.4 |
| 日元 | 5.9 | 18.5 | 16.1 | 10.8 | 5.6 | 5.3 |
| 瑞士法郎 | 1.2 | 3.0 | 2.1 | 0.7 | 0.3 | 0.4 |
| 埃居 | 1.3 | 7.1 | 2.2 | 2.4 | 2.8 | 4.6 |
| 其他 | 3.5 | 3.4 | 3.2 | 3.9 | 5.1 | 3.1 |

---

① ［美］查尔斯·金德尔伯格著，徐子健、何建雄、朱忠译：《西欧金融史》，北京：中国金融出版社，2010年版，第493页。

续表

| 资产种类及币种 | 1981—1984（平均） | 1985 | 1986 | 1987 | 1988 | 1989 |
|---|---|---|---|---|---|---|
| 外债发行计值货币比重 | | | | | | |
| 美元 | 63.2 | 54.0 | 53.9 | 38.8 | 41.2 | 51.9 |
| 德国马克 | 6.3 | 8.5 | 8.0 | 8.0 | 10.1 | 6.4 |
| 英镑 | 3.4 | 4.0 | 4.6 | 7.8 | 9.4 | 6.8 |
| 日元 | 5.7 | 9.1 | 10.4 | 13.7 | 8.4 | 8.3 |
| 瑞士法郎 | 14.7 | 11.3 | 10.7 | 12.9 | 11.1 | 7.5 |
| 埃居 | 1.7 | 5.2 | 3.4 | 4.0 | 4.9 | 5.2 |
| 其他 | 6.7 | 7.9 | 9.0 | 14.8 | 14.9 | 13.9 |
| 欧洲货币存款计值货币比重 | | | | | | |
| 美元 | 74.0 | 67.9 | 63.5 | 58.2 | 60.1 | 59.7 |
| 德国马克 | 11.4 | 11.4 | 12.8 | 14.2 | 13.3 | 13.9 |
| 英镑 | 1.4 | 2.0 | 2.1 | 2.8 | 3.4 | 3.1 |
| 日元 | 1.8 | 3.4 | 4.5 | 5.8 | 5.5 | 5.5 |
| 瑞士法郎 | 5.8 | 6.4 | 7.2 | 7.7 | 5.4 | 4.9 |
| 埃居 | 0.5 | 2.6 | 2.6 | 2.8 | 3.0 | 3.2 |
| 其他 | 5.2 | 6.2 | 7.2 | 8.4 | 9.2 | 9.7 |

资料来源：塔弗拉斯：（1991年，第32页），转引自查尔斯·金德尔伯格：《西欧金融史》，北京：中国金融出版社，2010年版，第493页。

## 二、布雷顿森林体系：国际管制下的稳定

布雷顿森林体系时期被誉为二战后西方资本主义发展的又一黄金期，金融危机几乎绝迹。与前后期相比，这一时期相对稳定。布雷顿森林体系迅速解决了国际收支问题，国际贸易与国际投资盛况空前，促进了战后的繁荣。这一时期的金融稳定主要得益于以下几个方面的因素：一是二战后主要国家经济破坏严重，

资金相对匮乏，社会杠杆率水平较低，通过一系列制度和政策设计，有限的资金被主要用于实体经济的复苏，极大促进了实体经济的回复和繁荣。二是西方各国政府对经济和金融体系进行了深度干预，限定利率上限，对银行可投资资产范围做出限制，通过管制金融市场将信贷送到战略部门，进口许可证制度堵住了通过经常性账户转移资本的通道。①由于对金融市场采取高度管制政策，西方各国甚少爆发内源性金融危机。三是二战后西方世界盛行"融资应当留在国内"的观念，对资本流动实行管制，鼓励银行信贷和对外直接投资等长期资本流动，禁止短期投机性资本流动，因此各国金融体系相互联系较少，国际金融市场实际上处于高度分割的状态，外源性金融危机爆发的可能性也被大大降低。由于汇率相对稳定，避免了国际资本流动中引发的汇率风险，有利于国际资本的输入与输出，为国际直接投资和国际金融市场（主要是跨国银行贷款）的发展创造了良好的条件。这一时期，跨国资金流动主要用于资助实体经济发展，而非用于投机性金融活动。

布雷顿森林体系存在结构性缺陷，20世纪60年代末美元危机频繁爆发。1960年，美国学者特里芬指出，美元汇兑本位制存在天生缺陷：由于美元与黄金挂钩，而其他国家的货币与美元挂钩，美元虽然因此取得了国际核心货币的地位，但各国发展国际贸易必须用美元作为结算与储备货币，这样就导致流出美国的货币在海外不断沉淀，对美国来说就会发生长期贸易逆差；而美元作为国际货币核心的前提是必须保持美元币值稳定与坚挺，这又要求美国必须是一个长期贸易顺差国。这两个要求互相矛盾，因此是一个悖论。1960年，美国的黄金储备下降到178亿美元，不

---

① ［美］巴里·埃森格林著，麻勇爱译：《资本全球化》，北京：机械工业出版社，2014年版，第95页。

足以抵补当时210.3亿美元的流动债务,第一次美元危机爆发。20世纪60—70年代,美国深陷越南战争泥潭,财政赤字膨胀,国际收支恶化,黄金储备不断外流。1968年3月,美国黄金储备下降至121亿美元,同期对外短期负债为331亿美元,美元危机再度爆发。1971年,美国的黄金储备降至102.1亿美元,是对外流动负债678亿美元的15.05%。随着美国以美元兑换黄金能力的削弱,国际上抛售美元的投机活动愈演愈烈,美元与黄金的稳定兑换关系岌岌可危。1971年8月15日,美国政府在美元危机不断升级的背景下,宣布停止履行向外国政府或中央银行提供美元兑换黄金的义务。1971年12月,《史密森协定》签署,美元对黄金贬值,美国拒绝向国外央行出售黄金,美元与黄金挂钩的体制名存实亡。1973年,美国的黄金储备从战后初期的245.6亿美元下降到110亿美元,西欧出现抛售美元、抢购黄金和马克的风潮。3月16日,欧共体9国达成协议,对美元采取浮动汇率制,至此,固定汇率制度完全垮台。

## 三、驶入信用货币的未知海域

布雷顿森林体系崩溃后的20年中,国际货币制度从美元汇兑本位制变为美元信用本位制,国际金融体系的稳定性大为减弱,核心国家和外围经济体都爆发了大规模金融危机。例如,20世纪80年代,美国接连爆发以储贷协会为中心的银行危机和1987年股灾;20世纪90年代初,日本资产泡沫崩溃,陷入大规模银行危机,并导致20年经济低迷;同样在20世纪90年代初,欧洲爆发了货币体系危机,并从1992年一直持续到1993年。除了资本主义世界的核心国家外,外围地区的金融稳定性也明显降低。20

世纪80年代初，拉美爆发债务危机。①

上述金融危机虽内因各有不同，但都反映出国际金融结构的深层次矛盾。

一是货币管理资本主义盛行，以货币政策"管理"金融风险反而导致金融泡沫不断积累。明斯基认为，二战结束后的相对稳定导致了"货币管理资本主义"的发展，并认为这是"57种资本主义"中更不稳定的一种情况。从1966年信用危机开始，美国经历了一系列金融危机，包括1970年、1974—1975年、1979—1980年、1982—1983年、1987年等。虽然这些危机一次比一次严重，但在美国政府大规模赤字和美联储最终贷款人的干预下，都避免发展成为全面的债务紧缩。挣脱了黄金束缚的货币政策，以"货币政策实验"为名，被大胆地用于治理和防范经济金融危机，货币管理资本主义由此不断壮大。在世界其他地方，中央银行最终贷款人的角色也被普遍强化，并使伴随其诞生就存在的"道德风险"问题日益严重。中央银行的最终贷款人行为"直接地或间接地确立了资产价格的下限或者融资期限的上限，这样就把投机性融资所涉及的风险社会化了。"然而，"这种把金融市场风险社会化的做法在鼓励了在资本资产融资方面敢于冒险，当在经济扩张期这样做时反过来会增加潜在的不稳定性。"②

---

① 这一时期，发展中国家整体债务负担加重。截至1989年，发展中国家的外债总额高达1.29万亿美元，相当于其国内生产总值的44%，而1970年仅为13%。20世纪80年代，由于国际经济环境的恶化，大多数发展中国家受到很大挫折。根据世界银行的资料，低收入和中等收入的发展中国家，1965—1980年国内生产总值的年平均增长率为5.9%，而1980—1987年下降到4%。其中，撒哈拉以南非洲国家同时期从5.1%下降到0.4%，拉丁美洲和加勒比地区由6.0%下降到1.4%，只有远东和南亚地区略有增加。大多数发展中国家的工业生产和农业生产的增长率也有所下降。

② [美]海曼·P·明斯基著，石宝峰等译：《稳定不稳定的经济》，北京：清华大学出版社，2010版，第39页。

二是国际货币体系的不对称性成为金融危机的诱因。这一时期，国际货币体系呈现出多方面的不对称性，包括美国拥有长期维持经常项目逆差的特权、全球失衡调整负担主要由顺差国承担等。美国连续多年出现巨额财政赤字和贸易赤字是引发1987年美国股灾的罪魁祸首。金融市场的高度投机行为进一步助长了股票市场的不稳定。随着美联储连续5次提高利率，投资股票的收益率降低，投资者行为开始发生逆转，并引发全球经济金融震荡。同样，日本金融危机的直接诱因是国际货币体系转型为浮动汇率后，主要国家间汇率调整失去有章可循的规则。日本政府与美国、英国、联邦德国等签署《广场协议》（1985年9月）和《卢浮宫协议》（1987年2月）后，日元升值预期强化、金融自由化改革和资本管制放松，极大刺激了境外资金流入，推动国内房价、股价等资产价格持续迅猛上涨，导致日本泡沫经济时期的投资过剩；而资产价值持续上升预期下的信用积聚膨胀，更是成为"资金推动投机"的第一动力。资产泡沫和金融泡沫彼此强化，缔造了世界经济史上一次"蔚为壮观"的泡沫经济。但是，资产价格短期连续暴涨没有来自实体经济的有效支撑，最终在日本政府试图控制过热经济的紧缩政策下，资产泡沫被刺破，并诱发"资产负债表衰退"，日本经济因此陷入20年的低迷期。

三是金融自由化和金融监管放松，进一步加剧全球金融体系的脆弱性。美国80年代的储贷危机是在美国不断放松金融监管的背景下爆发的。由于监管缺位，储贷机构大量投机于垃圾债券、资产与负债不匹配、欺诈、对商用房地产的巨额投资等，加之美国政府对储贷机构存在的问题长期掩盖和拖延，美国陷入自20年代大萧条以来最严重的以储贷协会为中心的银行业危机。拉美国家的金融自由化也具有典型的激进特征。20世纪70年代中期，拉美开启第一波金融自由化浪潮，内容主要包括（1）实行利率市场化；（2）取消定向贷款；（3）降低银行储备金比率。这些措施在一定程度上缓解了"金融抑制"问题，但也导致金融风险急剧增长，如储蓄和信贷迅速增加、资本流入（外债）增长幅度很大、利率快速上升等。由于资产价格欠稳定，同时政府放松了对金融机构的管制，越来越多的金融机构从事高风险的金融业务，加重了银行部门的脆弱性。这波金融自由化浪潮最终以80年代初债务危机爆发收场，之后改革趋于停顿。同样，日本金融危机中，金融自由化改革推进过猛和资本管制的过快放松，导致外资大规模涌入，成为国内资产泡沫的推进器，加剧了金融危机的破坏力。

布雷顿森林体系崩溃后，美国主导的国际金融秩序从"有序"退化成"无序"：美国在全球金融体系中享有结构性特权，却不承担对等的责任和义务。20世纪70—80年代，美国通过加强对国际金融规则和国际金融组织的控制，强化对国际金融秩序的主导权。这一时期，由于处于冷战时期两大军事集团全面对抗的大背景下，美国以军事安全保障为承诺换取了西方主要大国对美国继续主导国际金融秩序的支持。尽管国际上金融危机频繁爆发、体系稳定性大幅减弱，表明改革国际金融秩序已是刻不容缓，但特殊的国际政治军事背景，为这一无序的存在提供了一定合理性。这一时期，以国际收支调整为主要内容的国际金融规则和以国际货币基金组织为核心的国际金融组织均被美国控制为其利益服务，国际金融自稳定机制的效用大打折扣，不仅未能缓解国际金融危机的爆发，还在一定程度上推波助澜。

**表 6.2　二战后至 20 世纪 90 年代初主要金融危机简述**

| 20 世纪 60 年代至 70 年代初 | 美国 | 由于美国国际收支持续恶化，黄金储备大量外流，美元难以维持与黄金的固定汇率关系，美元频繁遭到攻击。1971 年，美国政府宣布美元与黄金脱钩，布雷顿森林体系解体 | 世界经济发展不平衡引发货币竞争 |
| --- | --- | --- | --- |

第六章 美国主导下的国际金融体系

续表

| | | | |
|---|---|---|---|
| 20世纪80年代 | 拉美 | 20世纪70年代拉美国家的债务迅速膨胀。1981年,墨西哥到期的公共债务本息达到268.3亿美元,由于无力支付本息而要求国外银行准许延期支付,但是遭到拒绝。墨西哥政府不得不在1982年夏宣布无限期关闭汇兑市场,暂停偿付外债等措施,债务危机由此爆发。此后,巴西、阿根廷、秘鲁等国家也相继告急 | (1) 金融自由化引发债务危机;<br>(2) 国家对金融体系的内控力减弱 |
| 20世纪80年代 | 美国 | 美国爆发以储贷协会为中心的银行危机。作为史上最为昂贵的金融危机之一,美国的储贷业和政府为此付出沉重代价:1980年—1994年15年间,共有1295家储贷协会倒闭,倒闭率达35.7%;倒闭储贷协会的资产总额达6212亿美元,占全部储贷协会资产总额的41.36%。美国政府为处理储贷协会危机付出了1614亿美元的代价,其中纳税人大致付出了1240亿美元,而储贷行业本身则承担余下的几百亿美元 | 金融自由化和金融监管放松 |
| 20世纪80年代 | 日本 | 20世纪80年代日本的房地产和股市价格连续上涨,股市价格平均每年上涨30%,大城市地价平均上涨了3—4倍。1990年末,日本房地产和股市价格开始大幅度下跌,到1992年房地产和股市价格比1989年高峰时期的价格下跌了50%以上,下跌幅度最大达80%以上。房地产和股市价格暴跌导致经济增长速度减慢,同时对企业财务和居民资产收益造成很大损失,企业投资和居民消费倾向明显减弱,日本经济从此由战后连续50多个月的景气高涨转入持续性衰退 | (1) 世界经济发展不平衡引发货币竞争;<br>(2) 金融自由化导致外资大量涌入,资产泡沫引发金融危机 |

续表

| | | | |
|---|---|---|---|
| 1987 年 | 美国 | 1987 年 10 月 19 日,纽约股市开盘仅 3 小时,道琼斯股票平均指数下跌 508.32 点,跌幅达 22.62%,为触发世界性大萧条的 1929 年 10 月 28 日的 2 倍。这意味着持股者手中的股票一天之内贬值了两成多,5000 亿美元蒸发,相当于美国全年国民生产总值的 1/8 | 资产泡沫引发金融危机 |
| 1992—1993 年 | 欧洲 | 1992—1993 年爆发了欧洲货币危机。20 世纪 90 年代初,两德合并,为了发展东部地区经济,德国于 1992 年 6 月 16 日将其贴现率提高至 8.75%,结果马克汇率开始上升,从而引发欧洲汇率机制长达 1 年的动荡。1992 年 8 月,欧洲货币体系中的意大利里拉、英国英镑、西班牙比萨塔、葡萄牙埃斯库多和爱尔兰镑等货币首先遭到攻击。9 月 17 日,欧共体财政官员宣布意大利里拉、英国英镑脱离欧洲货币汇率机制自由浮动。欧洲货币体系危机持续了一年多的时间,可以说是 20 世纪 70 年代以前布雷顿森林体系内在矛盾的翻版——人为稳定的货币汇率制度与经济发展不平衡的现实之间的不协调。但与那时不同的是,全球化使各国货币当局面临着比以前规模大得多的外部投机资本的冲击 | (1) 世界经济发展不平衡引发货币竞争<br>(2) 欧洲货币体系内在缺陷 |

# 四、小结

本章剖析了全球金融体系的三个典型案例,分别是英国主导下的全球金融体系(1880 至 1914 年),两次世界大战之间的全球

# 第六章　美国主导下的国际金融体系

金融体系（1918—1936），及美国主导下的全球金融体系（1945—1990）。重点是考察这三个时期全球金融体系的稳定性，及其影响因素。

英国主导下的全球金融体系具有较强的稳定性，核心经济体几乎没有爆发系统性金融危机。国际金本位制建立在"自愿型"国际合作的基础上。英国虽然在国际金融体系中拥有金融霸权，但也受到金本位制游戏规则的制约，并不能无限透支其特权。英国主导的国际金融秩序促进了国际经济与贸易增长，而国际经济金融多极化发展趋势反过来又强化了国际金本位制的运行基础。这一时期，由于国际金融规则明确对称，以央行协调为主要形式的国际合作卓有成效，国际金融体系保持了长期稳定发展。

两次世界大战之间的全球金融体系稳定性较弱。由于合作型的国际货币体系崩溃，全球金融体系陷入无序的混乱状态：其一，投机性资金轮番攻击主要国家汇率，货币危机频繁发生；其二，国际资本高度流动，缺乏约束，加剧了各国国内金融周期的波动幅度和泡沫破碎后的破坏力；其三，1929年经济危机爆发后，主要国家打着维护汇率主权的旗帜，竞相采取以邻为壑的贬值政策，不仅加剧全球经济金融动荡，最终令全球经济金融体系四分五裂。这一时期，由于老牌帝国英国和新兴大国美国斗争激烈，全球金融规则破碎、全球金融组织失效，难以起到稳定全球金融体系的作用。

美国主导的全球金融体系则经历了从稳定到不稳定的转变。布雷顿森林体系时期，全球金融体系较为稳定，西方世界经济得到飞速发展。主要原因有两点：一是在美国主导下，西方世界建立了基于国际协议的国际货币制度，重新恢复了各国货币之间的固定兑换关系；二是布雷顿森林体系建立了明确的资本流动规则，鼓励银行信贷和对外直接投资等长期资本流动，禁止短期投机性资本流动，国际金融市场实际上处于高度分割的状态。同时在国内，西方各国在社会总杠杆率较低的情况下，对经济和金融体系进行了深度干预，金融周期被较大程度驯服。

布雷顿森林体系因美国滥用美元特权而崩溃。国际货币体系从固定走向浮动，削弱了全球金融体系平稳运行的根基。美国主导的全球金融秩序也从有序走向无序。由于体制的惯性，美元虽与黄金脱钩，但依然享有美元霸权；美国在全球金融体系中享有结构性特权，却不承担对等的责任和义务。这一时期，由于处于冷战时期两大军事集团全面对抗的大背景下，美国以军事安全保障为承诺换取了西方主要大国对美国继续主导国际金融秩序的支持。尽管国际上金融危机频繁爆发、体系稳定性大幅减弱，表明改革国际金融秩序已是刻不容缓，但特殊的国际政治军事背景，为这一无序的存在提供了一定合理性。这一时期，以国际收支调整为主要内容的国际金融规则和以国际货币基金组织为核心的国际金融组织均被美国控制为其利益服务，国际金融自稳定机制的效用大打折扣，不仅未能缓解国际金融危机的爆发，还在一定程度上推波助澜。

综合上述案例，可以得出以下一些初步的结论：

第一，全球金融秩序的"有序性"是全球金融稳定的前提。金本位制和布雷顿森林体系都是合作性的国际货币制度，核心是保持各国货币间汇率相对稳定，前者建立在自愿参与的基础上，后者建立在国际条约的基础上。在金本位时期，由于汇率的高度可靠性，国际上不存在"扰动性"投机。而在布雷顿森林体系时期，固定汇率制促进了西方世界贸易和实体经济的飞速发展。相比之下，两次世界大战之间，和牙买加体系时期，均以汇率关系紊乱为标志，国际投机之风盛行，金融危机频繁爆发。

第二，明确公平的全球货币金融规则是全球金融体系正常运行的保证。金本位制和布雷顿森林体系，都存在明确的货币金融规则，金融霸权国也必须受到相关规则的约束，这构成国际合作的基石。一旦明确公正的规则被破坏，国际合作将被无序竞争所取代，全球金融体系稳定运行的基础也将受到削弱。

第三，全球金融组织的有效运转，有利于促进全球金融稳定。国际金本位制时期，核心国家央行间合作是当时最主要的全球金融组织形式。这一合作的有效开展，多次帮助核心国家及时吸收和消除了金融冲击，保障了金本位制时期全球金融体系的平稳运行。两次世界大战期间，美国游离于国联的金融稳定机制之外，主要靠央行管道与欧洲诸国开展合作，大大削弱了国联金融稳定机制的功效。当然，这也是当时国际政治博弈使然。牙买加体系时期，国际货币基金组织被赋予了危机救助的新责任，但深受美国"新自由主义"思想影响，在危机预警、救助能力、救助条件等多方面存在偏颇和缺陷，难以有效促进全球金融体系的稳定运行。

# 现实篇

第三册

# 第七章

# 全球化背景下国际金融体系的运行

冷战结束后,经济金融全球化浪潮兴起,全球金融体系各子系统之间的联系大大增强。与此同时,美国金融结构发生趋势性变化,美国资本主义呈现金融资本主义特征,并对全球经济金融结构产生巨大影响。在"新自由主义"思潮影响下,全球金融体系的稳定性明显降低,内在缺陷凸显,国际金融危机频繁爆发。

## 一、全球化浪潮兴起

20世纪90年代初以来,国际金融体系运行的政治经济背景发生了深刻变化。冷战结束使得经济全球化浪潮兴起,全球经济金融一体化不断加深。在相对和平的环境下,新兴经济体和发展中国家经济获得较快增长,发达国家实力相对衰落。同时,欧洲和日本的本币国际化进程取得较大进展,国际货币格局呈现多极化发展趋势。

### (一)经济金融全球化浪潮兴起

随着冷战的结束,和平与发展成为国际社会追求的主题,经济全球化成为时代潮流。经济全球化指在生产不断发展、科技加速进步、社会分工和国际分工不断深化、生产的社会化和国际化程度不断提高的情况下,世界各国、各地区的经济活动越来越超出一国和地区范围而相互联系、相互依赖的一体化过程。冷战后的经济全球化浪潮也被称为第三波经济全球化浪潮,其表现为生产全球化、贸易全球化和金融全球化。其中,生产和贸易全球化为金融全球化提供了强大动力,而金融全球化逐渐成为经济全球化的核心。在IT技术发展、金融管制放松、大量发展中国家兴起的推动下,全球经济联系日益密切。与此同时,伴随着商品流动、服务贸易的放松管制,以及资本流动壁垒的降低,全球金融市场日益相互连接,形成一个巨大网络。国际金融体系各子系统之间的关联度大大增强。过去20多年,全球金融结构出现以下几个发展趋势。

首先,国际资本流动规模增大。截至1995年,所有工业国家已消除资本流入和流出的交易控制;直至1996年12月,已有57个国家取消了对资本交易支付的限制。20世纪90年代,国际游资高达72000亿美元,每天都有大量资本跨国界流动,上千亿资金转瞬之间可转移到世界的任何一个地方。据统计,1990年全球流向新兴市场的私人资本只有444亿美元,1996年增至3360亿美元,2013年增至9120亿美元。[1]

其次,国际金融市场一体化加深、交易规模扩大。在金融自由化发展、外汇管制放松、国内金融市场开放等前提下,金融国界逐步取消,加之高科技的发展及电子技术的广泛应用,金融交易克服了地区、时差的限制,跨国资金转移也仅在分秒之间。国内金融市场与国际金融市场之间联系不断加深,并随着国际贸易,海外直接投资、证券投资等的增长日益融合。欧洲货币市场

---

[1] IMF, Global Financial Stability Report, April 2014.

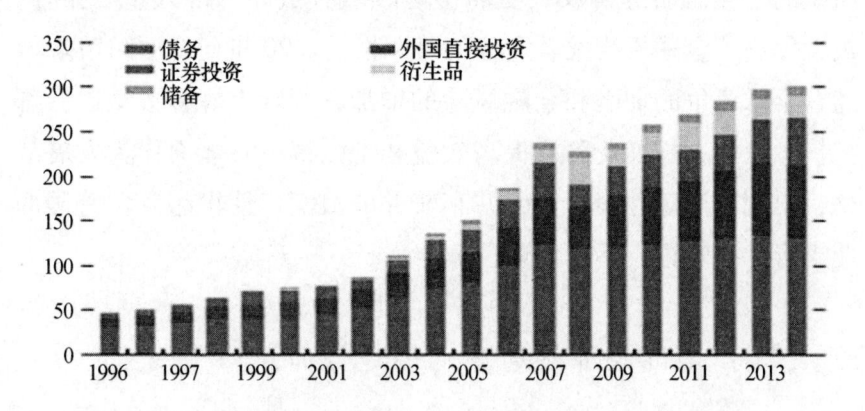

图 7.1　全球资本流动规模：1996—2014 年（单位：万亿美元）

资料来源：IMF：《全球金融稳定报告》2016 年 4 月。

和亚洲货币市场的迅速发展与壮大及与美国货币市场的链接，使得某些国家的国内货币市场、资本市场上的利率结构透过几个货币市场的中介作用变得更具同质性。国际外汇市场交易规模不断扩大。根据国际清算银行统计，1973 年全球外汇市场日平均交易量仅 150 亿美元，1989 年为 5900 亿美元，1998 年达到约 1.5 亿美元，2013 年达到 5.4 万亿美元，2016 年微降至 5.1 万亿美元。外汇交易与世界贸易的发展日益脱节。如今，每天跨境资金流动约 90% 以上与国际商品及服务无关，这与 20 世纪 70 年代的情况正好相反，当时有 90% 的资金流动与贸易有关。[1]此外，金融创新和改革又使得国际金融市场产品更趋多样化，最典型的是全球金融衍生品市场不断发展且日趋庞大。

第三，金融机构和业务跨国发展。20 世纪 70 年代以后，世界各国先后不同程度地放松了对别国金融机构在本国从事金融业务或设立分支机构的准入准出限制。20 世纪 90 年代，世界贸易

---

[1] ［美］本·斯泰尔、罗比特·E·利坦著，黄金老等译：《金融国策》，北京：东北财经大学出版社，2008 年版，第 3 页。

组织的"金融服务协议"更将金融领域开放作为准入重要条件，极大促进了金融机构及其业务的跨国发展。20世纪90年代以来，随着全球竞争的加剧和金融风险的增加，国际上许多大型银行都把扩大规模、扩展业务及提高效益和增强抗风险能力作为发展战略，出现了全球性银行业合并和兼并的浪潮，使得超巨型跨国商业银行、投资银行不断涌现。

## （二）国际经济格局多元化趋势加强

新兴市场整体性崛起。20世纪90年代以来，随着经济全球化的发展，新兴经济体增速明显快于世界经济总体增速和发达国家增速。近20多年来，新兴经济体普遍采取市场经济体制，不断深化内部改革，完善经济法律体系，加上总体和平稳定的全球政治环境，经济增速不断加快。1992年以来，发展中国家经济增速达到发达国家的2.2倍，在全球经济的占比提高近2倍，从1992年的16.4%上升到2008年的31%。[1]按市场汇率计算，2015年七国集团占世界经济比重为46%，金砖五国占比22%，在全球前二十大经济体中，新兴经济体占据九位。根据国际货币基金组织测算，按购买力平价计算，新兴和发展中经济体在世界经济中所占比重在2013年已超越发达经济体，2017年占全球GDP的58.7%（见图7.2）。

新兴经济体和发展中国家对世界贸易贡献度不断提高。新兴经济体一般储蓄率高而消费率较低，因此刺激经济增长的动力主要来自投资和出口，并且其普遍利用相对于发达经济体在一般制造业等劳动密集型产业的比较优势，实施对外开放战略。近20年

---

[1] 边卫红、王家强、李建军：《未来20年国际金融格局演进的推动因素与新特征》，载于《中国货币市场》，2010年10月。

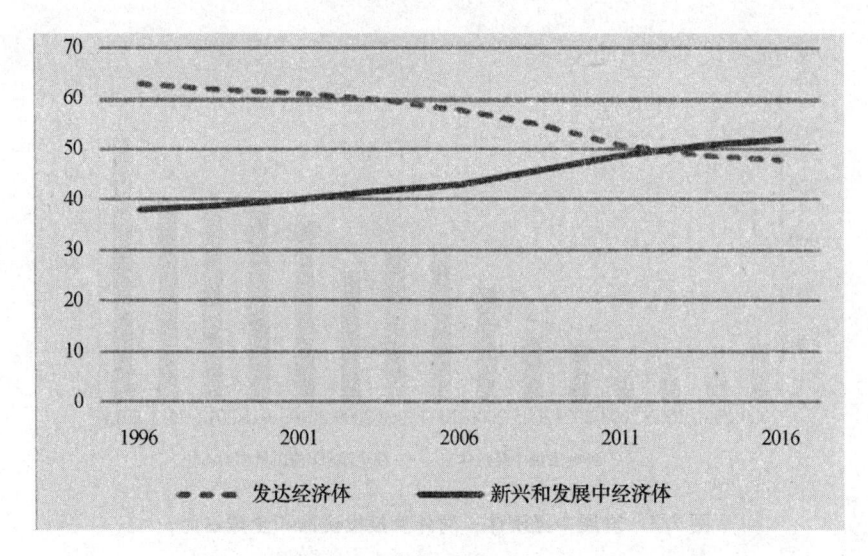

第七章 全球化背景下国际金融体系的运行

**图7.2 新兴市场和发展中经济体占世界GDP的比重**
资料来源：IMF世界经济展望数据库。

来，发展中国家在全球贸易中的比重不断上升，2013年在全球商品贸易中占比达到43%，在商业服务贸易中占比达到34%。[①]

新兴经济体对外直接投资能力也稳步上升。2015年5月，联合国贸发会发布研究报告显示，2000年以来，发展中国家对外直接投资额持续增加。2014年，发展中经济体的跨国公司对外投资额约5000万美元，相比2013年上升30%，在全球外国直接投资中占比从2007年的12%上升至2014年的36%。发展中亚洲地区首次成为世界最大投资来源地区，对外直接投资额高达4400亿美元，高于北美的3900亿美元和欧洲的2860亿美元。[②] 2016年，发达经济体对外直接投资存量达20万亿美元，发展中经济体达5.8万亿美元（见图7.3）。

---

① World Trade Organization: International Trade Statistics 2014.
② UNCTAD: Global Investment Trends Monitor, No. 19, May 18, 2015. http://unctad.org/en/PublicationsLibrary/webdiaeia2015d2.en.pdf.

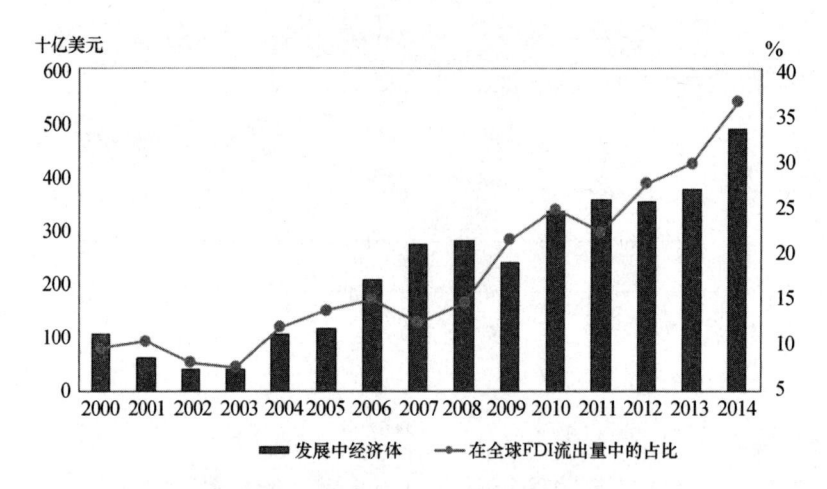

图 7.3　发展中经济体：对外直接投资额和全球占比，
2000—2014 年（单位：十亿美元，%）

资料来源：UNCTAD：Global Investment Trends Monitor, No. 19, May 18, 2015.

发达国家经济增长整体和缓。在 20 世纪 90 年代，美国在世界经济格局三极（美、欧、日）中增长速度最慢，但在最近十余年，美国一改颓势，成为经济增速最快一极。美国虽然巩固了相对于欧、日的经济优势，但因新兴经济体增长势头过猛，美国经济在世界经济中的比重不断下滑。2000 年，美国占世界经济总量的比重约为 31%，而到了 2015 年，作为世界头号经济体的美国，在全球经济中的占比已下滑至 24%。这表明，近十多年来美国在世界经济格局中的地位实际已呈下降态势。

表 7.1　近年世界主要经济体增长率变化　　　　（%）

| | 2000—2009 平均 | 2010 | 2011 | 2012 | 2013 | 2014 | 2015 | 2016 | 2017 | 2018 | 2019 | 2023 |
|---|---|---|---|---|---|---|---|---|---|---|---|---|
| 世界 | 3.9 | 5.4 | 4.3 | 3.5 | 3.5 | 3.6 | 3.5 | 3.2 | 3.8 | 3.9 | 3.9 | 3.7 |
| 发达经济体 | 1.8 | 3.0 | 1.7 | 1.2 | 1.3 | 2.1 | 2.3 | 1.7 | 2.3 | 2.5 | 2.2 | 1.5 |

续表

|  | 2000—2009 平均 | 2010 | 2011 | 2012 | 2013 | 2014 | 2015 | 2016 | 2017 | 2018 | 2019 | 2023 |
|---|---|---|---|---|---|---|---|---|---|---|---|---|
| 美国 | 1.8 | 2.5 | 1.6 | 2.2 | 1.7 | 2.6 | 2.9 | 1.5 | 2.3 | 2.9 | 2.7 | 1.4 |
| 欧元区 | 1.4 | 2.1 | 1.6 | -0.9 | -0.2 | 1.3 | 2.1 | 1.8 | 2.3 | 2.4 | 2.0 | 1.4 |
| 日本 | 0.5 | 4.2 | -0.1 | 1.5 | 2.0 | 0.4 | 1.4 | 0.9 | 1.7 | 1.2 | 0.9 | 0.5 |
| 新兴经济体和发展中国家 | 6.1 | 7.4 | 6.4 | 5.4 | 5.1 | 4.7 | 4.3 | 4.4 | 4.8 | 4.9 | 5.1 | 5.0 |
| 中国 | 10.3 | 10.6 | 9.5 | 7.9 | 7.8 | 7.3 | 6.9 | 6.7 | 6.9 | 6.6 | 6.4 | 5.5 |
| 俄罗斯 | 5.4 | 4.5 | 5.1 | 3.7 | 1.8 | 0.7 | -2.5 | -0.2 | 1.5 | 1.7 | 1.5 | 1.5 |
| 巴西 | 3.4 | 7.5 | 4.0 | 1.9 | 3.0 | 0.5 | -3.5 | -3.5 | 1.0 | 2.3 | 2.5 | 2.2 |
| 印度 | 6.9 | 10.3 | 6.6 | 5.5 | 6.4 | 7.4 | 8.2 | 7.1 | 6.7 | 7.4 | 7.8 | 8.2 |

资料来源：IMF：World Economic Outlook, 2018 April.

（其中，2018年、2019年、2023年为预测值）

发达国家在国际贸易中的地位也在下滑。21世纪初，美国和日本的进出口贸易额占世界贸易总额的比重分别为30%和12.3%。之后，在新兴经济体的追赶下不断下滑。2008年国际金融危机沉重打击世界贸易，美国、欧盟和日本对外贸易受到较大影响。2013年，美国进出口贸易占全球商品贸易的比重已滑至约10.4%，欧盟和日本的比重分别为20%和4%，中国占世界贸易比重则升至11%。[①]

## （三）国际货币格局多极化趋势显现

布雷顿森林体系崩溃后，全球改革国际货币体系的呼声不断，但因缺乏可与美元抗衡的货币，美元一极独霸地位得以延

---

① World Trade Organization：International Trade Statistics 2014.

续。20世纪70—80年代,国际金融体系的经常性动荡促使西方发达国家思考货币自强的战略。为摆脱国际经济交往对美元的依赖,欧洲和日本等国走上了推动本币国际化的道路。

首先,欧元崛起为能在多方面与美元抗衡的重要国际货币。受国内金融市场狭窄等因素影响,德国马克、法国法郎等欧洲货币的国际影响力较弱。随着欧洲启动货币一体化进程,这一劣势被迅速扭转。欧洲货币一体化源于1970年5月荷兰首相兼外长皮尔瑞·魏尔纳为首的专家小组提出的欧洲经济货币联盟。1977年美元危机再度爆发,欧共体试图以货币一体化抗衡美元,保持汇率稳定。1978年12月,欧共体达成协议,并于1979年3月正式成立欧洲货币体系,到1989年9月共有12个成员国,创立了欧洲货币单位及欧洲货币基金。1991年12月,欧共体12国签订《马斯特里赫特条约》,规定最迟于1999年1月1日前,在"经济与货币联盟"内实现统一货币、统一中央银行、统一货币政策。1998年6月1日,欧洲中央银行宣告成立,并于1999年1月1日起,开始在欧元区内为所有成员国制定统一的货币政策。2002年1月,欧元纸币和硬币正式投入流通。欧元诞生后,凭借欧元区雄厚的经济实力和未来的扩容前景,欧元作为国际贸易投资结算货币、国际储备货币的重要性不断提升。

其次,日元开启国际化进程。与欧洲相比,日元国际化相对被动,其最初是在美国压力下开始的。1984年大藏省发布的《日美日元美元委员会报告书》和1985年外汇审议局发表的《关于日元的国际化》,标志着日元国际化战略正式启动。此后,日本掀起了日元国际化的高潮,包括:在东京创设离岸金融市场,宣布开放境外金融市场,取消外资流出限制,提高外资流入限额,对外国人在日发行日元债券和发放日元贷款、非居民间的"欧洲日元"交易等采取了一系列自由化措施等。但到20世纪90年代日元国际化开始停滞不前,甚至伴随"平成萧条"和金融危机的持续，其在国际货币体系中的地位也不断下降。日元在日本出口贸易结算中的比率由1992年的42.4%降到1997年的35.8%；在国际外汇储备中的占比从1990年的8%下降至1997年的5.3%，而马克占13.6%。1997年亚洲金融危机爆发后，日本顺应东亚各国希望改革国际货币格局的愿望，开启新一轮日元国际化浪潮。1997年5月，日本重新修订《外汇法》，使国内外资本真正实现无约束的国际流动。1998年7月，"外汇和其他资产交易委员会"设立并于次年4月发表题为《面向21世纪的日元国际化》的报告书，提出为推动日元国际化所采取的一整套措施。

2008年国际金融危机爆发后，改革国际货币体系再度成为国际社会的关注焦点，包括中国、俄罗斯、巴西在内的新兴国家也提出本币国际化战略，希望借此摆脱对美元的过度依赖。其中，中国于2009年正式启动人民币国际化战略，并在短短7年时间内，在贸易投资结算、海外债券发行、双边货币互换、国际储备货币等多个方面取得较快进展。

经过二十多年发展，目前国际货币格局呈现"美元一超"，"欧元、日元、英镑、人民币多强"的多极化格局。其中，美元在汇率锚与外汇市场交易货币方面，依然具有主导优势，但在国际支付货币、储备货币中的份额不断降低。

货币锚。尽管牙买加体系形成了多样化的汇率制度，但美元依然是全球研究外汇相对价值变化的主要参照物，是世界大多数国家制定汇率制度和确定汇率水平的货币锚。据国际货币基金组织统计，2008年全球共有115个国家的汇率制度存在货币锚，其中66个国家的货币盯住美元，另有15个国家的货币盯住主要包括美元的一篮子货币。[①]在各国政府的货币框架中，美元仍然是公共部门干预的重要手段和制定经济政策最重要的汇率包。按照国

---

① 吴时华著：《金融国策论》，北京：社会科学文献出版社，2015年版。

际货币基金组织2014年的统计,世界上有191个国际汇率包,其中46.6%是盯住美元或美元在内的一揽子货币。①

外汇市场交易货币排名。国际清算银行2016年发布的《全球外汇市场成交量调查报告》显示,2010年全球外汇市场前四大交易货币分别是美元、欧元、日元和英镑,依次占比84.9%、39.1%、19%和12.9%;2013年全球外汇市场中,美元、欧元、日元和英镑其占比稍有变化,分别为87%、33.4%、23%和11.8%;2016年,前四大交易货币仍是上述四种,占比依次为87.6%、31.3%、21.6%和12.8%。2008年国际金融危机爆发后,人民币排名明显上升,从2010年的第17位跃居2016年第8位,占比从0.9%上升至4%。

全球支付货币排名。根据国际支付商环球银行间金融通信系统(Swift)2018年7月公布的数据,全球排名前五位的全球支付货币分别是美元、欧元、英镑、日元和人民币。其中,美元占比39.35%,欧元占比33.97%,英镑占比7.44%,日元占比3.6%,人民币占比1.81%。值得关注的是,2015年8月,人民币在全球支付市场占有率创2.79%的历史最高纪录,一度超越日元成为全球第4大支付货币。

全球储备货币排名。牙买加体系下,国际储备资产的构成包括大量的外汇资产、不断下降的黄金储备以及少量特别提款权。根据IMF《官方外汇储备资产的货币构成》显示,2001年美元、欧元和日元占全球外汇储备总额的比重分别约为71.5%、19.2%和5%,而到2018年第一季度末,美元比重降至62%,但仍是世界第一储备货币。欧元、英镑和日元在全球外汇储备资产中的占比分别约为20.4%、4.7%和4.8%。近十多年来,美元在全球外汇储备资产中的地位有所下降;欧元地位较为稳固;英镑和日元

---

① 吴时华著:《金融国策论》,北京:社会科学文献出版社,2015年版。

有所回升,但均低于5%(见表7.2)。

表7.2 国际外汇储备的货币构成的变化 (%)

| | 2004 | 2005 | 2006 | 2007 | 2008 | 2009 | 2010 | 2011 | 2012 | 2013 | 2014 | 2015 | 2016 | 2017 | 2018 |
|---|---|---|---|---|---|---|---|---|---|---|---|---|---|---|---|
| 美元 | 65.9 | 66.9 | 65.5 | 64.1 | 64.1 | 62.2 | 61.8 | 62.3 | 61.3 | 61.1 | 63.1 | 65.7 | 65.34 | 62.72 | 62.48 |
| 欧元 | 24.8 | 24.1 | 25.1 | 26.3 | 26.4 | 27.3 | 26.0 | 24.7 | 24.2 | 24.4 | 22.1 | 19.1 | 19.13 | 20.15 | 20.39 |
| 日元 | 3.8 | 3.6 | 3.1 | 2.9 | 3.1 | 3.0 | 3.7 | 3.61 | 4.1 | 3.8 | 3.9 | 3.8 | 3.95 | 4.89 | 4.81 |
| 英镑 | 3.4 | 3.6 | 4.4 | 4.7 | 4.0 | 4.3 | 3.9 | 3.83 | 4.0 | 4.0 | 3.8 | 4.7 | 4.34 | 4.54 | 4.68 |
| 人民币 | | | | | | | | | | | | | 1.08 | 1.22 | 1.39 |
| 其他 | 1.9 | 1.7 | 1.8 | 1.8 | 2.2 | 3.1 | 4.4 | 5.5 | 6.4 | 6.7 | 7.1 | 6.7 | 6.16 | 6.48 | 6.25 |

说明:2018年为第一季度末数据。

资料来源:IMF, Currency Composition of Official Foreign Exchange Reserves (COFER), 2018

## 二、美国金融体系异化及影响

20世纪90年代,随着美国政府进一步放松金融管制,美国的金融结构发生巨大变化,美国资本主义呈现明显的金融资本主义特征。在金融行业重塑调整的过程中,美国金融业扭转了20世纪80年代以来的竞争劣势,重新加固其在全球金融市场的巨大优势,并对全球经济金融结构产生巨大影响。

### (一)美国金融结构的异化

20世纪80年代中期,美国金融业的全球竞争力下滑,美国商业银行受到来自日本和欧洲的激烈冲击。为扭转竞争劣势,美国金融业加强行业并购、推动业务转型、提高金融创新,美国政府也大幅放松对金融业的监管,美国金融业完成了从实业资助者向风险投资家的转变。

1. 银行并购风潮涌动，金融垄断性加强

1980 年至 2005 年，美国共 11500 家银行被兼并，平均每年 440 个兼并案。21 世纪初，美国金融业步入金融集团时代。通过不断兼并而形成的大型金融集团主要集中在银行业和保险业，从事着大范围的金融交易，包括资产负债表表外承诺业务，支配着美国经济。2007 年次贷危机后，银行集中趋势进一步加强。一方面，银行倒闭数量创纪录；另一方面，联邦救助的主要受益者，那些最大的银行在规模增长中寻求安全，以期维持其"太大不能倒闭"的地位。

1991 年，全美 15 家最大商业银行（花旗银行、美洲银行、大通银行、大通摩根银行、安全太平洋银行、化工银行集团、北卡罗来纳银行、汉华实业银行、信孚银行、富国银行、优先保险公司、芝加哥第一银行、复利/北泰银行、PNC 金融服务集团和第一联盟，总资产达 1.153 万亿美元）中，只有五家（花旗银行、美洲银行、摩根大通、富国银行和 PNC 金融服务集团，总资产达 8913 亿美元）到 2008 年底仍以独立实体而存在。1988 年提供公司债、按揭证券、股票和市政债务的 9 家投资银行（高盛投资银行、美林证券公司、所罗门兄弟公司、第一波士顿、摩根史坦利投资公司、希尔森·里曼兄弟公司、德崇证券、培基国际公司和贝尔斯登投资银行）中，2008 年底只有高盛投资银行和摩根史坦利投资公司两家仍然保持独立，并逐渐转变为银行控股公司。

银行大规模兼并导致金融集中度大大增加。1990 年，10 家最大的美国金融集团持有美国不到 10% 的金融资产，到 2008 年则已超过 60%。20 世纪 80 年代，5 家最大的银行拥有银行业总资产的 29%，相当于美国 GDP 的 14%；现在则拥有总资产的大约一半，相当于 GDP 的 86%。摩根大通、美国银行、高盛、花旗和富国这五大银行目前占据金融衍生品名义总额的 96%。2009

年，四家最大的银行提供了所有住房抵押贷款的58%，并控制了信用卡交易额的57%。随着美国银行兼并潮的持续，美国银行业终于在20世纪90年代后半期扭转了80年代以来的颓势，再度成为国际银行业的领头雁。

表7.3  国际银行业前十大银行排名

|  | 1985年 | 1990年 | 1995年 | 2000年 | 2005年 | 2010年 | 2015年 | 2018年 |
|---|---|---|---|---|---|---|---|---|
| 1 | 花旗银行（美） | 住友银行（日） | 三和银行（日） | 花旗集团（美） | 花旗银行（美） | 美国银行（美） | 中国工商银行（中） | 中国工商银行（中） |
| 2 | 第一劝业银行（日） | 第一劝业银行（日） | 第一劝业银行（日） | 美洲银行（美） | JP摩根大通（美） | 摩根大通集团（美） | 中国建设银行（中） | 中国建设银行（中） |
| 3 | 富士银行（日） | 富士银行（日） | 富士银行（日） | 汇丰控股（英） | 汇丰控股（英） | 花旗银行（美） | 摩根大通银行（美） | 中国银行（中） |
| 4 | 美洲银行（美） | 农业信贷银行（法） | 住友银行（日） | 东京三菱（日） | 美国银行（美） | 苏格兰皇家银行（英） | 中国银行（中） | 中国农业银行（中） |
| 5 | 三菱银行（日） | 三和银行（日） | 樱花银行（日） | 大通曼哈顿（美） | 法国农业信贷（法） | 汇丰控股（英） | 美国银行（美） | 摩根大通银行（美） |
| 6 | 住友银行（日） | 三菱银行（日） | 三菱银行（日） | 第一劝业银行（日） | 苏格兰皇家银行（英） | 富国银行（美） | 中国农业银行（中） | 美国银行（美） |
| 7 | 巴黎国民银行（法） | 巴克莱银行（英） | 汇丰控股（英） | 农业信贷银行（法） | 东京三菱（日） | 中国工商银行（中） | 花旗银行（美） | 富国银行（美） |
| 8 | 三和银行（日） | 国民西敏寺（英） | 农业信贷银行（法） | 樱花银行（日） | 瑞穗金融集团（日） | 法国巴黎银行（法） | 富国银行（美） | 花旗银行（美） |
| 9 | 农业信贷银行（法） | 德意志银行（德） | 花旗银行（美） | 富士银行（日） | 苏格兰—海法银行（英） | 西班牙国际银行（西） | 汇丰控股（英） | 日本三菱UFJ金融集团（日） |
| 10 | 里昂信贷银行（法） | 日本兴业银行（日） | 瑞士联合银行（瑞士） | 中国工商银行（中） | 巴黎国民银行（法） | 巴克莱银行（英） | 日本三菱UFJ金融集团（日） | 汇丰控股（英） |

资料来源：Top 1000 World Banks, The Banker, 1985–2018.

## 2. 另类金融机构崛起,改变美国金融生态

在美国金融机构的构成中,银行、保险和养老金之外的其他金融机构在金融业资产占比较高,1998—2002 年就高达45%,2008—2010 年升至47%。这与其他发达国家形成鲜明对比,例如日本在这两个时期均为19%,德国分别为12%和16%。

表7.4 四国金融产业规模、结构和经济表现

|  | 中国 | | | 德国 | | | 日本 | | | 美国 | | |
|---|---|---|---|---|---|---|---|---|---|---|---|---|
|  | 2008—2010 | 1998—2002 | 2003—2007 | 2008—2010 | 1998—2002 | 2003—2007 | 2008—2010 | 1998—2002 | 2003—2007 | 2008—2010 | 1998—2002 | 2003—2007 |
| 金融业规模 | | | | | | | | | | | | |
| 金融业总资产占GDP比重 | n.a. | 219 | 252 | 334 | 365 | 377 | 479 | 497 | 508 | 358 | 414 | 430 |
| 金融业资产比例 | | | | | | | | | | | | |
| 银行(存款机构) | n.a. | 90 | 87 | 73 | 69 | 66 | 63 | 60 | 61 | 24 | 24 | 27 |
| 保险公司与养老金 | n.a. | 5 | 6 | 15 | 17 | 18 | 18 | 20 | 20 | 32 | 29 | 25 |
| 其他金融机构 | n.a. | 5 | 7 | 12 | 14 | 16 | 19 | 20 | 19 | 45 | 47 | 47 |
| 金融结构变量 | | | | | | | | | | | | |
| 银行非利息收入 | 14 | 20 | 14 | 46 | 51 | 45 | 22 | 29 | 25 | 42 | 42 | 39 |
| 银行间资产占总资产比重 | n.a. | n.a. | n.a. | 28 | 25 | 24 | 15 | 15 | 16 | 11 | 12 | 12 |
| 银行资产集中度 | 71 | 64 | 55 | 67 | 71 | 75 | 34 | 38 | 45 | 22 | 29 | 35 |

第七章　全球化背景下国际金融体系的运行

续表

|  | 中国 ||| 德国 ||| 日本 ||| 美国 |||
| --- | --- | --- | --- | --- | --- | --- | --- | --- | --- | --- | --- | --- |
|  | 2008—2010 | 1998—2002 | 2003—2007 | 2008—2010 | 1998—2002 | 2003—2007 | 2008—2010 | 1998—2002 | 2003—2007 | 2008—2010 | 1998—2002 | 2003—2007 |
| 净边际利率 | 2.2 | 2.3 | 2.7 | 1.2 | 1.0 | 1.0 | 1.3 | 1.3 | 1.2 | 3.9 | 3.4 | 3.4 |
| 经济表现 |  |  |  |  |  |  |  |  |  |  |  |  |
| 人均GDP增速（x） | 7.4 | 11.0 | 9.2 | 1.6 | 1.7 | -0.1 | -0.1 | 1.8 | -0.8 | 2.1 | 1.8 | -1.1 |
| 人均GDP波幅（y） | 0.7 | 1.8 | 0.6 | 1.2 | 1.9 | 4.3 | 1.5 | 0.4 | 4.9 | 1.6 | 0.6 | 3.3 |
| 增速与波幅之比（x/y） | 11.2 | 6.1 | 14.7 | 1.3 | 0.9 | 0.0 | -0.1 | 4.2 | -0.2 | 1.3 | 2.9 | -0.3 |

资料来源：IMF：Global Financial Stability Report，October，2012.

所谓其他金融机构指从事与传统银行业务相对的另类投资领域的金融机构，包括对冲基金、私募股权基金、创业投资基金，以及混合型资产管理公司等。以对冲基金的发展为例。美国对冲基金产生于20世纪20年代，但一直发展较慢，20世纪80年代末进入快速扩张期。2001年以来，全球流动性过剩推动了对冲基金业的繁荣。1990年，全球对冲基金的资产管理规模不足500亿美元，2006年底增至2.154万亿美元，比前三年累计总量翻了一番。2008年国际金融危机爆发，曾令对冲基金遭受短暂挫折，但很快重拾迅猛扩张势头。截至2015年一季度，全球对冲基金规模扩张至3.08万亿美元。美国一直是全球对冲基金的大本营。2002年，美国对冲基金的资产管理规模在全球占比为81.57%，2013年仍高达67.5%。对冲基金的类型主要包括可转换套利基金、并购套利基金、股票对冲基金和宏观对冲基金。对冲基金可以采取卖空、套利、对冲、杠杆借贷等金融市场上所有投资策略和这些策略的组合，并可以投资于股票、债券、可转债、外汇、事务商品期货、指数期货、互换、权证等衍生产品。①

从管理风险的角度看，金融资产的全球流动和全球配置要求与之相匹配的跨市场、跨品种的风险对冲机制，这为对冲基金的迅速发展提供了广阔空间；但从全球金融市场的整体运行来看，对冲基金的交易将加剧资产价格的膨胀，恶化经济金融的失衡。例如，2004—2007年，对冲基金大规模参与日元套利交易，加剧了全球资产价格的膨胀。进入2008年，全球金融市场波动风险上升使得一些对冲基金处于风险考虑平仓日元套利交易，导致日元汇率出现快速升值，加剧了全球经济金融的失衡。②英国《金融时报》首席评论员马丁·沃尔夫曾评论道：作为一个国家，美国是全球最大的对冲基金、最大的风险投资公司和最大的私募基金，而且它不需要任何资本金，它具有近乎无限的融资或创造信用的能力。③

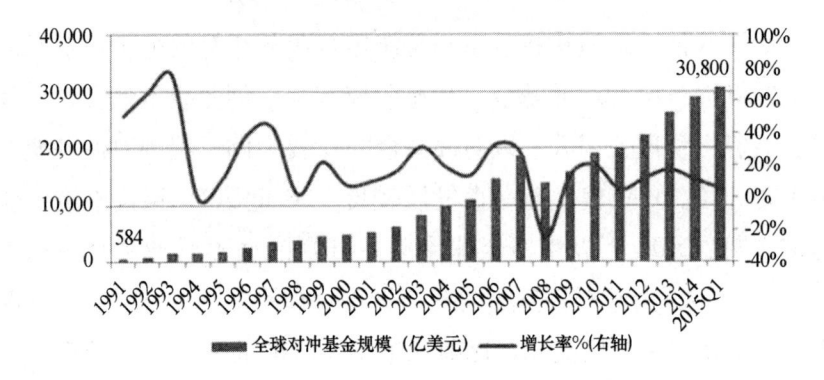

**图7.4 全球对冲基金的规模扩张：1991—2015年**

资料来源：Barclayhedge, Citi Bank.

---

① 于越：《我国对冲基金的运作路径选择及其发展建议》，载于《理论探讨》，2012年1月。

② 蔡庆丰、李鹏：《全球对冲基金业的新发展及其影响》，载于《基金研究》，2008年5月号。

③ 向松祚：《全球金融市场和国家兴盛之谜》，载于《金融市场研究》，2012年6月。

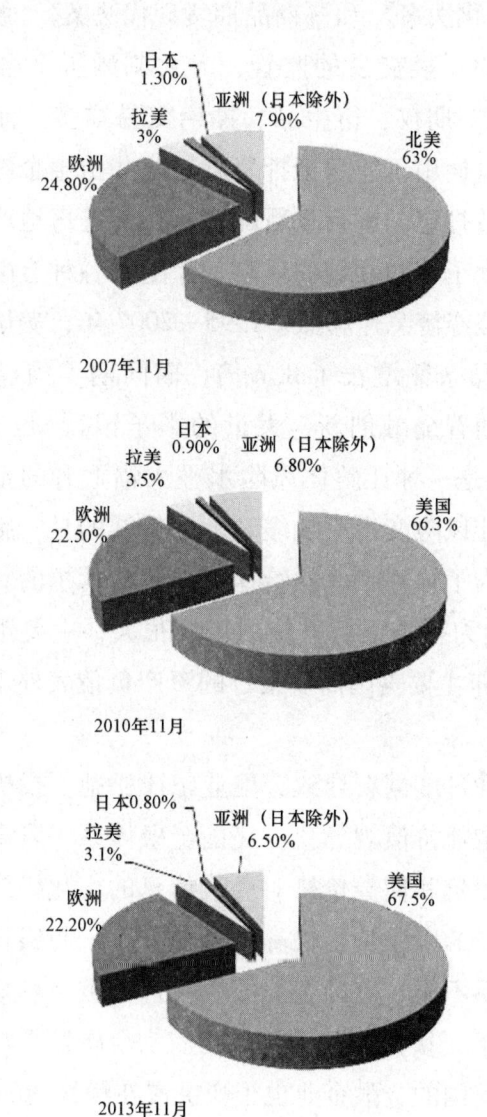

图 7.5 全球对冲基金的地区分布：2007—2013 年

数据来源：Eurekahedge

### 3. 金融创新推动金融衍生品爆炸式增长，影子银行体系膨胀

1999 年和 2000 年，在美国政府推动下，美国国会通过了

《金融服务现代化法案》和《商品期货现代化法案》，解除了对期货市场、信用违约互换交易的监管，大大刺激了金融产品的"创新"，各种期货、期权、衍生品、掉期交易增多。证券化的衍生金融工具被大量运用于住房抵押贷款，这些衍生金融工具将投资组合的风险分散打包，进行重新配置，在促进房地产市场快速发展的同时也加大了金融领域的风险。伴随着各种金融创新工具的出现，美国虚拟经济急速膨胀。1995—2007 年，美国金融机构创造的金融衍生品余额增长了 8.7 倍，而同期美国经济只增长了 86%。此外，随着金融创新，大量的影子银行[①]也在美国涌现。"影子银行体系是一种让整体风险水平大幅上升的金融创新，这种创新不可能让风险变得更加缓和。更糟糕的是，影子银行的债权人，并没有为了弥补因放款给这些实体而承担的新增风险提高缓冲资本。"[②]因为影子银行系统的规模很大，主要银行又与之相互联系：2007 年主要美国商业银行的资产负债表外承诺业务达到数万亿美元。

监管放松和过度创新导致金融业纪律松弛，投机与短期利益取向更使得金融业价值观异化。美国金融体系一直由直接融资占主导地位，而股价和债券价格对经济信息的变化极为敏感，因此美国形成了独特的以股价定输赢的企业文化。与银行占主导地位的欧洲金融体系不同，美国企业的决策过于被市场短期利益所驱使，形成了追逐"快钱"的商业氛围。当金融监管放松与金融技术飞跃相遇，美国的金融企业也很快沉浸在赚快钱的游戏中。

随着金融结构出现以上剧烈变化，美国金融体系在 90 年代初

---

[①] 根据金融稳定理事会 2011 年给出的定义，影子银行广义上指"传统银行系统之外可能引发系统性风险和监管套利等问题的信用中介体系"；狭义上指"传统银行系统之外实体和业务的信用中介"。

[②] [美] 艾伦·格林斯潘著，余江译：《动荡的世界：风险、人性与未来的前景》，北京：中信出版社，2014 年版，第 113 页。

之后急剧膨胀,并在金融市场规模(包括股市、债市、银行资产、衍生品)、交易平台、技术和人力方面积聚了新的优势,重新巩固了美国全球金融市场上的主导地位。[①]

## (二) 美国经济金融化

美国金融产业的强大是实体经济相对衰落的结果,并且加剧了实体经济的衰落。经济金融化使得美国经济增长动能异化,越来越多的财富来自金融而非生产领域。金融业的迅速膨胀使美国经济活动的核心由物质生产过渡到金融产品、金融资产等财富的管理、流动和增值中。

首先,金融业重要性显著上升。金融业产值占 GDP 的比重持续上升。美国实体经济占全部 GDP 比例从 1950 年的 61.78% 降到 2007 年的 33.99%,制造业则从 27% 降至 11.7%。美国战后的三大支柱产业——汽车、钢铁和建筑业早不复往日辉煌,取而代之的是金融服务业和房地产服务业。同一时间,金融业占比从 11.37% 升至 20.67%。20 世纪 80 年代中期开始,美国金融业增加值比重超过传统的制造业,随后在 GDP 中的比重持续上升。尽管受 2008 年国际金融危机的冲击,金融业占 GDP 比重仍然稳定在 20% 以上。其中,美国民间金融及保险业所得约占国内生产总值的比重,从 1947 年的 2.4% 上升至 2012 年的 7.9%。危机后,金融及保险业占 GDP 比重,虽然一度从 2006 年的 8.2% 降到 2008 年的 7.3%(1999 年以来最低),但 2010 年和 2012 年又分别回升至 8% 和 7.9%。

---

[①] 截至 2012 年末,美国金融业从业人数达到 783 万,超过 1970 年水平的两倍以上。制造业从业人数由 1970 年的 1730 万下降到 2012 年的 1195 万。尽管此次金融危机对美国金融行业造成了较大影响,仅 2007 年,美国金融业裁员人数就达到 15 万,但金融行业依然是吸纳就业人数最多的行业之一。

金融公司利润在美国全部国内公司利润中所占份额也从 1960 年的 17% 上升到 2002 年的最高峰值 43%，虽然 2008 年因金融危机爆发骤降至 10%，但因联邦政府大力救助以及经济衰退中产业利润减少，2009 年金融利润所占迅速反弹至 32.34%，此后一直保持在 24% 至 29% 之间。

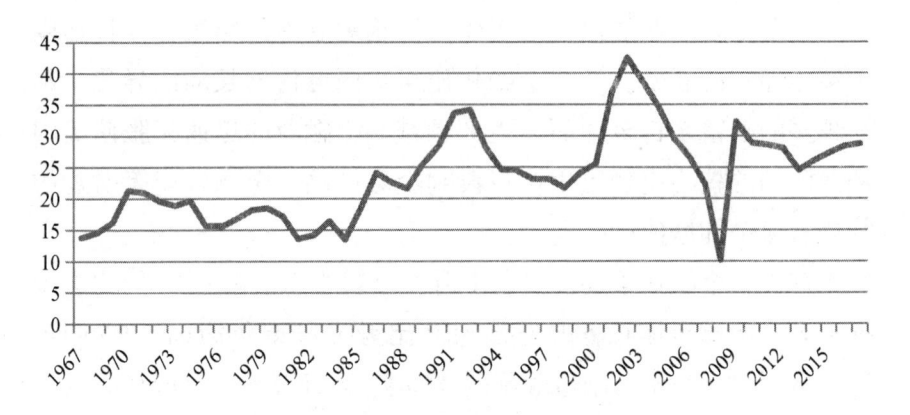

图 7.6 美国总金融利润占国内总利润比例（1965—2017）

说明：2017 年数据截至到三季度

资料来源：美国《总统经济报告 2018 年》。

其次，虚拟资产膨胀、实体经济投资萎缩。20 世纪 90 年代开始，美国出现虚拟经济与实体经济脱离的趋势：一方面是基础金融工具和衍生金融工具迅猛发展，金融业异常繁荣，虚拟经济膨胀；另一方面却是实体经济逐渐萎缩，投资率下降，经济停滞不前。正如 1994 年斯威齐所说："经济往往有自己的生命周期，金融过去被视为是生产的温和小帮手，而如今美国经济已越来越依赖于金融化作为增长的关键手段。"[①]

1991—1994 年，美国股市与 GDP 的比值处于 80% 至 110% 之

---

① ［美］约翰·贝拉米·福斯特：《资本的金融化与危机》，载于《马克思主义与现实》，2008 年第 4 期。

间；2007年膨胀至GDP的200%左右，2012年回调至100%左右；1991—2000年，债市与GDP比值为100%—130%，2001—2005年达到140%—160%，2012年进一步扩大至200%以上。2012年，美国的债券、股票和银行资产合计达到66.87万亿美元，是GDP的4.1倍。与股票、债券等初级金融工具相比，衍生金融产品的发展更凸显了虚拟经济与实体经济的脱离态势。美国金融衍生品价值与GDP的比重在1970—1988年大约为90%—100%，而到了1991年就已超过GDP，2000年金融衍生产品的价值已是美国GDP的8倍。

与虚拟经济繁荣形成强烈反差的是实体经济投资萎缩。20世纪90年代到21世纪初，美国实体经济的投资占GDP的份额一直在18%左右，最高达到2000年的20.20%，从2000年开始下滑。如果将房地产投资剔除，考察非住宅投资净值占GDP的百分比，美国的实体投资更加惨淡。2000—2005年非住宅固定投资净值占GDP比例直线下降，由仅有的3.7%下降到1.7%左右。

横向比较来看，2008年国际金融危机爆发前，美国投资率明显低于其他发达经济体。例如，七国集团和经合组织其他国家的投资率分别高达12%和18%，而美国仅为2%左右。在出口增长方面，美国竞争力也明显下滑。2000—2005年，发达国家前20大出口国和包括发达和新兴国家在内的前20大出口国的出口额分别增长60%和70%，而美国仅增长约20%。图7.7、图7.8表明，自20世纪90年代以来，非金融公司持有的流动性资产一直呈上升态势，而自21世纪初以来，美国的非住宅固定投资直线下降。近40年来，非金融企业的金融化趋势明显，非金融企业中金融业资产的数量迅速上升，由1970年4000多亿美元上升到2012

年近20万亿美元。①非金融业企业利润中来自于金融渠道的比重也大幅增加。导致实体投资不断萎缩的原因是美国工业利润率的持续下降。根据罗伯特·布伦纳的统计数据，2000—2006年的工业利润率水平比20世纪50年代和60年代还要低1/3，比20世纪70年代早期也低18%左右。②

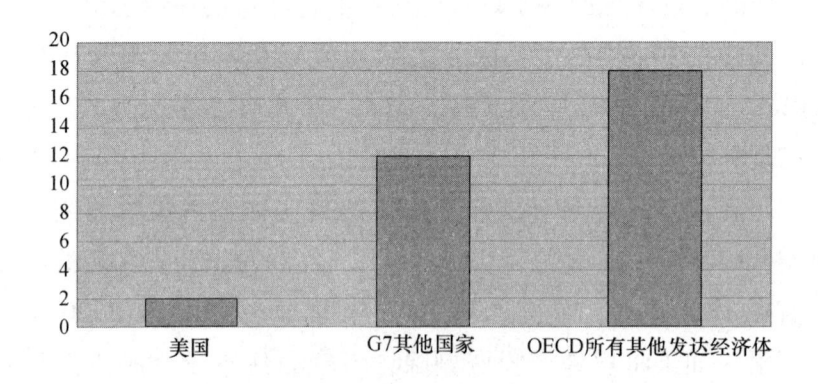

**图7.7　主要经济体投资增速比较（2000—2005年）**

资料来源：美国《总统经济报告》2011年。

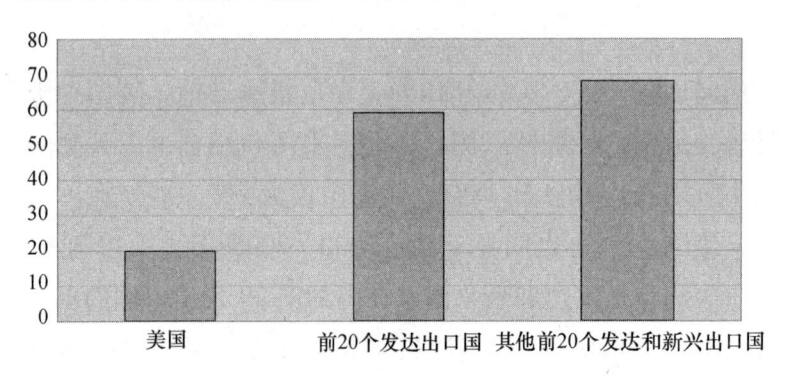

**图7.8　主要经济体出口增速比较（2000—2005年）**

资料来源：美国《总统经济报告》2011年。

---

① 银锋：《经济金融化趋向及其对我国金融发展的启示》，载于《求索》，2012年第10期。

② 嵇飞译：《次贷危机与当代资本主义危机的新特征——考斯拉斯·拉帕维查斯访谈》，载于《国外理论动态》，2008年第7期。

第三，私人储蓄率下降、公私债务膨胀。美国经济金融化的另外一个表现是信用消费文化的兴起。在美国经济结构中，消费占 GDP 的比重达 70% 左右，大大高于一般发达国家的 50%—60%。20 世纪 80 年代初以来，美国家庭储蓄率不断降低，从占 GDP 的约 10% 下降到 2005—2008 年的近乎于零，相当于年均 0.9%，2005 年仅为 0.4%。作为对比，2005—2008 年，欧元区家庭储蓄率平均为 8.7%。[①]家庭和政府的高消费均靠负债维持，其中家庭债务占可支配收入比重 2001 年为 101%，2010 年已经高达 138%。21 世纪初美国两次海外用兵和 2008 年危机爆发后大规模的扩张性财政政策，导致美国财政赤字和政府债务余额激增，2008—2011 年财政赤字占 GDP 比重分别达 3.2%、13%、9.9% 和 6.5%。联邦政府债务占 GDP 比重 2000 年为 60%，2014 年升至 104.8%。

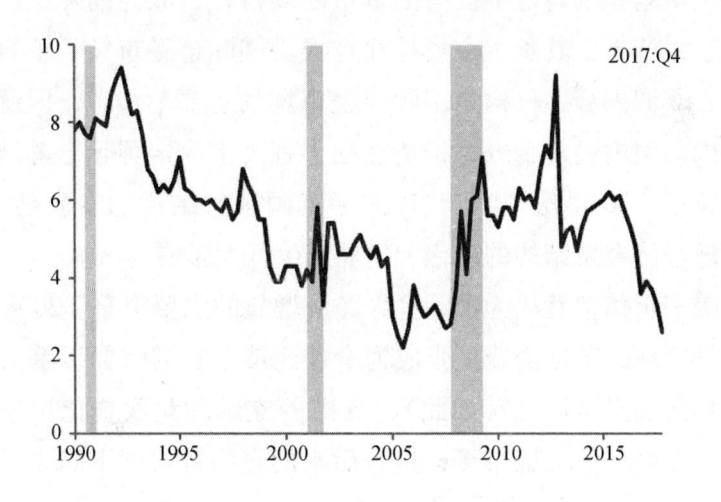

**图 7.9　美国个人储蓄率：1990—2017 年**

资料来源：美国《总统经济报告 2018 年》。

---

① 有意思的是，2009 年 7 月，美国经济分析局修改了会计体系的分类和其他细节。会计方法修改后，2005—2008 年，家庭部门储蓄率的平均水平从 0.9% 升至 2%，同时 2005 年的储蓄率从 0.4% 升至 1.4%。

对美国经济而言，经济金融化产生了两个重要后果：一是美国国内贫富差距不断拉大。2008年金融危机前，美国总体经济增长与普通人的境遇之间存在严重脱节，表现在数据上是工资与中值收入均处于停滞不前状态。次贷危机前，美国贫富差距程度几乎与20世纪20年代同样严重。2005年美国收入最高的1%群体获得了总收入的17.4%，收入最高的10%群体获得了总收入的44.3%。20世纪20年代这两个比例分别是17.3%和43.6%。[1]贫富差距的不断扩大极度挤压了美国的中产阶级，同时消费主义盛行不断压低国内储蓄率。[2]二是美国政府在金融集团游说下不断放松金融监管，导致金融创新蕴藏的巨大风险不断积聚。

## （三）全球经济金融结构的变化

金融霸权国通过掌握国际货币的发行权，成为国际流动资本的主要供给者，其资本市场往往也成为国际金融市场的重要组成部分，其国内金融机构是国际金融市场的主要参与者，因此金融霸权国的国内经济金融结构能在很大程度上决定国际金融结构的主要特征。20世纪90年代以来，美国金融结构的本质性变化，对全球经济金融结构的演化和发展产生巨大影响。

美国负债消费成为推动世界经济增长的主要引擎。2008年危机爆发之前，美国消费扩张成为全球经济增长的重要引擎（对于出口导向型经济体尤其如此），支撑的支轴却是次贷化房地产市场和过度创新的金融市场，这为后来的金融危机埋下隐患。利用

---

[1] 陈东琪等著：《世界经济危机问题研究》，北京：中国计划出版社，2010年版，第26页。

[2] 根据人口普查数据，2011年，美国共有1.08亿低收入人士领取福利，多于国内1.01亿全职人士。若加上无须纳入审查的福利计划，如社会保障及退伍军人福利等，领取福利的总人数达到1.5亿，占美国总人口近半。

第七章 全球化背景下国际金融体系的运行

美元国际货币的特权，美国能够在较长时间维持经常项目逆差，无偿使用其他国家的产品。这一特权被美国反复使用。1996年后美国经常项目逆差持续扩大，2005年达7915亿美元，占GDP的6.25%，远高于1987年3.4%的最高点，成为美国近135年的最高点。同年，美国经常项目逆差占世界GDP的1.5%，这意味着美国需吸纳70%的全球流动资本为其经常项目逆差融资（见图7.10）。

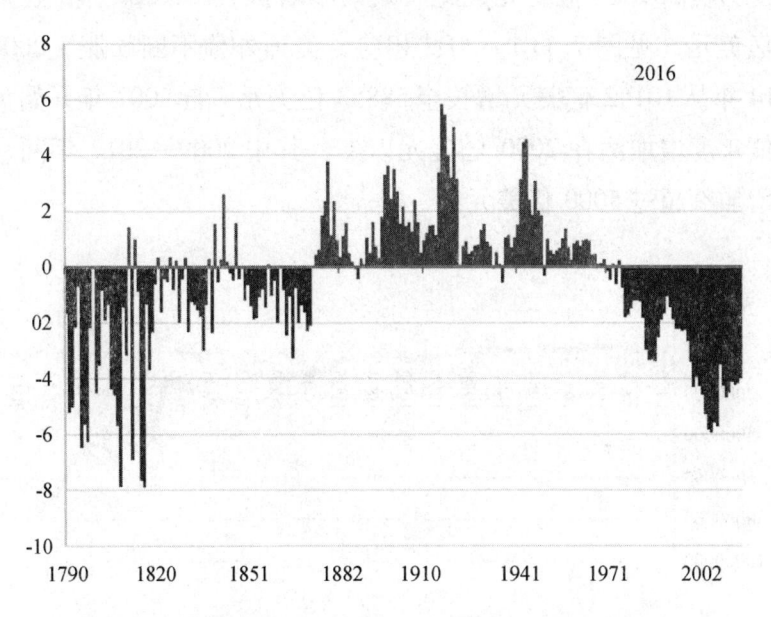

图7.10 美国贸易进出口差额占GDP之比（1790—2016年）

资料来源：美国《总统经济报告2018年》。

导致美国这一时期逆差不断扩大的原因有四：一是90年代末期"新经济"导致的投资热潮吸引了大量资本流入，其对立面是贸易赤字的不断扩大。二是2000年美国股票市场泡沫崩溃和投资减速之后，私人储蓄的下降和政府逆储蓄导致资本大量流入。三是国际石油价格的上升使美国情况雪上加霜。四是1997—1998年金融危机后东亚和拉美新兴市场国内投资下降和外贸顺差的扩大。

美国沦为最大债务国，全球资本逆向流动。20世纪70年代初期以来，美国经历了三轮外部经济失衡：第一次发生在70年代初，导致了布雷顿森林体系崩溃；第二次发生在80年代中期，导致1985年《广场协议》的签署。1997年至今，美国处于第三轮外部不平衡中。三次失衡的结果是美国损失了相当于其GDP 33%的财富，由债权国转为债务国。1989年，美国国际投资净头寸由正变为负337.13亿美元，此后缺口不断扩大，2015年增至7.36万亿美元（见图7.11）。与此相应，美国外债不断膨胀，2000—2014年从10152亿美元增长至58853亿美元。自2007年开始美国外债年度增加额在2000亿美元以上，其中2009—2012年间，年度增加额超过5000亿美元。

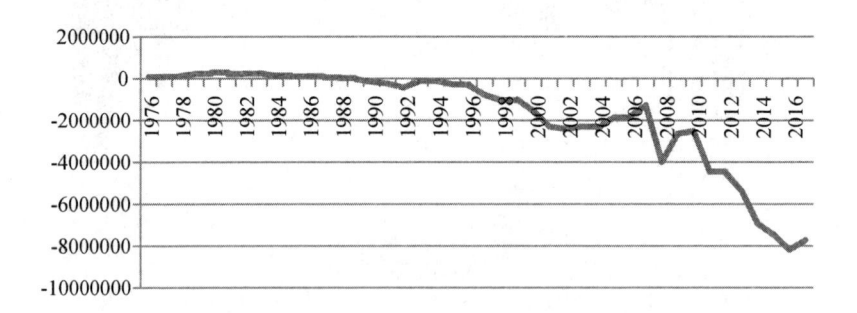

图7.11 美国国际投资净头寸变化（1976—2017年）（单位：百万美元）
数据来源：美国商务部经济分析局2018年6月27日发布。

美国金融中心性质改变。在布雷顿森林体系时期，作为全球金融体系中心的美国将国内剩余资金源源不断输往全球各地，成为创造和支撑全球经济复兴和繁荣的发动机。而在1997年后，全球融资格局出现从新兴市场和发展中国家向发达国家的逆流。根据前任美联储理事、哥伦比亚大学教授米什金的研究，21世纪以来，尽管每年有5000亿美元流入发展中国家，每年流入世界最大

## 第七章　全球化背景下国际金融体系的运行

债务国（美国）的资金竟然远超1万亿美元。美国从资本净流出地转变为资本净流入地，新兴市场和其他发展中国家则变成国际资本净输出地，全球资本流动不是致力于发展，而是为美国等发达国家的金融交易和超前消费融资。资本进口通常和经常项目逆差相应。"如果一个国家是商品和服务的净进口国，它必须出手等值的资产。从美国流出的这些资产被称为美国的资本进口，或世界其他地区的资本出口。由于这些流出的资产中2/3为纯粹的金融债权，而非直接投资或股份，美国实际上是靠借钱度日。"①

在20世纪80年代—90年代，新兴市场和发展中国家作为一个整体还是资金进口国，但20世纪90年代初，其资本进口额不断下降，2000年之后成为资本出口国，与美国的相反趋势相对应。2008年，当国际金融危机爆发时，新兴和发展中国家的净资本出口额占其GDP的3.9%，或7250亿美元，与美国8080亿美元的净进口规模大致相应。在2005—2008年间，新兴与发展中国家的年均净资本出口额为6240亿美元，而美国的年均净资本进口额为7460亿美元（见图7.12）。②

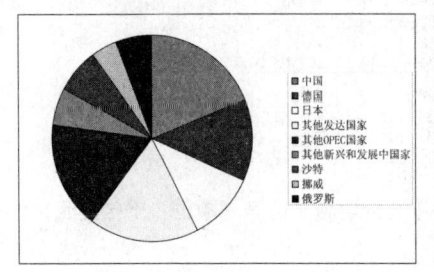

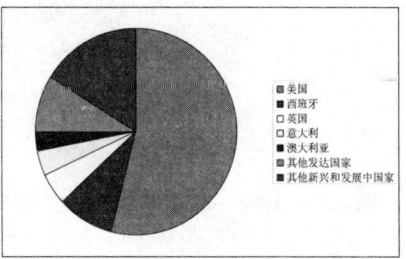

图7.12　净资本输出国（2005—2008年）净资本进口国（2005—2008年）
数据来源：IMF数据库。

---

① Hans-Werner Sinn, Casino Capitalism, Oxford University Press, p. 23.
② Ibid..

全球金融结构出现泡沫化、虚拟化、投机化倾向。20世纪90年代以来，美国的竞争优势日益建立在金融业上，推动国际金融市场一体化符合美国国内金融集团的利益。一方面，美国等发达国家大力推动全球范围内的金融自由化和资本项目开放；另一方面，推动国际金融市场的扩大和深度整合。21世纪初以来，在金融创新的推动下，全球债务市场合约和衍生金融工具，与货币市场、股票市场、外汇市场、商品期货市场等其他金融市场合约和衍生产品交织在一起，形成了一个日趋庞大、光怪陆离的金融世界，虚拟经济与实体经济脱节日甚。受美国金融体系的变化和美国在国际金融体系中的结构性权力影响，全球金融结构也出现明显泡沫化、虚拟化、投机化倾向，货币、债务、资本市场、银行危机频繁爆发，全球金融体系的不稳定性大大增强。

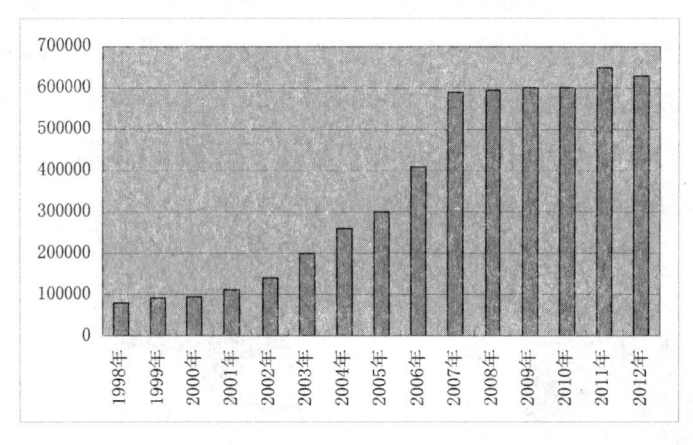

图7.13　1998—2012年场外衍生品未平仓合约名义价值（单位：十亿美元）
数据来源：国际清算银行。

## 三、危机频发的动荡时代

作为一种理想状态，金融稳定体现了稳定和效率的较好结合，系统性风险能够得到有效控制或吸收，并能较好促进实体经济的增长。如果以这些标准衡量20世纪80年代末以来的全球金融体系，其稳定性无疑已大大降低。首先，全球范围内金融危机频发，债务危机、货币危机、银行危机、资本市场危机等在世界各地轮番上演，小型经济体与大型经济体概莫能免。保罗·克鲁格曼甚至认为，"20世纪90年代称得上是货币危机的'大丰收'时期。"①其次，金融危机从边缘向核心经济体蔓延。20世纪90年代，金融危机主要在新兴市场及美欧核心之外爆发，并因危机多是货币危机、债务危机和银行业危机的混合体，因此破坏力较大。21世纪初以来，在美国金融创新和放松监管双重推动下，全球金融市场的发展进一步与实体经济脱离，最终在全球经济体系的核心——美国和欧洲爆发国际金融危机，其对全球经济产生巨大的负面外溢影响。

下面将对20世纪90年代初以来主要的国际金融危机进行分阶段分析，寻求金融危机频繁爆发的深层原因。

## （一）第一阶段：新兴经济体金融危机频繁爆发

这段时间的大型金融危机大部分爆发于国际金融体系的外围地区，但与核心区的货币政策、金融投机活动等存在密切联系。

1. 主要危机简述

（1）1994—1995年墨西哥金融危机。1994年12月，墨西哥金融危机是金融全球化时代新兴市场爆发的第一场金融危机。1994年12月20日，墨西哥政府宣布放弃汇率稳定政策，让新比索贬值15.3%。两天后，由于外汇储备消耗过快，被迫宣布让新比索自由浮动，此举引发市场信心危机。1995年初，新比索贬值

---

① ［美］保罗·克鲁格曼著，陈宇峰译：《致命的谎言：揭开经济世界的真相》，北京：北京大学出版社，2009年版，第143页。

30%，比索贬值加剧输入性通货膨胀，随后股市也大幅下跌。根据最保守的估计，危机使墨西哥损失了450亿美元，相当于其国内生产总值的16%。[1]

（2）1997—1998年东亚金融危机。1997年7月，金融风暴席卷东南亚国家，泰国、菲律宾、马来西亚和印度尼西亚的货币大幅贬值，股市暴跌，经常项目逆差剧增，经济增长明显放慢。危机迅速波及韩国和日本，蔓延至东欧和拉美，并对国际金融体系的稳定和全球经济的健康发展造成严重影响。

（3）1998—1999年俄罗斯金融危机。俄罗斯于1996年起对外资开放，国外投资者看好俄罗斯金融市场，纷纷投资股市和债市。受东南亚金融危机的波及，俄罗斯金融市场在1997年秋季大幅下挫之后，一直处于不稳定状态，到1998年5月，终于爆发了一场前所未有的大震荡，股市陷入危机，卢布遭受严重的贬值压力，资金外逃至少140亿美元。俄罗斯金融危机是俄罗斯政治、经济、社会危机的综合反映，被称为"俄罗斯综合征"。

（4）1999—2000年巴西金融危机。1999年1月7日，巴西米纳斯吉拉斯州宣布该州财源枯竭，90天内无力偿还欠联邦政府的154亿美元的债务，引发国内股市和债市重挫，雷亚尔持续走低。1月13日，巴西宣布扩大雷亚尔对美元的浮动区间。1月18日，宣布实施完全自由浮动汇率。

（5）2001—2002年阿根廷金融危机。2001年初，由于经济衰退长期化，税收下降，政府财政赤字居高不下，金融形势不断恶化，阿根廷数度出现金融动荡。由于大量资本外逃，阿根廷外汇储备从年初的300亿美元下降到2001年8月的不足200亿美元。2001年底，阿根廷政府宣布无力偿还1300多亿美元的外债，

---

[1] Riordan Roett edited, The Mexican Peso Crisis: International Perspectives, L. Rienner, 1996, p. 27.

债务危机迅速演变为经济、政治和社会全面危机。2002年初，阿根廷政府宣布放弃比索与美元1∶1挂钩的货币局汇率制，比索旋即贬值40%。2002年中期，阿根廷危机再度升级，呈现出向巴西、乌拉圭扩散的趋势。

2. 主要原因分析

此阶段新兴市场频发金融危机是内外因素交织共振的结果。内因上，大部分陷入危机的新兴市场均存在财政赤字、贸易赤字、通货膨胀等宏观经济形势恶化问题。外因上，全球金融体系的内在缺陷和全球金融结构的变化趋势在推波助澜。本章略去内因，主要聚焦于对外部因素的分析。

(1) "新自由主义"指导下的快速制度转型加剧金融脆弱性。美国向金融资本主义转型，为获取更多超额利润，美国对新兴经济体和发展中国家开出"新自由主义"的经济药方，主张扩大经济的外向型和减少政府对经济的干预，推动新兴经济体快速开放资本项目、实行金融自由化改革。[①]但是，资本项目开放和金融自由化改革需要有较高的国际竞争力和金融监管水平相匹配，否则将导致金融市场秩序混乱，国家对经济金融体系控制力减弱，反而不利于金融稳定和经济增长。

墨西哥在爆发危机前，在以美国为首的债权国压力下，进行新自由主义改革，包括放松国家管制、减少对本国市场保护、单方面大幅降低关税、开放资本项目等措施。结果美国众多企业和产品涌入后，导致墨西哥金融市场混乱、对外竞争力下降。东亚金融危机前，危机五国（泰国、菲律宾、马来西亚、印度尼西亚和韩国）超越本国发展阶段，实行激进的金融自由化改革，结果

---

① 新自由主义认为，新兴经济体发展落后的原因主要有两点：一是在高度的保护之下，由于缺乏外来竞争，企业的经济效益得不到提高；二是国家在经济生活中的过度干预制约了市场机制的作用，并打击了私人部门的积极性。

国内资产泡沫迅速积累，银行过度承担风险，加上监管水平滞后，导致金融稳定性大大降低。俄罗斯于 1996 年起开始对外资开放，短短数年外资便控制了俄罗斯股票市场，俄罗斯外债总额飙升。巴西 1994 年以新自由主义的"华盛顿共识"为导向，实施"雷亚尔计划"，大力推动私有化进程，放松对国内金融业管制。阿根廷作为全面实行金融自由化的国家，在金融监管能力跟上自由化步伐之前就允许资本自由流动。在银行私有化过程中，外资控制了商业银行总资产的近 70%。

上述危机中，过快的金融自由化和滞后的金融监管使政府丧失了对金融必要的国家控制力，从而无法对转型期的金融改革和宏观经济稳定保持必要的掌控能力。激烈的全球化、自由化和私有化的结果，削弱了多数国家中央政府对本国经济和金融的管理能力。[①] 墨西哥经济学家 B. 埃雷迪亚曾言，"得益于国际金融资源的发展中国家，在获得好处的同时也付出了巨大的代价。国际金融一体化使发展中国家失去了大量的政策自主性，也使其更易受到外部金融动荡的影响。"总之，过速推动金融自由化和资本项目开放，可能引发国际资本大规模流进与流出，会对东道国的宏观经济与金融稳定造成严重冲击，甚至引发货币危机、债务危机、信贷危机、国际收支危机等。[②]

（2）美国货币政策驱动全球资本流向，成为影响新兴市场金融周期的最重要的外部变量。随着金融全球化的推进，国际金融市场高度连接，美国货币政策的外溢性更加显著。美国降息将刺激国际资本流动，压低国际融资成本，有利于新兴经济体融资。但如不注意债务规模和风险控制，一旦美国加息可能推升融资成

---

[①] [德] 乔纳森·泰尼伯姆：《全球金融体系的癌变过程》，载于《经济与信息》，1999 年第 2 期。

[②] Eichengreen and Michael, 2002.

本，令新兴经济体债务链断裂陷入危机。

20世纪90年代到21世纪初，美联储曾两度加息：第一轮从1994年2月至1995年2月，美联储加息7次，美联邦基准利率从3%升至6%，共持续1年5个月。这一轮加息对汇率盯住美国的多个新兴经济体造成直接冲击。20世纪90年代初开始，新兴经济体迅速推动金融自由化，外债水平攀升。1989—1994年，墨西哥经常项目逆差从41亿扩大至289亿美元，而主要靠短期证券投资弥补，占吸收外资的近70%。这类资金投机性高，对国际利率变化敏感。1994年2月美国开始加息，当年12月墨西哥政府便在资本大量外逃的压力下，宣布比索大幅贬值，引爆金融危机。东亚金融危机爆发前十年间，泰、韩、印尼、马来西亚外债余额分别增长36%、26%、16%和11%。其中，短期负债增长惊人，泰、马、韩、印尼分别高达121%、54%、48%和47%。美国加息启动强美元周期，直接推升国际融资成本，终于1997年7月令上述各国外债资金链断裂，陷入空前金融危机。巴西的"雷亚尔计划"将雷亚尔和美元挂钩以稳定货币。随着20世纪90年代中期美元走高，"雷亚尔计划"导致币值高估与经常项目逆差，尽管其成功降低了通货膨胀，但盯住美元令雷亚尔升值30%—40%。1995年开始，巴西的经常账户连年赤字，至1998年已达到325亿美元，相当于GDP的4%，终于在1999—2000年陷入金融危机。

美联储第二轮加息从1999年6月至2000年5月，加息6次，从4.75%升至6.5%，共持续1年6个月。加息引发全球资产重估，新兴经济体大量资本外逃、经济减速、甚至陷入货币或债务危机。当时，东亚、拉美和俄罗斯等国复苏缓慢、增长乏力，美国加息加剧全球通货紧缩，加深本币盯住美元的多国经济衰退。美国加息恶化阿根廷经济困境。2001年1—8月，阿根廷外汇储备下降1/3，阿根廷宣布无力偿还外债，并放弃与美元挂钩的货币局汇率制，比索贬值40%。

(3) 国际投机力量恶意参与加剧危机程度，助长危机蔓延。20 世纪 90 年代初以来，以美国为大本营的对冲基金迅速成长。"对冲基金"及投机金融家利益集团（如索罗斯）实力急剧增长，已具备挑战一国政府的能力。[①]这类投资机构的盈利模式是从市场波动中获取收益，国际金融市场上围绕汇率、利率等各类金融价格的对赌活动呈爆炸式增长。上述金融危机中，都能看到国际投机势力恶意炒作的身影。如，在欧洲货币体系危机、亚洲金融危机和俄罗斯金融危机中，以索罗斯的对冲基金为代表的国际投机势力，公开与这些国家或地区政府短兵相接。他们凭借"杠杆原理"放大资金实力，并利用各种金融衍生工具，在国际或地区的汇市和股市上兴风作浪，迫使陷入危机的国家放弃固定汇率制，从而大肆掠取巨额汇差及股价的投机收益。

表 7.5　新兴市场国家金融危机的背景因素

|  |  | 韩国 | 泰国 | 俄罗斯 | 土耳其 | 墨西哥 | 阿根廷 | 巴西 |
|---|---|---|---|---|---|---|---|---|
| 危机发生时间 |  | 1997 年 | 1997 年 | 1998 年 | 2001 年 | 1982/1994 | 1982/2002 | 1999 |
| 宏观经济不平衡 |  |  |  | * | * | * | * | * |
| 经常账户逆差 |  | * | * | * |  | * |  | * |
| 汇率制度僵化 |  | * |  |  | * |  |  |  |
| 资本项目开放 | 激进式 |  |  | * | * |  | * |  |
|  | 渐进式 | * | * |  |  | * |  |  |
| 外债结构不合理 |  | * | * | * | * | * | * | * |
| 国内金融部门 | 脆弱的银行业 | * | * | * | * | * | * | * |
|  | 金融资产泡沫 | * |  |  |  |  |  |  |
|  | 金融自由化改革 | * | * |  | * | * | * | * |
|  | 金融监管不力 |  | * |  |  | * |  |  |
| 宏观经济政策不恰当 |  |  |  | * | * | * | * |  |

资料来源：王芳（2005），转引自《大金融论纲》，第 233—234 页。

---

① ［德］乔纳森·泰尼伯姆：《全球金融体系的癌变过程》，载于《经济与信息》，1999 年第 2 期。

第七章　全球化背景下国际金融体系的运行

## (二) 第二阶段：核心经济体陷入大规模危机

这一时期的大型金融危机爆发于国际金融体系的核心区。2007年，美国爆发次贷危机。2008年，危机蔓延至欧洲并演化成国际金融危机。2009年，欧洲陷入主权债务危机。此轮国际金融危机规模和破坏力巨大，直到现在全球经济还未从危机中完全走出。

1. 危机简述

(1) 次贷危机。2007年，美国次级抵押贷款的信用违约率开始上升，并最终引发大规模次级贷款信用危机。次贷风险通过次级抵押贷款衍生品被迅速扩大。8月，美国境内20多家内资或外资次级抵押贷款机构或投资基金宣布破产，许多大型跨国金融机构报告巨额次级贷款或次级债务损失，全球主要股市急剧下跌。次贷危机在2008年演变为席卷全球的金融危机，并引发发达经济体衰退。

(2) 危机向欧洲蔓延。因大量持有与美国次贷有关的资产，欧洲银行被迅速拖入危机。据国际清算银行数据，2008年欧洲银行持有的美元资产达8万亿美元，除美国国债、机构债和结构性产品外，还包括零售和公司贷款（博里奥和迪亚塔特，2011）。这笔庞大资产中，3000亿—6000亿美元通过美元与英镑、欧元和瑞士法郎的货币互换获得融资。麦奎尔（McGuire）和冯彼得（Von Peter）（2009年）估算，其中期限错配规模估计高达1.1万亿至6.5万亿美元。正因如此，美国陷入次贷危机后，欧洲银行立刻陷入巨大的美元融资困境，并引发外汇互换市场的混乱，这也被称为美元荒（巴巴和派克，2008）。特别是当雷曼兄弟破产引发货币市场基金挤兑潮，导致全球银行间市场和外汇市场的紧张，加剧银行融资困境（巴巴等人，2008，2009）。

（3）欧债危机。2008年国际金融危机爆发后，欧洲各国普遍采取扩张性财政政策刺激经济，还实施银行债务国家化的抗危机政策救助金融机构，导致主权债务负担迅速加重。原本财政状况较差的部分欧洲国家，借新债还旧债的模式难以为继，在此背景下，欧洲主权债务危机爆发。2008年，冰岛最先掉入债务泥潭。2009年秋，欧债危机卷土重来，并首先在希腊引爆，之后迅速蔓延至爱尔兰、葡萄牙、西班牙和塞浦路斯，意大利和法国等国也承受了较大压力。由于欧洲金融机构是欧洲主权债务的主要持有者，且欧元区存在货币政策统一而财政政策分散的内在缺陷，因此欧债危机呈现债务危机—银行危机—货币危机的复合型危机特性。为稳定金融形势，欧盟新建危机救助机制，达成欧盟"财政契约"，并建立银行业联盟。随着欧洲金融稳定机制的逐步建立和到位，欧债危机从2013年起趋于稳定。2013年底至2016年初，爱尔兰、西班牙、葡萄牙、塞浦路斯相继退出救援机制，希腊几经波折，最终也于2018年8月退出救援机制。

表7.6 欧债危机救援金额与退出救援情况

| 国家 | 接受援助时间 | 援助规模 | 退出受援时间 |
| --- | --- | --- | --- |
| 希腊 | 第一轮：2010年5月 | 1100亿欧元 | 2018年8月 |
|  | 第二轮：2011年7月 | 1090亿欧元 |  |
|  | 第三轮：2015年8月 | 860亿欧元 |  |
| 爱尔兰 | 2010年11月 | 675亿欧元（批准850亿欧元） | 2013年12月 |
| 葡萄牙 | 2011年4月 | 780亿欧元 | 2014年5月 |
| 西班牙 | 2012年12月 | 400亿欧元 | 2014年1月 |
| 塞浦路斯 | 2013年3月 | 100亿欧元 | 2016年3月 |

2. 原因分析

上述三场危机都发生在全球金融体系的核心经济体，显示出国际金融风险从外围向核心移动的危险趋势。2008年国际金融危机引发发达经济体持续衰退，并导致国际经济发展模式的深度调整，显示出极大的破坏力。欧债危机尽管是在欧元区边缘经济体爆发，但因牵涉到欧元的健康性、完整性和持续性等问题，因此在国际金融市场引发持续动荡。这几场危机的爆发，有深刻结构性原因。

第一，美国滥用美元特权与对外经济长期失衡，构成危机的全球宏观经济背景。20世纪80年代初以来，美国家庭储蓄率不断降低一直到现在几乎为零。为帮助政府和公司融资，美国每年从国外大量进口资本，表现在21世纪初以来经常项目上持续的大规模逆差。2005—2008年，美国的资本进口规模相当于全球资本进口规模的54%。"实际上，美国进口资本并非是因为美国作为投资场所具有的优势，更多是由于其金融体系的创新性，或者说更多是因为美国银行家耍弄的小把戏让全球储蓄者掏腰包。"[1]由于美国已经停止储蓄，美国必须通过出售越来越多的证券从国外融资。几乎每年，美国都向世界出售几千亿美元的证券，这样大规模的资本进口足以让全球资本市场陷入巨大混乱。但是，寻找买家变得越来越难，因为国际投资者手中的投资组合已经被美国证券所淹没，并转向失衡。出于分散风险的考虑，国际投资者倾向于更加多元化的投资，继续买进美国证券的意愿不断降低。为提升国际投资者的购买意愿，美国必须接受更低的价格，并且许诺更高的回报。[2]

总之，美国高负债、低储蓄、过度超前消费的经济模式之所

---

[1] Hans–Werner Sinn, Casino Capitalism, Oxford University Press, 2010, p.27.

[2] Hans–Werner Sinn, Casino Capitalism, Oxford University Press, 2010, p.28.

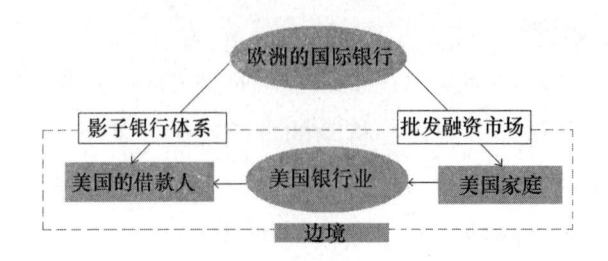

**图 7.14　2008 年金融危机前的美欧资金循环图**

图表来源：Hans – Werner Sinn, Casino Capitalism, Oxford University Press, 2010.

以能够维持，在于当前不合理的国际经济金融秩序，使得美国能够凭借国际资本流入，弥补其过度消费形成的贸易逆差，这引致了全球经济失衡。"危机未必是储备货币发行当局的故意，但却是制度性的必然"。[①]

第二，美国放松金融监管助推金融机构过度投机和逐利，是危机爆发的直接原因。危机前，伴随着金融自由化改革与过度金融创新，美国金融机构和金融服务机构出现大量利益冲突、投资陷阱、合谋诱捕、欺诈销售等非法操作，产品和服务质量明显下滑，职业道德感和社会责任感滑坡。例如，房贷机构针对低收入者违规发放大量次级房产抵押贷款，投行将之与优质贷款混合打包出售，同时"创新"出大量看空类衍生工具，并将之兜售给不明风险的投资者。一旦次级房贷出现大规模违约，看空者将大发灾难财。国际评级机构一直实行"发行者付费"的收费模式，由于存在潜在利益冲突，评级意见难以保证客观性，往往误导投资者。危机后，美国大型银行开始为过去十年的过度创新和不负责任的金融服务支付巨额诉讼成本；评级机构也不再享受法律豁免特权，面临被调查、审查和审讯的可能。在强大的舆论压力和监

---

[①] 周小川：《关于改革国际货币体系的思考》，载于《中国金融家》，2009 年 4 月。

管压力下，金融机构和金融服务机构不得不加强内部质量监督和问责制度。

第三，美联储的货币政策加剧金融过剩的破坏力，是危机在短时间内迅速升级的重要助燃剂。明斯基将"货币管理资本主义"视为"57种资本主义"中更不稳定的一种情况。20世纪80年代末以来，这种"货币管理资本主义"在美国可谓登峰造极。美联储被赋予的新角色也被称为"格林斯潘对策"，即格林斯潘领导下的美联储随时准备出台措施，以有效确保资产价格维持在最低水平。每当金融市场出现动荡，格林斯潘便以扩张性货币政策应对，他使投资者相信，美联储将成为金融体系的守夜者，绝不会允许资产价格崩溃这类尾部风险的发生。在格林斯潘的护航下，美国经济自20世纪80年代中期开始的"大缓和"一直延续到2008年国际金融危机爆发之前，其特点是长期的较低水平的产出波动和较低水平的稳定的通货膨胀，并使20世纪20年代美联储已"驯服"经济周期的本土信仰再度复活。然而，上次的盲目信仰最终导致美国经济陷入20世纪30年代的大萧条。历史总是惊人的相似。这一次，在美联储的大力干预下，美国经济体系内的短期金融风险虽得到暂时缓解，但却为破坏规模更大的长期金融危机埋下严重隐患。2008年国际金融危机爆发后，美联储副主席唐纳德·科恩反思认为，"从更广泛意义上讲，当前这场危机的根本原因或许就是自满……或许，正是因为这些平静状况让很多私人代理放松了警惕，低估了他们所采取的行动的风险。"总之，"颇具讽刺意味的是，美联储稳定经济并由此稳定金融市场的成功或许是积聚风险的一个因素。"[①]

第四，国际资本市场深度链接与全球金融监管缺位之间的矛

---

① [美]巴里·艾森格林著、陈召强译：《嚣张的特权——美元的兴衰和货币的未来》，北京：中信出版社，2011年版，第134—135页。

盾，是危机爆发的重要诱因。美国次贷繁荣和基于次贷抵押贷款的金融衍生品的繁荣是美国金融业的一场盛宴。金融自由化和金融监管的松弛使得存量有限的"有毒资产"，得以通过金融产品的衍生化将金融风险扩散到整个国际金融体系，并造成实体经济的大规模衰退。美国次贷危机暴露出华尔街模式的各种弊端，包括利益冲突、道德风险、过度投机、追求短期利益等。欧洲被美国次贷危机拖累，则是因为欧洲金融机构对美国金融创新产品的过度迷信。在美国次贷和相关金融衍生品的繁荣期，欧洲银行发挥了重要的金融中介作用，从美国货币市场大量举借美元，然后投资于以次级抵押债券为基础的金融衍生品。2008年金融危机前夕，欧美之间的经常项目是平衡的，但资本项下的跨境资本流动总量很大，这成为金融危机爆发的主要原因之一。[①] 危机爆发前，美国主要货币市场基金资产为1.66万亿美元，其中10家外国银行共融入7550亿美元的资金。美国货币市场基金资产中80%成为银行债务，欧洲银行所占比例高达50%。欧洲金融业的"银行业务过剩"（banking glut），而非新兴经济体的"储蓄过剩"（saving glut），成为支撑美国资产泡沫繁荣的直接因素。[②]美国次贷危机爆发后，欧洲金融业因持有大量"有毒资产"陷入巨大困境，政府施以援手导致主权债务骤然升高，最终欧元区边缘经济体接连陷入主权债务危机。

金融全球化时期，发达国家，特别是美国对金融监管的放松，使得金融过剩取代生产过剩成为经济危机的源头。古典经济学意义上的经济危机都是生产过剩引发的，虽然首先也可能表现

---

[①] 乔依德等：《全球金融治理：挑战、目标和改革——关于2016年G20峰会议题研究》，载于《科学发展》，2016年4月。

[②] Caudio Borio, Harold James and Hyun Song Shin, *The International Monetary and Financial System: a Capital Account historical Perspective*, BIS Working Papers, No 457, August 2014.

## 第七章 全球化背景下国际金融体系的运行

为金融市场震荡，但根源是商品供应相对于需求严重过剩。2008年金融危机通常被用来与大萧条对比，但两者的发生机理有很大不同。大萧条时，美国的金融产业在1932—1933年也遭受严重的打击（到1932年，美国有5000家银行倒闭），但金融业危机是在实体经济陷入危机之后爆发的，而且也不像今天这样占据舞台的中心。[1]而且，从1945—1985年，全球没有一次衰退与金融市场有关。而2007年次贷危机、2008年欧洲债危机和2009年开始的欧债危机，都是由金融周期驱动的，其特点是实体经济并未出现典型衰退征兆，而资产市场的繁荣和泡沫破灭成为金融危机的主要动因。美国学者罗伯特·巴伯拉认为，70年代由通胀引起的经济周期，已经被具有相同杀伤力、由华尔街驱动的周期所代替。[2]从20世纪80年代中期至今，全球经济共出现5次大的周期性波动，分别是美国90年代早期的衰退；1990年日本股市大跌及其后的衰退；90年代中期亚洲金融危机和衰退；2000年前后美国科技股泡沫膨胀与破裂；2007—2008年，美国房地产市场繁荣与崩塌。纵观上述5次大型金融经济危机，均是金融投机导致资产价格泡沫破裂的结果。其过程是金融投资迅速扩张，资本市场出现不可思议的高收益，最后崩盘，影响扩散至实体经济。总之，在金融全球化时代，金融危机的生成机理已经发生了重要变化。货币资本的过剩导致金融周期获得了相对于实体经济周期的独立。

总之，从三场危机的内部联系和发展机理来看，美国在国际金融体系中的规则制定权和话语霸权，以及国际制衡与监管力量的缺失，是美国金融体系的内部风险得以向全球扩散的重要原因。

---

[1] Hans-Werner Sinn, Casino Capitalism, Oxford Univerity Press, 2010, p3.

[2] Barbera, Robert J., The Cost of Capitalism, Understanding Market Mayhem and Stabilizing Economic Future, McGraw Hill, London, 2009.

表7.7 金融危机的国家或地区分布与时间

| 国家（地区） | 系统性银行危机（开始时间） | 货币危机（年份） | 债务危机（违约期） | 债务重组（年份） |
|---|---|---|---|---|
| 阿尔巴尼亚 | 1994 | 1997 | 1990 | 1992 |
| 阿尔及利亚 | 1990 | 1988，1994 | | |
| 安哥拉 | | 1991，1996 | 1988 | 1992 |
| 阿根廷 | 1980，1989，1995，2001 | 1975，1981，1987，2002 | 1982，2001 | 1993，2005 |
| 亚美尼亚 | 1994 | 1994 | | |
| 澳大利亚 | | | | |
| 奥地利 | | | | |
| 阿塞拜疆 | 1995 | 1994 | | |
| 孟加拉国 | 1987 | 1976 | | |
| 巴巴多斯 | | | | |
| 白俄罗斯 | 1995 | 1994，1999 | | |
| 比利时 | | | | |
| 伯利兹 | | | | |
| 贝宁 | 1988 | 1994 | | |
| 不丹 | | | | |
| 玻利维亚 | 1986，1994 | 1973，1981 | 1980 | 1992 |
| 波黑 | 1992 | | | |
| 博茨瓦纳 | | 1984 | | |
| 巴西 | 1990，1994 | 1976，1982，1987，1992，1999 | 1983 | 1994 |
| 文莱 | | | | |
| 保加利亚 | 1996 | 1996 | 1990 | 1994 |
| 布基纳法索 | 1990 | 1994 | | |
| 布隆迪 | 1994 | | | |
| 柬埔寨 | | 1971，1992 | | |
| 喀麦隆 | 1987，1995 | 1994 | 1989 | 1992 |
| 加拿大 | | | | |
| 佛得角 | 1993 | | | |

第七章　全球化背景下国际金融体系的运行

续表

| 国家（地区） | 系统性银行危机（开始时间） | 货币危机（年份） | 债务危机（违约期） | 债务重组（年份） |
|---|---|---|---|---|
| 中非共和国 | 1976, 1995 | 1994 | | |
| 乍得 | 1983, 1992 | 1994 | | |
| 智利 | 1976, 1981 | 1972, 1982 | 1983 | 1990 |
| 中国 | 1998 | | | |
| 哥伦比亚 | 1982, 1998 | 1985 | | |
| 科摩罗 | | 1994 | | |
| 刚果民主共和国 | 1983, 1991, 1994 | 1976, 1983, 1989, 1994, 1999 | 1976 | 1989 |
| 刚果共和国 | 1992 | 1994 | 1986 | 1992 |
| 哥斯达黎加 | 1987, 1994 | 1981, 1991 | 1981 | 1990 |
| 科特迪瓦 | 1988 | 1994 | 1984, 2001 | 1997 |
| 克罗地亚 | 1998 | | | |
| 捷克 | 1996 | | | |
| 丹麦 | | | | |
| 吉布提 | 1991 | | | |
| 多米尼克 | | | 2002 | |
| 多米尼加共和国 | 2003 | 1985, 1990, 2003 | 1982, 2003 | 1994, 2005 |
| 厄瓜多尔 | 1982, 1998 | 1982, 1999 | 1982, 1999 | 1995, 2000 |
| 埃及 | 1980 | 1979, 1990 | 1984 | 1992 |
| 萨尔瓦多 | 1989 | 1986 | | |
| 赤道几内亚 | 1983 | 1980, 1994 | | |
| 厄立特里亚 | 1993 | | | |
| 爱沙尼亚 | 1992 | 1992 | | |
| 埃塞俄比亚 | | 1993 | | |
| 斐济 | | 1998 | | |
| 芬兰 | 1991 | 1993 | | |
| 法国 | | | | |
| 加蓬 | | 1994 | 1986, 2002 | 1994 |
| 冈比亚 | | 1985, 2003 | 1986 | 1988 |

续表

| 国家（地区） | 系统性银行危机（开始时间） | 货币危机（年份） | 债务危机（违约期） | 债务重组（年份） |
|---|---|---|---|---|
| 格鲁吉亚 | 1991 | 1992，1999 | | |
| 德国 | | | | |
| 加纳 | 1982 | 1978，1983，1993，2000 | | |
| 希腊 | | | | |
| 格林纳达 | | | 2004 | 2005 |
| 危地马拉 | | 1986 | | |
| 几内亚 | 1985，1993 | 1982，2005 | 1985 | 1992 |
| 几内亚比绍 | 1995 | 1980，1994 | | |
| 圭亚那 | 1993 | 1987 | 1982 | 1992 |
| 海地 | 1994 | 1992，2003 | | |
| 洪都拉斯 | | 1990 | 1981 | 1992 |
| 中国香港 | | | | |
| 匈牙利 | 1991 | | | |
| 冰岛 | | 1975，1981，1989 | | |
| 印度 | 1993 | | | |
| 印度尼西亚 | 1997 | 1979，1998 | 1999 | 2002 |
| 伊朗 | | 1985，1993，2000 | 1992 | 1994 |
| 爱尔兰 | | | | |
| 以色列 | 1977 | 1975，1980，1985 | | |
| 意大利 | | 1981 | | |
| 牙买加 | 1996 | 1978，1983，1991 | 1978 | 1990 |
| 日本 | 1997 | | | |
| 约旦 | 1989 | 1989 | 1989 | 1993 |
| 哈萨克斯坦 | | 1999 | | |
| 肯尼亚 | 1985，1992 | 1993 | | |
| 韩国 | 1997 | 1998 | | |

第七章　全球化背景下国际金融体系的运行

续表

| 国家（地区） | 系统性银行危机（开始时间） | 货币危机（年份） | 债务危机（违约期） | 债务重组（年份） |
|---|---|---|---|---|
| 科威特 | 1982 | | | |
| 吉尔吉斯共和国 | 1995 | 1997 | | |
| 老挝 | | 1972，1978，1986，1997 | | |
| 拉脱维亚 | 1995 | 1992 | | |
| 黎巴嫩 | 1990 | 1984，1990 | | |
| 莱索托 | | 1985 | | |
| 利比里亚 | 1991 | | 1980 | |
| 利比亚 | | 2002 | | |
| 立陶宛 | 1995 | 1992 | | |
| 卢森堡 | | | | |
| 马其顿 | 1993 | | | |
| 马达加斯加 | 1988 | 1984，1994，2004 | 1981 | 1992 |
| 马拉维 | | 1994 | 1982 | 1988 |
| 马来西亚 | 1997 | 1998 | | |
| 马尔代夫 | | 1975 | | |
| 马里 | 1987 | 1994 | | |
| 毛里塔尼亚 | 1984 | 1993 | | |
| 毛里求斯 | | | | |
| 墨西哥 | 1981，1994 | 1977，1982，1995 | 1982 | 1990 |
| 摩尔多瓦 | | 1999 | 2002 | 2002 |
| 蒙古 | | 1990，1997 | | |
| 摩洛哥 | 1980 | 1981 | 1983 | 1990 |
| 莫桑比克 | 1987 | 1987 | 1984 | 1991 |
| 缅甸 | | 1975，1990，1996，2001，2007 | | |
| 纳米比亚 | | 1984 | | |
| 尼泊尔 | 1988 | 1984，1992 | | |

续表

| 国家（地区） | 系统性银行危机（开始时间） | 货币危机（年份） | 债务危机（违约期） | 债务重组（年份） |
|---|---|---|---|---|
| 荷兰 | | | | |
| 新喀里多尼亚 | | 1981 | | |
| 新西兰 | | 1975，1984 | | |
| 尼加拉瓜 | 1990，2000 | 1979，1985，1990 | 1980 | 1995 |
| 尼日尔 | 1983 | 1994 | 1983 | 1991 |
| 尼日利亚 | 1991 | 1983，1989，1997 | 1983 | 1992 |
| 挪威 | 1991 | | | |
| 巴基斯坦 | | 1972 | | |
| 巴拿马 | 1988 | | 1983 | 1996 |
| 巴布亚新几内亚 | | 1995 | | |
| 巴拉圭 | 1995 | 1984，1989，2002 | 1982 | 1992 |
| 秘鲁 | 1983 | 1976，1981，1988 | 1978 | 1996 |
| 菲律宾 | 1983，1997 | 1983，1998 | 1983 | 1992 |
| 波兰 | 1992 | | 1981 | 1994 |
| 葡萄牙 | | 1983 | | |
| 罗马尼亚 | 1990 | 1996 | 1982 | 1987 |
| 俄罗斯 | 1998 | 1998 | 1998 | 2000 |
| 卢旺达 | | 1991 | | |
| 圣多美和普林西比 | 1992 | 1987，1992，1997 | | |
| 塞内加尔 | 1988 | 1994 | 1981 | 1996 |
| 塞尔维亚共和国 | | 2000 | | |
| 塞拉利昂 | 1990 | 1983，1989，1998 | 1977 | 1995 |
| 新加坡 | | | | |
| 斯洛伐克共和国 | 1998 | | | |

第七章 全球化背景下国际金融体系的运行

续表

| 国家（地区） | 系统性银行危机（开始时间） | 货币危机（年份） | 债务危机（违约期） | 债务重组（年份） |
|---|---|---|---|---|
| 斯洛文尼亚 | 1992 | | | |
| 南非 | | 1984 | 1985 | 1993 |
| 西班牙 | 1977 | 1983 | | |
| 斯里兰卡 | 1989 | 1978 | | |
| 苏丹 | | 1981，1988，1994 | 1979 | 1985 |
| 苏里南 | | 1990，1995，2001 | | |
| 斯威士兰 | 1995 | 1985 | | |
| 瑞典 | 1991 | 1993 | | |
| 叙利亚 | | 1988 | | |
| 瑞士 | | | | |
| 塔吉克斯坦 | | 1999 | | |
| 坦桑尼亚 | 1987 | 1985，1990 | 1984 | 1992 |
| 泰国 | 1983，1997 | 1998 | | |
| 多哥 | 1993 | 1994 | 1979 | 1997 |
| 特立尼达和多巴哥 | | 1986 | 1989 | 1989 |
| 突尼斯 | 1991 | | | |
| 土耳其 | 1982，2000 | 1978，1984，1991，1996，2001 | 1978 | 1982 |
| 土库曼斯坦 | | 1993 | | |
| 乌干达 | 1994 | 1980，1988 | 1981 | 1993 |
| 乌克兰 | 1998 | 1998 | 1998 | 1999 |
| 英国 | 2007 | | | |
| 美国 | 1988，2007 | | | |
| 乌拉圭 | 1981，2002 | 1972，1983，1990，2002 | 1983，2002 | 1991，2003 |
| 乌兹别克斯坦 | | 1994，2000 | | |
| 委内瑞拉 | 1994 | 1984，1989，1994，2002 | 1982 | 1990 |

· 175 ·

续表

| 国家（地区） | 系统性银行危机（开始时间） | 货币危机（年份） | 债务危机（违约期） | 债务重组（年份） |
|---|---|---|---|---|
| 越南 | 1997 | 1972，1981，1987 | 1985 | 1997 |
| 也门 | 1996 | 1985，1995 | | |
| 南斯拉夫社会主义联盟 | | | 1983 | 1988 |
| 赞比亚 | 1995 | 1983，1989，1996 | 1983 | 1994 |
| 津巴布韦 | 1995 | 1983，1991，1998，2003 | | |

资料来源：Laeven, L., and F. Valencia, 2008, Systemic Banking Crisis: A New Database, IMF Working Paper No. 08/224.

## 四、全球金融体系的内在缺陷

20世纪90年代以来，世界经济格局多极化发展趋势进一步加强，客观上要求全球金融秩序也随之调整，以实现国际权利、责任与义务的匹配。然而，当前全球金融体系延续了20世纪70—80年代的无序、不均衡特征。美国主导的全球金融秩序与全球经济多极化格局的发展趋势之间矛盾更加尖锐。一方面，在现有的全球金融体系中，美国享有主导全球金融秩序带来的种种特权，却不用承担相应义务。在美国金融体系虚拟化、衍生化发展趋势的影响下，全球经济金融结构性失衡日趋恶化。其中，全球金融规则和全球金融组织不但未能纠正失衡、稳定体系，反而在美国的控制下起到了推波助澜的作用。另一方面，全球金融监管虽已具雏形，但受到代表性、权威性、组织性等因素限制，难以发挥矫正全球金融规则和组织，进而限制不合理秩序、消除结构性失衡的积极作用。

## (一) 全球金融"无序"加剧全球金融结构失衡

全球货币秩序是全球金融秩序的核心。20世纪90年代以来，美国继续主导的国际货币体系与世界经济格局多极化发展趋势之间的矛盾进一步加剧。

### 1. 国际货币体系弊端显著

布雷顿森林体系崩溃后的牙买加体系，也被称为"无体系的体系"。其弊端和不足在近十几年表现得更为突出：

第一，国际储备货币以美元为主，但美元面临的"特里芬难题"并未解决。"特里芬难题"导致布雷顿森林体系崩溃，是美国对外提供美元支撑世界经济增长与美元持续外流削弱美元信用基础之间的矛盾。在牙买加体系的浮动汇率制度下，"特里芬难题"再度凸显。为防止汇率大起大落对实体经济的伤害，发展中国家纷纷积累以美元为主的高额外汇储备，其对应面是美国对外经济失衡的放大。从局部看，积累外汇储备有利于新兴经济体和发展中国家抵御外部冲击，但却加剧了全球金融体系的不稳定性。由于大量外汇储备以购买发达国家，特别是美国金融资产的形式回流到美国，不仅造成国际金融结构异变，也使美国对外融资弹性进一步上升，加剧美元国际义务和责任之间的矛盾。

第二，以浮动汇率制为主导的混合汇率体制，不利于全球经济金融体系的稳定。牙买加体系允许各国采取多样化的汇率制度安排，实际上已无汇率约束，特别是对美元汇率波动没有了约束力量。各主要货币之间汇率大幅"自由波动"，其他国家货币的汇率也无法稳定，甚至为促进出口经常出现竞争性贬值。国际汇率制度不稳定导致各国面临很大的汇率风险，国际金融市场陷入长期持续动荡。这不仅影响国际贸易和投资的发展，且助长金融领域的投机风气。

第三，国际收支调节缺乏统一标准，体制不公问题凸显。发展中国家陷入危机后，因其融资来源的外部性，往往须获得国际储备发行国的援助才能度过危机，因此被迫接受救援前提条件，包括财政紧缩、货币紧缩、私有化和放松政府管制等。历史证明，这类政策具有较大副作用，如导致经济衰退时间加长、国内产业大规模被外国接管、政府对国内经济金融控制力减弱等。而这些又将进一步强化新兴市场和发展中国家的经济金融脆弱性。对于国际储备发行国而言，由于不存在"货币稀缺"问题，不用求助国际金融组织或外国政府，因此在危机救助上遵循完全不一样的规则。包括加大财政刺激、放松货币政策，对受困金融企业进行大规模注资等。这些做法与新兴市场和发展中国家被要求遵守的规则南辕北辙。

2. 美国享有货币特权。美国享有与其经济实力不相称的货币特权。2000年至今，美国实体经济实力明显下滑，GDP占全球比重从30%下滑至20%，占全球货物贸易比重从30%下滑至不到11%，但在国际储备、支付结算、大宗商品与金融产品定价标价等各方面仍占据主导。美国享有的货币特权突出表现在四个方面，即国际铸币税收益、负债消费收益、超额投资收益和极大的政策自由度。[①]

一是国际铸币税收益。铸币税是指拥有铸币权，通过发行货币所能带来的收益。狭义铸币税一般指被货币发行者所占有的，货币票面所代表的价值与货币本身价值之差。广义铸币税通常包括通货膨胀税和国际通货膨胀税。据估算，美国2007年征收的狭义铸币税为2.8万亿美元。而在2002—2007年6年间，其他国家通过国际通货膨胀税的形式向美国转移实际福利高达5550亿美元

---

[①] 时吴华著：《金融国策论》，北京：社会科学文献出版社，2015年版，第23页。

至 11100 亿美元。①

二是巨额投资收益。近年来，亚洲地区积累了大量金融资源，单从外汇储备资产规模看，约占全球的 2/3。然而，这些资本却配置在大量低收益美元资产上。在 1952—2004 年间，美国所持有的外国资产平均收益率是 5.72%（即平均资产收益率），外国所持有美国资产平均收益率是 3.61%（即平均负债收益率），"贷款（资产）"和"存款（负债）"利差达 2.11 个百分点。②这种差额收益率产生的原因既包括美元资产的低风险，也包括在当前以美元主导的国际货币体系下，美元不断相对其他货币贬值所产生的估值效应。例如，美国国民经济研究局估算了 2001—2006 年间美国获得的利益，当时美元相对世界主要货币正大幅贬值。该时期美国累计对外借债 3.209 万亿美元，但净负债竟然还减少了 1990 亿美元，等于美国净赚 3.408 万亿美元，其中仅汇率贬值一项就让美国赚了 8920 亿美元，资产—负债收益让美国赚 1.694 万亿美元，其他手段赚 1.469 万亿美元。而 3.408 万亿美元大约相当于美国 6 年的国防军事开支总和。③

三是负债消费收益。目前世界上，唯有美国能够长时间维持大规模经常项目逆差，以信用货币换取其他国家生产的商品和服务。二战后，美国凭借美元特权，三次长期维持大规模外部经济失衡。第一次和第二次发生在 20 世纪 70 年代初和 80 年代中期，对应的经常项目顺差国是欧日和石油出口国。第三次发生在 21 世纪初，对应的顺差国是东亚新兴经济体和石油出口国。

四是政策自由度。美元霸权赋予美国在政策操作上较大的自

---

① 时吴华著：《金融国策论》，北京：社会科学文献出版社，2015 年版，第 24 页。

② 向松祚：《全球金融市场和国家兴盛之谜》，载于《金融市场研究》，2012 年 6 月。

③ 同上。

由度和无约束性。美国是世界上唯一不受"三元悖论"限制的国家。"三元悖论"指的是一国不可能同时拥有固定汇率政策、资本自由流动和独立货币政策。表面上看,美国已经选择了资本自由流动和独立货币政策,因此只能采取浮动汇率。但矛盾的是,世界上许多国家采取盯住美元或主要以美元为主的一篮子货币。当汇率发生波动时,美国没有帮助这些国家稳定汇率的义务。因此,美国在制定货币政策时,完全以国内经济服务,而无需顾忌其货币政策的外溢影响。同时,对于新兴经济体而言,它们面临的不是"三元悖论",而是"二元悖论"。即不管其采取什么样的汇率政策,在资本自由流动的情况下,都不拥有独立的货币政策。[①]

3. 美元特权不利于全球经济金融体系的稳定

在牙买加体系下,美元享有诸多好处,但却不承担提供稳定国际货币制度的国际义务,主权货币与国际货币的矛盾突出。这一矛盾以及引发的结构性冲突表现在以下方面:

一是美元的发行完全脱钩,是近年来国际流动性过剩的主要源头。混乱的货币体系是造成当下全球流动性过剩、通胀以及金融危机的根本原因。当今的货币投放已经更多是信用投放,不再受实际货币量的约束,而主要是人为的货币政策调控。世界流通的货币总量大大超过实际财富数量,继而产生流动性过剩,由于货币的供应不再依附于实体经济发展的需要,更多的货币流向投机领域,加剧全球金融体系的不稳定性。国际流动性过剩,其结果是实体经济与虚拟经济的严重脱节。

二是美元的信用基础受到极大削弱。布雷顿森林体系时期,

---

① Helene Rey, Dilemma not Trilemma: the Global Financial Cycle and Monetary Policy Independence, August 31, 2013, VOX CEPR's policy Portal. http://www.voxeu.org/article/dilemma-not-triemma-global-financial-cycle-and-monetary-policy-independence.

美元的信用基础建立在黄金基础之上，因此较为稳固。但随着黄金储备的降低和国债的膨胀，美元汇兑本位制向美元国债本位制异变。美元日益以国债发行为基础，美元发行成为国债本位制。20世纪90年代以来，美元的信用基础受到进一步削弱。特别是2008年国际金融危机爆发后，美国国债的突进式发展，严重削弱美元的国际信用。鉴于美国国债的外国持有在数额和百分比上都有较快上升，一旦出现抛售风潮，将对国际货币体系以及国际金融市场、世界经济造成难以想象的后果。

三是美国货币政策拥有巨大外溢效应，对其他国家的经济金融周期有强制干扰的巨大影响力。即全球金融体系的非对称性。美国的融资成本决定国际金融市场的融资环境。美国是国际流动性的最大提供者，而国际流动性具有"母国偏好"的特征。美国根据自身经济状况制定货币政策，将通过影响国际资本的流向和速度，对国际金融市场产生强大的作用力。全球金融周期的决定因素之一是美国的货币政策，因为美国货币政策影响国际金融体系中跨国银行的杠杆率、资本流动以及信贷增长。当资本能够自由流动时，不管一国采取什么样的汇率制度，全球金融周期都能对国内货币政策起到制约作用。[1]虽然一些重要的全球性金融危机几乎都发端于发达国家，但如果从一个长期的历史视角来看，金融危机在发展中国家发生的频率不仅更高，而且存在被理论界长期忽略的"非对称性"特征。"当发展中国家发生金融危机时，发达国家可能较少受到严重打击；而一旦发达国家爆发金融危

---

[1] Helene Rey, Dilemma not Trilemma: the Global Financial Cycle and Monetary Policy Independence, August 31, 2013, VOX CEPR's policy Portal. http://www.voxeu.org/article/dilemma-not-triemma-global-financial-cycle-and-monetary-policy-independence.

机,发展中国家往往难以幸免于难。"①

四是美元的特殊地位和美国经济竞争力的持续下滑,使得全球经济失衡成为国际经济体系难以去除的顽疾。在当前国际货币体系条件下,美国高负债、高消费、低储蓄的发展模式得以维持。美国巨大的财政赤字和贸易赤字产生了巨额的融资需求,需要有境外的巨额美元可贷资金的支撑方能继续循环。一旦外汇储备国的储备增速减缓或贸易顺差下降,从境外流回美国的美元将出现资金流断裂,美国每年"借新还旧"的债务滚动模式将难以持续。此时,若美国出现债务违约,将给世界经济和国际金融发展带来严重危机。贸易盈余国家的外汇储备越积越多,美国的赤字规模也越来越大,同时,全球经济失衡的范围越来越广,程度也越来越重。不合理的国际货币体系在一定程度上造成了今日的全球经济失衡。全球经济失衡与国际货币体系的内在矛盾一起,引发了这场影响深远的国际金融危机。不改革当前的国际货币体系,就不能从制度根源上消除金融危机发生的基础。

(二) 全球金融规则和组织强化"无序",加剧体系不稳定

20世纪90年代,美国除继续把持国际货币主导外,还强化了对全球金融规则、全球金融组织和全球金融理念的控制。在全球金融规则的制定上,美国通过强化对新规则的主导权塑造对己有利的全球金融发展环境;在国际金融组织上,美国长时间搁置国际货币基金组织的民主化改革方案,并利用国际货币基金组

---

① 陈雨露:《大金融论纲》,北京:中国人民大学出版社,2013年版,第290页。

## 第七章 全球化背景下国际金融体系的运行

织和世界银行,在全球推行新自由主义、"华盛顿共识"等符合美国金融利益的经济金融理念。总之,美国通过货币权力、规范性权力、组织性权力和思想性权力,强化了对国际金融秩序的控制并使其为美国利益服务。与此同时,国际金融规则和国际金融组织沦为美国金融利益服务的工具,无法发挥应有的金融稳定职能。

1. 全球金融规则供给与国际金融一体化之间存在较大脱节

全球金融市场"规则供给不足"。金融市场具有内生的不稳定性,而国际金融市场的运行环境比国内金融市场更加复杂,因此不稳定性更强,其平稳运行也更需清晰的规则和相应的维护机制。但全球金融规则的供给却存在两个主要缺陷:一是不公平。全球金融体系是一个缺乏制衡的体系,突出体现在整体运行规则具有明显的发达国家偏向性,其内设的金融规则不公平。二是匮乏和滞后。20世纪90年代以来,随着金融全球化,全球金融市场一体化程度大大提高,市场类型和产品复杂性大增,但相应的规则却匮乏和滞后。主要表现如下:

国际金融市场的发展以"新自由主义"学说为指导。在以美国为首的西方国家的大力推动下,"新自由主义"在全球范围扩散,导致全球金融监管的大幅放松,金融风险的滋长和蔓延无法得到有效的预警和控制。"新自由主义"是有巨大缺陷的经济学说,由于对市场的盲目崇拜,国际金融体系的许多子系统内在的金融稳定机制被摧毁。[1]其必然结果是,国际金融危机频繁爆发。

---

[1] 在金融自由化思潮的影响下,发达经济体金融体系的稳定性也大为降低。Drehm Ann 等人对 7 个发达国家 1960—2011 年的研究表明,51 年内 7 国共爆发 11 次系统性银行危机,而在 1985 年之前,仅英国在 20 世纪 70 年代初曾在金融自由化后爆发金融危机。Goodhart et al.(2004 年)研究表明,经合组织成员国实施金融自由化政策后,出现银行信贷、产出和资产价格的繁荣崩溃周期。他们将金融自由化比作信贷紧缩经济体内的永久性生产率冲击。总之,自由化的金融体系放松了金融限制,金融失衡积累的空间因此增加。

国际资本流动规则缺失。例如，资本流动规模扩大与资本流动规则缺失之间存在较大矛盾。《这次不一样——八百年金融危机史》将20世纪80年代以来的世界定性为快速资本流动时期。资本自由流动加剧金融体系各子系统的金融周期幅度，引发资产价格暴涨暴跌，加剧金融系统的脆弱性，使得各国稳定金融的难度大增。尽管自20世纪90年代以来，关于制定国际资本流动规则的呼声此起彼伏，但在"新自由主义"当道下，国际资本流动一直处于无序状态中。

国际金融标准滞后。随着金融全球化进程不断深入，各国金融市场之间的联动效应日趋显著，金融机构之间的竞争也超越了国别界限，逐渐演变为全球范围内的竞争。从国际金融市场的结构分析，国际金融市场存在高度垄断特征，其游戏规则高度不透明，因此存在巨大风险。金融全球化时代对全球实施统一的金融标准提出了客观要求。20世纪80年代末以来，全球统一标准的制定取得了一定程度的进展，例如巴塞尔委员会制定的全球银行业标准已为越来越多国家接受，国际互换与衍生工具协会（ISDA）制定的有关标准日渐发展成为国际金融衍生产品交易过程中的基本依据。但这些规则仍然落后于金融市场的发展，且由于没有强制力，无法起到规范市场、防范风险的作用。

2. 全球金融组织为强权代言，难以发挥稳定作用

2008年国际金融危机爆发前，国际货币基金组织、世界银行集团、金融稳定论坛构成全球金融组织的核心金融机构/机制，共同负责维护全球金融体系稳定。但因制度设计方面先天不足、指导思想僵化，难以顺应国际经济金融格局的变迁，不能反映发展中国家的代表性和发言权，无法适应经济金融全球化的发展趋势和世界经济发展之需，因而无法起到有效维护全球金融稳定的作用。

权力架构缺陷。布雷顿森林体系机构在份额分配、投票权和

高官遴选规则等多个方面存在不合理之处：一是份额计算公式参数及权重选择缺乏科学依据。从表面看，份额计算公式包括GDP、储备规模、经常项目收支、开放程度等各种变量，但实际操作中有关参数和权重的调整不仅无公开程序，而且极其随意性，严重影响了份额计算公式作为决定成员国份额客观依据的公平性与合理性。①二是复合计算法加剧投票权失衡。布雷顿森林体系机构的投票权由反映主权平等原则的基本投票权和反映贡献度的加权投票权两部分组成，前者是每个成员国固定拥有，后者则以份额为基础分配。这种制度安排导致两者比率严重失调，"一国一票"的平等主权原则被"美元"决定性投票权取代。三是美国"否决权"的存在。国际货币基金组织和世界银行的章程规定，一般决议须获得半数以上投票权才能通过，而重大决议需获得85%以上投票权。但因为美国投票权一直在15%以上，该规定事实上赋予了美国在重大决议上的否决权。四是高级职位的美欧轮掌。在两大组织高官的选任上，美国人长期出任世界银行行长、欧洲人长期担任国际货币基金组织总裁已成惯例，两大机构实际上成为发达国家控制国际经济金融秩序的工具。发展中国家的代表性和发言权被忽略，对两个机构进行监督和问责也就更无从谈起。

指导思想教条。20世纪90年代初以来，"华盛顿共识"成为布雷顿森林体系机构的指导思想，其过分强调市场化、自由化、私有化等条件，存在严重教条主义倾向。如实际运作中，本应被当做实现稳定发展手段的市场化、自由化、私有化，被国际货币基金组织和世界银行作为目的来实现。理论上，两者应监督所有成员国的宏观经济政策，但实际上只有贷款国才需面对两个机构

---

① 王元龙等：《后金融危机时代国际金融体系改革——中国的战略与抉择》，载于《经济研究参考》，2010年第9期。

的监控。同时，国际货币基金组织的偏见也使其未能对成员国一视同仁：对主要国际储备货币发行国监管缺位，放任其实施过度宽松的货币和财政政策，从而导致全球流动性泛滥、投机盛行；对广大发展中国家则过度监管，强行推销紧缩性宏观政策、资本账户自由化、浮动汇率等经济理念，在提供救助时附带苛刻条件，这反过来加重了成员国危机。这些做法不仅偏离了两大组织的宗旨，而且也使其沦为少数发达国家实现本国经济利益最大化的工具。

预警能力不足。近20多年来，全球范围内各种类型的金融危机此起彼伏，布雷顿森林机构作为世界经济的治理者和国际金融市场的重要监管者，没能有效预测和防范金融危机的爆发，工作上出现相当程度的失职。如，在墨西哥爆发金融危机前一年，世界银行在《1993年世界银行年度报告》中说，"智利墨西哥已确立了一种使人均收入持续增长和通货膨胀率下降的趋势，这两个国家是最为明显的成功例子"。1994年10月，即墨西哥危机爆发前夕，国际货币基金组织还在《世界经济展望》中对墨西哥前景做出了美好的预测。同样，在1997年东亚金融危机爆发前，世界银行发布《东亚奇迹》报告，对东亚经济改革和前景盛赞有加。[1] 对于2007年次贷危机爆发前美国持续多年的大规模资本进口，国际货币基金组织在2006年秋季报告指出，金融市场在全球经济不平衡中扮演重要角色。由于新兴市场的金融系统缺乏效率，因此新兴市场无法将劳动生产率的高速增长转化为投资和消费需求，新增收入只能转化为储蓄积累。而美国金融市场规模大，流动性强，金融创新和新产品开发为投资风险管理提供了充分条件，使其成为国际投资者的目的地，吸引海外储蓄大量流入。[2] 次贷危机

---

[1] World Bank, The East Asia Miracle: Economic Growth and Public Policy, 1995.
[2] IMF, World Economic Outlook, October 2006.

爆发后，国际货币基金组织仍然低估危机的破坏性，对美国这一危机始发国也没能提出建设性政策建议。总之，在"努力改善危机预警指标"方面，"IMF 至今为止的预测记录很糟糕，而且它似乎更善于通过在华尔街吹响违约警报的号角来引起危机而不是预防危机。"①

救助能力较弱。早在 1982 年，马格多夫和斯威奇便指出，国际银行业和国际货币市场的发展意味着在超出中央银行有效干预的能力范围外，金融危机可能会发展为全球范围的"连锁反应式大灾难"。这意味着，金融全球化时代必须有强大的危机救助机制与之相匹配。但是，目前以国际货币基金组织为核心的国际危机救助机制的能力非常有限，常常处于资金不足状态。当 2008 年国际金融危机爆发后，发达国家央行成为危机救助者，通过大规模货币互换来稳定金融形势。"事实上，目前的全球金融体系与国家层面上的'自由银行'时代有某种类似之处：由于没有中央银行作为最后贷款人以及官方管理的银行救援机制，当面临银行挤兑时，禁止私人银行票据自由兑换成为必要的法律选择。"②

总之，由于布雷顿森林体系机构偏离了其纠正和调节市场失灵的全球公共职能的轨道，从而在相当大的程度上导致了全球经济的严重失衡和无序状态，加剧了国际金融体系的系统性风险。③

---

① [美]本·斯泰尔、罗伯特·E. 利坦著，黄金老等译：《金融国策》，大连：东北财经大学出版社，2008 年版，第 151 页。

② [哥伦比亚]若泽·安东尼奥·奥坎波：《有关国际金融改革的关键因素》，载于《国际社会科学杂志（中文版）》，2001 年 11 月。

③ 王元龙等：《国际金融体系的改革与发展趋势》，载于《广东金融学院学报》，2010 年 1 月。

## （三）全球金融监管仅具雏形，难以发挥稳定功能

1997年东亚金融危机的爆发使得"全球金融稳定"成为国际焦点。在七国集团的推动下，金融稳定论坛于1999年在巴塞尔创立，其创设目的是加强多边合作、维持全球金融稳定。金融稳定论坛虽然处于全球金融监管的核心，而且在推动全球金融标准制定上也发挥了积极推动的作用，但其未能有效监测全球金融风险、防止2008年国际金融危机的爆发，因此没能起到有效稳定全球金融体系的作用。综合来看，以金融稳定论坛为核心的全球金融监管存在以下缺陷：

代表性与权威性不足。金融稳定论坛由七国集团主导，成员国大多为西方发达国家，包括重要国际金融中心国家的中央银行或金融监管部门，国际金融组织以及国际标准制定机构。由于是"发达国家俱乐部"，金融稳定论坛的代表性和权威性明显不足，其决议经常受到其他国家的质疑。

组织松散。金融稳定论坛的运作和决策机制缺乏正式的制度保障。除设在巴塞尔的小型秘书处外，未常设其他支持性机构，多数工作通过成立特别工作组完成，难以有效承担全球金融稳定职能。

执行力弱。以国际金融标准为主要内容的全球金融监管实践，推崇国际金融标准的软法性质，即强调自愿遵守而非国际强制，来推广相关标准的国际适用。一方面，国际金融标准组织基本都是"富国俱乐部"，受代表性所限，其无法强制要求非成员国启用其制定的标准。另一方面，国际硬法的制定一般需要国际社会多数成员国长时期的讨价还价，不利于发达国家按照自身金融市场长期运作形成的惯例和最佳实践来主导规则制定。国际金融标准的软法性质虽然有利于发达国家按照自己的优势制定规

## 第七章 全球化背景下国际金融体系的运行

则,但同时也削弱了其强制力和执行力。

监管重点是标准制定,而非风险预警。金融稳定论坛的定位更多是交换信息、协调立场,尽管推出了金融体系稳健的12项核心标准(详见表7.8),但在发达国家放松金融监管的大环境下,其重点主要是统一标准、促进国际金融市场融合,而非识别、监测、纠正市场风险。鉴于此,国际金融市场,特别是离岸市场,长期处于国内、国际两不监管的放任自流状态。一些重要的国际金融价格基准,如伦敦银行间拆借利率(LIBOR)的确定完全被20来家跨国银行所操纵,价格合谋而非自由竞争成为常态。

表7.8 金融体系稳健的12项核心标准

| 涉及领域 | 标准名称 | 发布机构 |
| --- | --- | --- |
| 货币与金融政策透明度 | 货币与金融政策透明度良好实践标准 | IMF |
| 财政政策透明度 | 财政政策透明度良好实践标准 | IMF |
| 数据发布 | 数据公布特殊系统(SDDS)/数据公布通用系统(GDDS) | IMF |
| 破产 | 破产和债权人权利 | WB |
| 公司治理 | 治理原则 | OECD |
| 会计 | 国际会计准则(IAS) | IASB |
| 审计 | 国际审计准则(ISA) | IFAC |
| 支付和清算 | 系统重要性支付体系核心原则 | CPSS |
| | 证券支付体系建议 | CPSS/IOSCO |
| 市场诚信 | 金融行动特别工作组40条建议/反恐融资9项特别建议 | FATF |
| 银行监管 | 有效银行监管核心原则 | BCBS |
| 证券监管 | 证券监管的目标和原则 | IOSCO |
| 保险监管 | 保险核心原则 | IAIS |

风险监管具有明显偏向性。金融稳定论坛并不负责风险监测,这一任务主要由论坛成员组织——国际货币基金组织等来承

担。在美欧等发达国家的影响下，基金组织对全球金融风险的监测重点主要为新兴市场和发展中国家，而对发达国家的问题轻描淡写，突出反映在 2007 年美国次贷危机爆发前其发布的一系列报告中。对此，本章全球金融组织部分已做分析，此处不再累述。

总之，随着国际金融一体化的深入发展，20 世纪 90 年代末，国际金融体系产生了稳定自身的内在需求，并形成以金融稳定论坛为核心的全球金融监管。但是，受到权威性、代表性、执行力等多种因素制约，这一尚处于摸索阶段的机制难以发挥全球金融稳定的功能。

# 第八章

# 2008 年国际金融危机后的改革尝试

2008 年国际金融危机充分暴露出全球金融体系的内在缺陷。为加强全球金融体系的稳定性,在二十国集团领导下,以强化全球金融监管为主要内容的"自上而下"改革取得较大进展。与此同时,地区经济体,特别是新兴经济体也大力推动"自下而上"改革,积极构筑金融安全网。尽管本轮改革议题广泛、讨论深入,但以美国为首的发达国家仍牢牢把持改革主导权,因此改革多流于浅表、推动迟缓,难以触及全球金融体系的核心矛盾。金融全球化应当有全球金融监管与之相匹配,否则,难以从根本上稳定全球金融体系。未来,应继续提高全球金融监管的代表性、权威性和执行力,以此推动全球金融规则和全球金融组织改革,起到限制不合理的全球金融秩序,从而稳定全球金融体系的作用。

## 一、自上而下的改革

自上而下的改革,是指在美欧主导下,以二十国集团为平台推动的各项国际金融改革举措,主要包括调整全球金融治理架构,推动全球金融监管改革、国际金融机构民主化改革及国际货币体系改革等。

## （一）调整全球金融治理构架

首先，二十国集团代替七国集团成为全球经济治理的首要平台。布雷顿森林体系崩溃后，七国集团一直是国际金融货币事务的中心协调机制。但随着七国集团全球经济比重的不断降低，其独立解决国际经济金融事务的能力下降。2008年国际金融危机爆发后，七国集团无力应对，二十国集团（G20）取代其成为全球经济治理的首要平台，并发展成国际金融改革的总设计平台。相较而言，G20代表性更高，成员国人口占世界的2/3，GDP占85%，出口占60%。由于G20包含11个新兴市场国家，因此更加客观地反映了世界经济格局的发展现状，也更能有效发挥多边协调作用。

2008—2012年间，国际金融改革是二十国集团的主要关注点之一。2008年11月，第一届峰会在华盛顿召开。会议决定吸收新兴市场国家加入国际金融稳定论坛，并达成了全球金融改革的行动计划，包括提高金融机构透明度和责任性、提高金融监管效力、促进金融市场诚信、加强国际金融合作、改革国际金融机构等。2009年4月，第二届峰会在伦敦召开，出台了总额1.1万亿美元的全球经济复苏和增长计划，承诺大幅提高国际货币基金组织的贷款能力，并扩大特别提款权的规模。此次会议还将金融稳定论坛升级为金融稳定理事会，要求其与国际货币基金组织合作以监控全球宏观经济金融风险，并提出必要解决方案。2009年底，第三届峰会在匹兹堡召开，正式确立G20为国际经济合作"首要论坛"，制定了"强劲、可持续、平衡增长框架"，决定提高国际银行监管的资本要求，提高国际货币基金组织和世界银行中新兴经济体和发展中国家的份额与投票权，并提供5000亿美元的资金用于IMF"新借款安排"机制。2010年6月的多伦多峰会提出金融监管改革四大支柱,即强有力的监管框架、有效监管、处置和解决系统性机构问题,及透明的国际评估和同行审议。会议还承诺加强国际金融机构的合法性、可信度和有效性,并提高多边开发机构的贷款能力。2010年11月的首尔峰会承诺推动国际货币基金组织份额和投票权改革方案和新的国际银行监管规则,并提出加强全球金融安全网建设。2011年戛纳峰会提出建立更稳定和富有弹性的国际货币体系,改革金融部门和加强全球市场整合,解决大宗商品价格波动问题并改善能源市场等。2012年洛斯卡沃斯峰会承诺进一步加强国际金融构架,特别是大力加强全球经济金融风险的监测框架。此后,在二十国集团举行的领导人会议及财长和中央银行行长会议上,成员国围绕国际货币体系改革、国际金融机构改革、全球金融安全网建设、全球经济失衡、欧债危机、全球金融监管等问题开展了持续的讨论。

其次,金融稳定理事会成为全球金融监管的核心机构。二十国集团伦敦峰会上,与会领导人达成一致,将1999年成立的"金融稳定论坛"扩大为包含所有G20成员的"金融稳定理事会",并赋予其检视、完善全球金融规则、促进全球金融合作和稳定的职责。此后,金融稳定理事会成为二十国集团倚重和国际公认的促进全球金融标准制定与执行的核心机构。通过上述改革,全球金融治理构架获得一定程度调整,形成了以G20为战略指导机构,以"金融稳定理事会"为全球金融监管中枢神经,并由国际货币基金组织、国际清算银行、行业性全球金融监管组织等国际金融机构共同参与组成的全球金融监管网络。

## (二)力推全球金融监管改革

危机后,金融稳定理事会构成全球金融监管的核心。全球金融监管的强化也集中表现为金融稳定理事会职能转变、内部管理架构改革、外部合作网络的健全和具体监管指导意见的出台。

首先,职能转变与内部管理架构建设。

与金融稳定论坛相比,金融稳定理事会加强并拓展了全球金融稳定的职能。根据《金融稳定理事会章程》,其宗旨是通过在国际层面协调成员国金融监管当局和全球金融监管标准制定机构的工作,发展和促进有效规制、监管及其他金融政策的实施;与国际金融机构合作,评估和消除影响全球金融体系稳定的不利因素,促进全球金融稳定。[1]其主要职能包括:(1)评估影响全球金融体系的脆弱性问题,确定并监督消除这些不稳定因素的必要行动;(2)促进金融稳定主管机关之间的合作和信息交流;(3)监控全球金融市场的发展及其对监管政策的影响,并提出政策建议;(4)提出并监督实施监管标准的最佳做法;(5)对国际标准制定主体的工作进展进行联合审查,确保其工作及时且相互协调,并以解决优先事项和缺口为重点;(6)确定设立国际监管联席会议(supervisory college)的方针并给予支持;(7)支持跨境危机管理应急规划,尤其关注系统重要性企业;(8)与国际货币基金组织合作,进行早期预警演习;(9)促进和协调标准制定主体的活动,消除重叠或漏洞并澄清界限;(10)承担章程框架下成员在活动中商定的其他职责。[2]

为保障上述职能的正常履行,金融稳定理事会建立了相对完备的内部组织架构。其架构分为三层(见图8.1),第一层是大会、指导委员会、主席和秘书处。其中,大会是金融稳定理事会的决策机构,由全体成员组成,决议以协商一致方式通过。指导委员会在大会闭会期间为金融稳定理事会提供业务指导,其组成

---

[1] See Article 1 of Finanical Stability Board Charter.
[2] See Article 2 of Finanical Stability Board Charter.

由大会主席决定，大会主席也是指导委员会主席。每年将至少举行两次大会和四次指导委员会会议。秘书处设在位于巴塞尔的国际清算银行，由秘书长领导，秘书长由主席提名，大会任命。

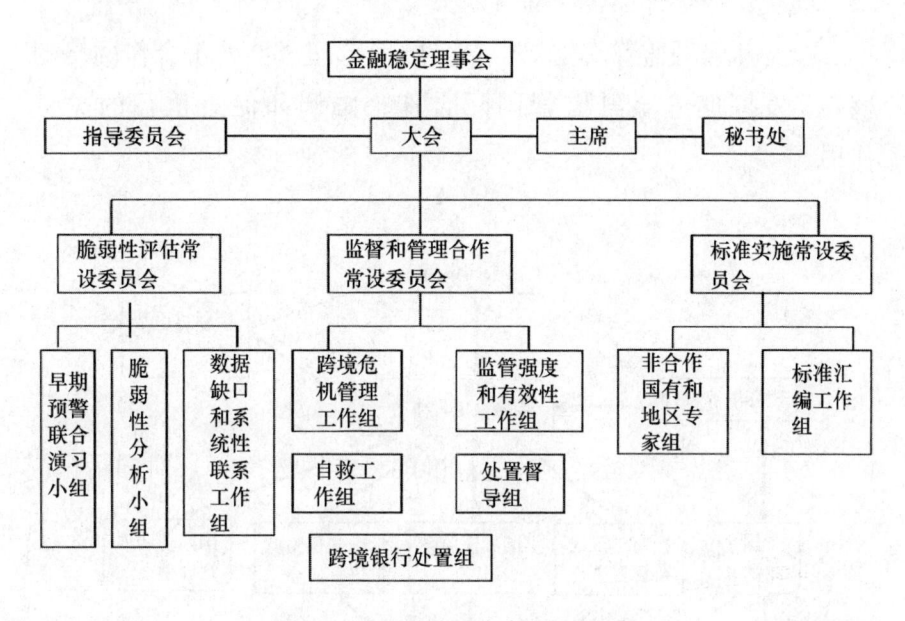

图 8.1　金融稳定理事会组织结构图

第二层是隶属于大会的常设委员会。与金融稳定论坛设立临时特别工作组的做法不同，金融稳定理事会设置了三大常设委员会，以保证其监管活动从临时性向常态性转型。三大常设委员会分别是脆弱性评估常设委员会、监督和管理合作常设委员会和标准实施常设委员会。其中，脆弱性评估常设委员会负责对金融体系的脆弱性进行评估，确定优先次序和监控，并向金融稳定理事会提出行动方案；监督和管理合作常设委员会负责监督和促进监管者之间的相互合作与协调，并制定政策建议；标准实施常设委员会负责成员国之间的同行评议，监督二十国集团首脑峰会有关金融政策的执行情况以及成员国实施国际标准的进展情况。

第三层是隶属于常设委员会的工作组。这些工作组根据常设委员会履行职责的需要设立，负责某一方面的具体工作（详见图8.1）

其次，强化外部合作网络。

在全球金融监管新构架中，金融稳定理事会处于合作网络的核心，发挥促进金融监管国际合作、协调和促进执行的关键作用。

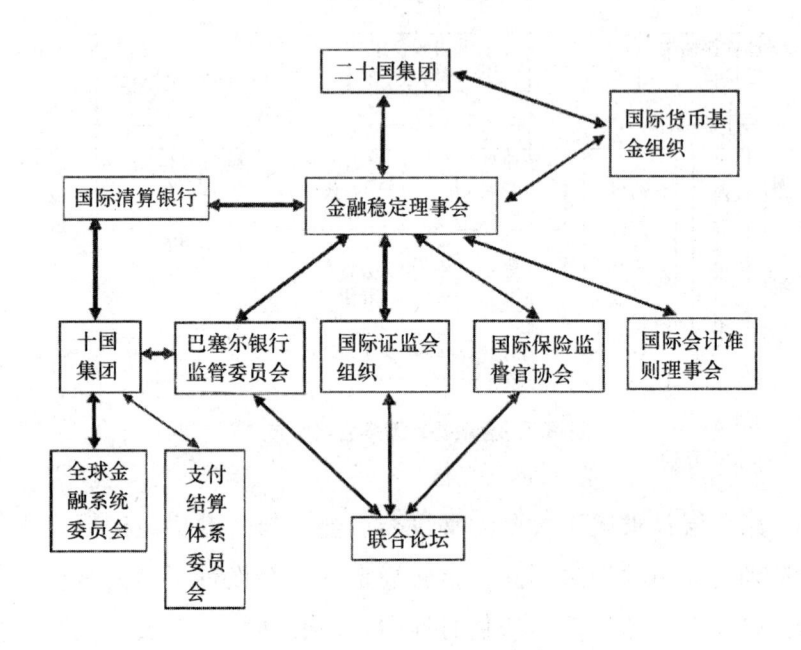

**图8.2　全球金融监管机制的组织结构图**

资料来源：刘真：《国际金融稳定法律机制研究》，载于《国际关系与国际法学刊》，2014年11月。

金融稳定理事会和二十国集团是指导与被指导的关系。二十国集团是国际金融改革战略的总设计者，金融稳定理事会是该战略的具体执行机构。这一关系体现在以下几个方面：首先，金融稳定理事会的设立依据是二十国集团伦敦金融峰会公报。其次，金融稳定理事会根据二十国集团峰会达成的改革共识开展相关金融稳定工作。第三，金融稳定理事会形成的关键文件大部分均须提交二十国集团首脑峰会审查。[①]

金融稳定理事会与国际货币基金组织是合作关系，合作领域主要是金融风险监控和标准实施监管。基金组织是金融稳定理事会的正式成员。二十国集团峰会公告明确要求两机构密切合作，尤其是在金融风险监控的早期预警实践领域。此外，金融稳定理事会对成员国和地区的监督需要基金组织的金融部门评估项目的支持。在监管范围上，两机构既有合作也有分工，分工表现在金融稳定理事会以负责金融风险和金融系统脆弱性为主，侧重金融体系监管问题。[②]国际货币基金组织主要侧重政策监管，更注重在技术层面加强对各国系统性风险评估工具的指导，以完善多边和双边监督机制；从监管范围来看，其主要关注宏观金融风险和系统脆弱性，并侧重在经济、宏观金融以及主权风险方面的关注。[③]

金融稳定理事会与巴塞尔银行监管委员会等国际金融标准制定机构也是合作关系，合作领域主要是国际金融标准制定。主要国际金融标准制定机构都是金融稳定理事会的正式成员。金融稳定理事会针对各个特定金融领域和问题发布的文件为国际金融标准制定机构制定和改革相关领域标准提供指导。

第三，引领全球监管理念改革。

金融稳定论坛致力于促进"国际金融标准"的普遍适用，但倡导自愿原则，不存在强制性措施。在这一点上，金融稳定理事会发生明显变化。尽管严格来说，金融稳定理事会并不具备国际

---

① 刘真：《国际金融稳定法律机制研究》，载于《国际关系与国际法学刊》，2014年11月。

② 李扬、胡滨主编：《金融危机背景下的全球金融监管改革》，北京：社会科学文献出版社，2010年版，第178—179页。

③ 同上。

法主体资格，通过其运作并不能够创设具有约束力的国际法上的权利和义务[①]，但是其通过同行评议、反制措施、定期对成员国进行金融部门评估（FSAP）并公布标准遵守和实施情况等，大大加强了对成员国的约束力。为了推动非成员国也使用其制定的全球金融监管标准和准则，金融稳定理事会还设立了美洲、亚洲、独联体、欧洲、中东、北非和南部非洲等六个地区咨询小组，约有150多个国家参加。作为非成员国，它们也被要求履行相应义务，如接受金融部门评估等。正是由于上述措施和机制，金融稳定理事会不仅是全球金融监管标准的制定者，也成为全球金融监管理念的引领者，对各国国内监管体系和监管理念的改革产生了巨大影响。

根据二十国集团2013年圣彼得堡峰会的要求，金融稳定理事会在国际金融标准制定方面的工作重点主要有4个：提高银行监管的灵活性、解决"大而不能倒"问题（系统重要性金融机构）、增加影子银行透明度、推动衍生品市场改革。此外，制定金融机构"有效破产机制"、加强监管有效性等也是金融稳定理事会的主要关注领域。[②] 2015年11月，金融稳定理事会向二十国集团峰会提交名为《二十国集团金融监管改革的执行和效果》的报告，对其六年来的工作进行总结。根据这一报告，其工作重点和成绩主要表现在以下几个方面。

1. 推动国际银行业监管改革，增加金融机构弹性。2008年国际金融危机暴露出《巴塞尔协议Ⅱ》的诸多缺陷，包括对一级资本充足率要求过低等。2009年9月，金融稳定理事会在二十国集团匹兹堡峰会上提交了名为《改进金融结构》的报告，建议提高

---

[①] See Article 16 of Financial Stability Board Charter.

[②] 参见金融稳定理事会官网，http://www.fsb.org/what-we-do/policy-development/

## 第八章 2008年国际金融危机后的改革尝试

银行资本质量。根据这一建议，巴塞尔银行监管委员会于2009年12月启动了巴塞尔协议的修订和完善工作，2010年12月公布了《巴塞尔协议Ⅲ》的正式文本。新协议对银行总资本充足率维持了8%的原有水平，但将一级资本充足率的标准从4%提高到6%，其中，核心一级资本充足率标准从2%提高到4.5%。此外，还要求银行设立2.5%的资本留存缓冲和0%—2.5%的逆周期资本缓冲。后两项指标的设定旨在提高银行在危机时期吸收损失的能力。

金融稳定理事会《二十国集团金融监管改革的执行和效果》报告显示，截止2015年11月，《巴塞尔协议Ⅲ》以风险为基础的资本规则在金融稳定理事会的24个监管辖区内全部生效；流动性最终规则（流动性覆盖比率，LCR）在22个监管辖区公布并生效；在拥有全球系统重要性银行总部的10个监管辖区中，9个已经发布了关于更高损失吸收要求的最后规则，并将于2016年初生效。[①]

2. 加强对系统重要性金融机构的监管，解决"大而不能倒"的不合理现象。金融危机表明，"大而不能倒"的道德风险可能使金融体系遭受重创，政府实施救助将侵蚀公共资源和纳税人利益，并加剧这一道德风险。因此，有必要在全球范围内加强对此类机构的监管，并确保其出现问题后能够有序退出市场。这类机构也被称为系统重要性金融机构（systemically important financial institutions，SIFIs），其特点是资产规模大、交易对手多、开展的金融业务难以被替代，一旦倒闭将引发巨大连锁反应，放大系统性风险甚至引发金融危机。全球系统重要性金融机构可细分为全

---

[①] Financial Stability Board: Implementation and Effects of the G20 Finanical Regulatory Reforms, Report of the Financial Stability Board to G20 Leaders, November 9, 2019, available, http://www.fsb.org.

球系统重要性银行（G-SIBs）、全球系统重要性保险公司（G-SIIs）和非银行非保险公司类全球系统重要性机构（non-bank non-insurer G-SIFIs）。

在二十国集团的要求下，金融稳定理事会于2009年10月推出《降低系统重要性金融机构道德风险的工作计划》，于2010年10月发布《降低系统重要性金融机构道德风险：建议与时间表》报告，并在首尔峰会上获得通过。报告建议对系统重要性金融机构采取以下监管措施：一是提高资本充足率监管标准，应在正常资本之外设立附加资本，以增强抵御风险和吸收损失的能力；二是强化流动性管理，应建立超额流动性考核标准，以提高应对流动性风险的能力；三是限制其参与某些业务活动，要求不同类型的业务活动应通过不同的法人机构进行，以有效隔离风险；四是适用更高的公司治理标准，董事会应对风险控制、发展战略及经营合规性负最终责任；五是监管过程中，加强母国与东道国合作，合作载体可以是国际监管联席会。

2013年，金融稳定理事会公布了9家全球系统重要性保险公司名单，分别是德国安联（Allianz）、美国国际集团（AIG）、意大利忠利（Assicurazioni Generali）、英国英杰华（Aviva plc）、法国安盛（Axa S. A.）、美国大都会人寿（MetLife, Inc.）、中国平安集团（Ping An Insurance）、美国保德信（Prudential Financial, Inc.）和英国保诚保险（Prudential plc）。2014年11月，金融稳定理事会公布了30家全球系统重要性银行名单。现行国际标准规定，这些银行应进一步分类，在10.5%最低资本要求基础上，额外提出1%—3.5%不等的系统重要性资本附加要求（详见表8.1）。

## 第八章 2008年国际金融危机后的改革尝试

表8.1 全球系统重要性银行及其资本充足率监管要求

| 组别 | 总资本要求 | 系统重要性附加资本 | 全球系统重要性银行（2014年11月公布） ||
|---|---|---|---|---|
| 5 | 14% | 3.5% | 暂无 ||
| 4 | 13% | 2.5% | 汇丰银行（HSBC） | 摩根大通（JP Morgan Chase） |
| 3 | 12.5% | 2.0% | 巴克莱银行（Barclays）<br>德意志银行（Deutsche Bank） | 法国巴黎银行（BNP Paribas）<br>花旗银行（Citigroup） |
| 2 | 12% | 1.5% | 美国银行（Bank of America）<br>瑞士信贷集团（Credit Suisse）<br>三菱日联银行（Mitsubishi UFJ FG） | 苏格兰皇家银行（Royal Bank Scotland）<br>高盛集团（Goldman Sachs）<br>摩根斯丹利（Morgan Stanley） |
| 1 | 11.5% | 1.0% | 中国银行（Bank of China）<br>中国工商银行（ICBC）<br>法国人民—储蓄银行（Groupe BPCE）<br>荷兰国际集团（ING Bank）<br>瑞典北欧联合银行（Nordea）<br>法国兴业银行（Societe Generale）<br>美国道富银行（State Street）<br>意大利联合信贷集团（Unicredit Group）<br>瑞银集团（UBS） | 中国农业银行（ABC）<br>西班牙对外银行（BBVA）<br>法国农业信贷集团（Group Credit Agricole）<br>日本瑞穗银行（Mizuho FG）<br>西班牙桑坦德银行（Santander）<br>渣打银行（Standard Chartered）<br>日本三井住友银行（Sumitomo Mitsui FG）<br>美国富国银行（Wells Fargo）<br>纽约梅隆银行（Bank of New York Merlon） |

截止2015年11月，金融稳定理事会已公布了全球系统重要性银行和保险公司的名单，但由于评估方法尚不成熟，有关再保险公司的全球系统重要性地位的决策被推迟。此外，在结束对资产管理活动产生的金融稳定风险的评估后，对非银行非保险公司

类全球系统重要性金融机构的评估方法也将最终确定。①

3. 加强对衍生品市场的监管,提高市场安全性。2008 年金融危机中,资产证券化和金融衍生品是重要导火索,加强对衍生品市场的规范和管理成为危机后监管改革的重点之一。2009 年 6 月,金融稳定理事会建议提高金融衍生品市场的标准化程度,通过建立集中清算制度和实施有效监管措施降低交易风险。2009 年,金融稳定理事会牵头组成了由支付结算体系委员会、国际证监会组织和欧盟委员会参加的工作组,就加强衍生品市场监管展开研究。2010 年 10 月,金融稳定理事会发布《实施场外衍生品市场改革》报告,对衍生品合约标准化、中央结算、交易所或电子交易平台交易等问题提出建议,并在二十国集团首尔峰会上获得通过。2011 年 3 月,支付清算体系委员会和国际证券会组织发布《关于协调一致的金融市场基础设施原则》报告,内容涉及完善支付体系、建立中央证券存管机构、改进证券结算体系和中央交易对手、加快交易数据库的建立等。

在金融稳定理事会的推动下,成员国政府也加强了国内监管规则的制定。截至 2015 年 11 月,成员国国内的柜台交易衍生品改革正逐步推进,衍生品市场最发达的国家进展最为迅速。其中,实施情况最好的规则包括交易报告、中央清算和针对非中央清算衍生品的更高资本要求等。金融理事会所有监管辖区中仅 3 个仍未实施交易报告要求;12 个辖区设立了针对标准化衍生品的中央清算框架,其全球市场覆盖率高达 90% 以上;8 个辖区设立了针对标准化衍生品的交易/平台交易框架,其市场

---

① Financial Stability Board: Implementation and Effects of the G20 Finanical Regulatory Reforms, Report of the Financial Stability Board to G20 Leaders, November 9, 2019, available at http://www.fsb.org.

覆盖率也高达90%以上。①

4. 提出对影子银行的监管思路，使其转变为更具弹性的以市场为基础的金融中介。影子银行体系（shadow banking system）指有利于传统银行体系之外的信用中介机构与信用中介活动。批发业务模式、杠杆化操作、低透明度和较少受到监管是影子银行体系业务活动的主要特征。金融稳定理事会于2010年12月成立了影子银行体系工作组，专门研究影子银行监管问题。2011年，该工作组先后发布《影子银行体系：范围问题》《影子银行体系：进展和下一步措施》和《影子银行体系：强化观测和监管》三份报告，对影子银行体系的监管提出总体思路：一是监管应着眼于其业务活动所产生的系统性风险和外部性；二是应实施灵活多样的监管措施，在市场准入、资本要求、流动性、业务范围等方面制定相应的监管标准；三是监管措施应进行整体设计并具有前瞻性；四是持续监管，定期总结和评估，不断完善监管措施。

为加强对影子银行体系的监管，金融稳定理事会创立了"全体系监测框架"（system–wide monitoring framework），用以跟踪影子银行体系的全球发展趋势和风险。此外，还与标准制定机构合作，制定了在五大领域加强监管的政策措施，包括降低银行与影子银行实体互动的风险；减轻货币市场基金的挤兑性倾向；提高证券化的透明度和动机协调（incentive alignment）；降低证券融资交易中的顺周期性和其他金融稳定风险；评估并减轻其他影子银行实体和活动带来的金融稳定风险。金融稳定理事会《二十国集团金融监管改革的执行和效果》报告显示，截止2015年11月，在减轻货币市场基金挤兑性倾向领域，包括美国在内的五个监管

---

① Financial Stability Board: Implementation and Effects of the G20 Finanical Regulatory Reforms, Report of the Financial Stability Board to G20 Leaders, November 9, 2019, available at http://www.fsb.org.

辖区在实施国际证监会组织的建议方面最为积极，全球市场覆盖率达到63%；大部分辖区对于货币市场基金投资组合采取公允估值方法，但是流动性管理方面的进展较为缓慢，且各国情况差异较大。此外，在实施国际证监会组织有关证券化动机协调的建议方面，各国情况也存在较大差异。大部分监管辖区要求保险公司通过直接或间接方式持有5%的证券化信用风险。除了上述两大领域外，其他措施总体上仍处于实施的初期阶段。①

5. 推动国际社会加强宏观审慎监管。2008年国际金融危机暴露出之前单纯以微观审慎监管为指导的监管理念具有严重缺陷，凸显以宏观审慎监管防范系统性风险的重要性。2009年4月，二十国集团伦敦峰会发布的《强化合理监管，提高透明度》报告指出，作为微观审慎的重要补充，各国应加强宏观审慎监管。2011年2月，金融稳定理事会向二十国集团财长和央行行长会议提交了《宏观审慎政策工具和框架》研究报告，提出宏观审慎管理三要素，即宏观审慎分析、宏观审慎政策工具和宏观审慎政策安排。其中，宏观审慎分析指监管部门对系统性风险进行的检测和评估，其为发现系统性风险来源、发布风险预警、采取宏观审慎政策提供依据。宏观审慎政策工具是金融监管部门防范和控制系统性风险的手段，如逆周期的资本要求、前瞻性拨备、杠杆率控制、对系统重要性金融机构实行特别监管等。宏观审慎政策安排是宏观审慎管理政策与微观审慎管理政策的有机结合，及金融监管政策与货币政策、财政政策、汇率政策的协调配合。在金融稳定理事会等机构的推动下，美国、英国、欧盟等经济体先后成立了跨监管机构的专门组织，负责制定宏观审慎政策、加强对系统

---

① Financial Stability Board: Implementation and Effects of the G20 Finanical Regulatory Reforms, Report of the Financial Stability Board to G20 Leaders, November 9, 2019, available at http://www.fsb.org.

性风险监控。

除上述五大领域外，金融稳定理事会还推动在消除数据鸿沟、建立现行存款保险制度、加强对冲基金和评级机构监管、制定金融基准价格（包括利率基准和汇率基准）原则、启动法律实体身份认证系统（Legal Entity Identifier，LEI）、加强主要银行风险披露等方面，推动国际标准的制定和实施。[1]

### （三）实施国际金融机构民主化改革

2008年国际金融危机爆发后，国际货币基金组织和世界银行等全球经济治理核心机构，因其内部权利分配与现实的世界经济格局严重脱节，无法有效发挥危机监测和救助职能的问题再度引起全球关注。因此，推动国际货币基金组织民主化改革成为国际金融改革的核心环节之一。

第一阶段改革：2008年，国际货币基金组织执行董事会推动危机以来第一次影响较大的决策结构改革，并于2011年正式生效。主要内容包括：第一，增加54个国家的基金份额；第二，将基本投票权扩大三倍，提高低收入国家的发言权；第三，在执行董事会中另增两个副执行董事席位给非洲国家；第四，以后至少每五年定期调整一次份额和投票权分配。此轮改革后，投票权前十名的成员国分别为：美国、日本、德国、法国、英国、中国、意大利、沙特阿拉伯、加拿大、俄罗斯。[2]

---

[1] Financial Stability Board: Implementation and Effects of the G20 Finanical Regulatory Reforms, Report of the Financial Stability Board to G20 Leaders, November 9, 2019, available at http://www.fsb.org.

[2] IMF, The IMF's 2008 Quota and Voice Reforms Take Effect, Press Release No. 11/64, March 3, 2011, available at http://www.imf.org/external/np/sec/pr/2011/pr1164.htm.

表 8.2　IMF 第 14 次份额改革前后对比

| 排名 | 国家 | 改革前份额（%） | 国家 | 改革后份额（%） |
| --- | --- | --- | --- | --- |
| 1 | 美国 | 17.661 | 美国 | 17.398 |
| 2 | 日本 | 6.553 | 日本 | 6.461 |
| 3 | 德国 | 6.107 | 中国 | 6.390 |
| 4 | 法国 | 4.502 | 德国 | 5.583 |
| 5 | 英国 | 4.502 | 法国 | 4.225 |
| 6 | 中国 | 3.994 | 英国 | 4.225 |
| 7 | 意大利 | 3.305 | 意大利 | 3.159 |
| 8 | 沙特阿拉伯 | 2.929 | 印度 | 2.749 |
| 9 | 加拿大 | 2.670 | 俄罗斯 | 2.705 |
| 10 | 俄罗斯 | 2.493 | 巴西 | 2.315 |
| 11 | 印度 | 2.441 | 加拿大 | 2.311 |
| 12 | 荷兰 | 2.164 | 沙特阿拉伯 | 2.095 |
| 13 | 比利时 | 1.931 | 西班牙 | 1.999 |
| 14 | 巴西 | 1.782 | 墨西哥 | 1.868 |
| 15 | 西班牙 | 1.687 | 荷兰 | 1.831 |
| 16 | 墨西哥 | 1.520 | 韩国 | 1.799 |
| 17 | 瑞士 | 1.450 | 澳大利亚 | 1.378 |
| 18 | 韩国 | 1.411 | 比利时 | 1.344 |
| 19 | 澳大利亚 | 1.357 | 瑞士 | 1.210 |
| 20 | 委内瑞拉 | 1.115 | 土耳其 | 0.977 |

资料来源：国际货币基金组织网站。

第二阶段改革：2010 年 11 月，基金组织执行董事会就新改革方案达成共识，同月 G20 首尔峰会予以支持。2010 年 12 月 15 日，基金组织理事会批准该方案，并完成了第 14 次份额总检查。该方案主要包括三方面内容：一是总份额方面，将特别提款权增加一倍到约 4768 亿特别提款权；二是份额转移，将约 6% 的份额转移给新兴市场和发展中国家；三是调整基金组织执行董事会的构成，减少两个来自欧洲发达国家的成员，所有执行董事都将由选举产生。① 改革方案生效需成员国中 3/5 多数，不低于总投票权 85% 的国家的批准。根据国际货币基金组织规划，各国国内立法机构应于 2012 年 10 月召开 IMF 年会之前完成审批手续，改革方案将于当时生效。截至 2013 年 10 月 1 日，占总投票权 76.07% 的 141 个成员国同意修正案，但由于美国国会迟迟不予批准，改革方案被一拖再拖。2015 年底，美国国会终于批准了改革方案，标志这轮改革的成功，具体改革措施有望在 2016 年得以执行。IMF 原定于 2014 年启动第十五次份额总检查，也被一推再推至 2019 年 IMF 年会前完成。②

## （四）推动国际货币体系改革

2008 年国际金融危机爆发后，全球市场震荡不止，以美元为主导的国际货币体系与国际金融不稳定性之间存在千丝万缕的联系。二十国集团成员对国际货币体系的关切和质疑主要集中在以下几个方面：一是美国经济在世界经济中占比下降，但美元仍扮演主要国际货币角色，且美联储管理美元的方式受到质疑；二是主要发达国家货币汇率波动过于频繁，影响了国际经济稳定，特别是导致大宗商品价格大幅波动，对相关国家的经济构成挑战；三是新兴市场和发展中国家为应对外部冲击积累高额外汇储备，加剧了全球金融体系失衡；四是 20 世纪 90 年代以来，国际资本

---

① IMF, Quota and Voting Shares Before and After Implementation of Reforms Agreed in 2008 and 2010, available at http：//www.imf.org/external/np/sec/pr/2011/pdfs/quota_tbl.pdf.

② 2016 年 2 月，二十国集团财长和央行行长会议上，成员国表示欢迎 2010 年国际货币基金组织（IMF）份额和治理改革生效，支持在 2017 年年会前完成 IMF 第十五次份额总检查。但是，相关工作推进十分缓慢。根据 2018 年 4 月国际货币基金组织发布的《国际货币与金融委员会第三十七次会议公报》，第十五次份额总检查的截止日期被推迟到 2019 年年会之前。

流动的波动性越来越强，国际金融市场和很多国家受到冲击。[1]尽管有关国际货币体系改革的讨论很多，但因涉及利益重大，且参与方众多，大部分提议难有实质性进展，唯一突破口是对特别提款权的改革。

首先，提高特别提款权总额。在2010年国际货币基金组织改革方案中，特别提款权总额扩大一倍，从约2384亿SDR增加到约4768亿SDR（约7200亿美元）。

其次，扩大特别提款权货币篮子。危机后，中国政府开始推动人民币进入特别提款权货币篮子。2010年，国际货币基金组织执行董事会以人民币不符合"可自由使用"为由否决了人民币加入特别提款权货币篮子。按照基金组织前总裁卡恩（Strauss - Kahn）的说法，主要有两大障碍：一是人民币没有回归到市场价值，在人民币成为浮动汇率货币前将人民币纳入一篮子货币有很大难度；二是人民币与市场的融合问题，即人民币在国际交易中的接受度问题。[2] 2015年8月初，国际货币基金组织发布《特别提款权估值方法评估——初步考虑》报告，认为"不同的指标显示，人民币已经在国际贸易以及使用中具备显著地位"。报告强调人民币近几年在跨境支付以及在全球金融市场中，作为一个活跃的交易货币的地位迅速提高，近20%的中国货物贸易以人民币结算。12月1日，国际货币基金组织公布，将人民币正式纳入特别提款权货币篮子，且权重超过日元和英镑，位于美元和欧元之后成为特别提款权货币篮子中的第三大货币。根据计划，2016年10月1日，特别提款权的价值将由美元、欧元、人民币、日元和英镑这五种货币所构成的一篮子当期汇率确定，所占权重分别为

---

[1] 上海国际问题研究院国际金融体系改革课题组：《国际金融体系改革的评估与展望》，载于《国际经济》，2011年第5期。

[2] 石建勋、郑超洪：《特别提款权定值货币新标准与人民币国际化》，载于《国际经贸探索》，2014年2月。

41.73%、30.93%、10.92%、8.33%和8.09%。

表8.3 历史上特别提款权篮子货币权重变化（%）

|  | 1981—1985 | 1986—1990 | 1991—1995 | 1996—2000 | 2001—2005 | 2006—2010 | 2011—2015 | 2016—2020 |
|---|---|---|---|---|---|---|---|---|
| 美元 | 42 | 42 | 40 | 39 | 45 | 44 | 42 | 41.73 |
| 欧元 | — | — | — | — | 29 | 34 | 37 | 30.93 |
| 人民币 | — | — | — | — | — | — | — | 10.92 |
| 日元 | 13 | 15 | 17 | 18 | 15 | 11 | 10 | 8.33 |
| 英镑 | 13 | 12 | 11 | 11 | 11 | 11 | 11 | 8.09 |
| 马克 | 19 | 19 | 21 | 21 | — | — | — | — |
| 法郎 | 13 | 12 | 11 | 11 | — | — | — | — |

资料来源：国际货币基金组织网站。

## 二、自下而上的改革

虽然全球金融改革相较之前取得一些进展，但发达国家主导国际金融秩序的情况并没有改变。2008年国际金融危机爆发后，国际金融市场动荡不安，国际资本无序流动，次生冲击不断出现，严重威胁新兴市场和发展中国家经济的平稳发展。为捍卫自身利益，外围国家抱团取暖，尝试建立新的国际规则，并组建新型国际金融机构。

### （一）探索资本管制新规

2008年国际金融危机爆发后，全球资本无序流动，给全球经济带来较大负面影响。为求自保，包括发达和发展中经济体在内的多个国家，加强对资本流动的管理。

2009年10月，巴西开始针对外国资本对巴西的股票和债券投资征税。如，对固定收益投资的税率由最初的2%增至6%，对货币衍生品交易的税率为1%；对投资期限低于5年的外资征收6%的金融交易税。后来，由于欧元危机导致资本外流，巴西政府又调低了外资证券投资的税率和外资投资期限的税收门槛。

2007年8月，印度央行面对外资大量流入，对居民外币借款实行数量控制，并禁止将外币（借款）兑换成卢比。2012年5月，印度央行要求所有印度出口商必须把50%的外汇收入兑换为卢比，以遏制卢比的贬值趋势。[1]印度认为，资本管制使印度得以有效维持国内外利差，从而保持了货币政策的独立性。[2]

2010年6月，韩国为应对资本急剧流出，决定对外汇衍生品头寸进行管制，规定本地商业银行所持外汇衍生品不得超过银行资本金的50%，外国银行分行不得超过其资本金的2.5倍，2011年初进一步将国内银行的外汇衍生品投资限额降低20%。同时，韩国宣布限制居民的外汇借款。此后，韩国还恢复了对外国人投资韩国国债征收利息税，同时对银行所持外债征税。当资本流入对韩元和韩国经济造成反向冲击时，韩国政府又推出反向资本流动管理措施以维护韩国经济和金融稳定。

泰国于2010年10月宣布对外资购买当地债券所获收益征收15%的税收。2010年底，印度尼西亚宣布对银行短期海外借款设定30%的上限，并要求银行在2011年3月前必须将外汇资产中提取的准备金从1%提高到5%，6月起将准备金比率提高到8%。此外，墨西哥、秘鲁、哥伦比亚、中国台湾、南非、俄罗斯、波兰等经济体也加入到恢复或加强资本管制的行列。

一些发达国家也实施或考虑实施某种类型的资本管理。例如，在金融危机期间，冰岛实行资本管制，制止资本外流。

---

[1] The Wall Street Journal, May, 16, 2012.

[2] R Kohli, ICIER, East Asian Forum, July 28, 2011.

2011年G20轮值主席、法国总统萨科奇提出征收金融交易税、打击"避税天堂"、制定管理跨境金融的行为准则,并要求国际货币基金组织提供进行此项改革的指导方针。2012年,在欧债危机愈演愈烈的背景下,德国总理默克尔曾表态支持征收金融交易税。

表8.4 危机后各国资本管制措施的类型

| 对资本流入的管理措施 | 对资本外流的管理措施 |
| --- | --- |
| 流入外资按一定比例以无报酬准备金存入中央银行 | 对国内机构海外投资和所持外汇账户实行审批制 |
| 对外债和外汇衍生品征税 | 对国内机构海外投资和外汇交易实行报告制度 |
| 对金融中介的净外汇负债征税或实施数量限制 | 限制或禁止外资进入特定部门和行业 |
| 限制货币错配 | 限制非居民的金融投资(如股票),或对此实行审批制度 |
| 限制对外借款的最终用途,如只准用于投资或贸易 | 限制外国投资的本金和投资收益的汇出 |
| 对某些资本交易实施强制性审批 | 限制非居民的国内借贷 |
| 对流入资本规定最低滞留期限 | 对资本流出征税 |

资料来源:余永定、张明:《资本管制和资本项目自由化的国际新动向》,载于《国际经济评论》,2012年9月。

总之,资本账户管制能够被各国用来增强经济稳定性,正在成为一个不断强化的共识。在金融风险积聚、资本流动对全球货币政策分化异常敏感的情况下,加强资本管制的呼声得到了更多响应。在全球层面,国际货币基金组织对成员国采取何种资本流动管理措施采取了不同以往的宽容态度,认为对跨境资本进行调控的国家在所有受国际金融危机冲击的国家中遭受的影响最小。① 2016 年 2 月,二十国集团财长和央行行长会议,提出要更好地监测资本流动,及时识别风险,应对大规模资本流动波动挑战,并强调建立充足和有效的全球金融安全网的重要性。

(二) 加强区域危机防御网的建设

欧洲建立地区危机防御网。欧债危机暴露出欧洲货币政策统一与财政政策分散、金融市场统一与危机救助机制缺失的内在制度性矛盾。为稳定欧洲经济金融形势,欧盟 2010 年成立了面向欧盟 27 国规模达 5000 亿欧元的欧洲稳定机制 (ESM),及临时性的面向欧盟 16 国、由欧元区各国政府担保、规模达 4400 亿欧元的欧洲金融稳定工具 (EFSF)。2012 年 10 月,欧洲金融稳定机制 (EFSM) 取代欧洲金融稳定工具,正式生效。2013 年 1 月《欧洲经济货币联盟稳定、协调和治理公约》,即欧盟"财政契约"正式生效,该协议旨在强化对成员国财政纪律的约束。与此同时,欧洲还加紧推进银行业联盟的建设。2012 年 5 月召开的欧洲理事会非正式会议上,欧洲委员会正式提出建立欧洲银行业联盟的设想。6 月 26 日,欧洲理事会主席范龙佩、欧洲央行行长德拉吉、欧盟委员会主席巴罗佐及欧元集团主席容克共同发布《迈向一个真正的经济与货币联盟》报告,规定了欧洲银行业联盟的三大支

---

① Ostry, Jonathan D., Atish R. Ghosh, Karl Habermeier, Marcos Chamon, Mahvash S. Qureshi, and DennisB . S. Reinhardt, "Capital Inflows: The Role of Controls", IMF Staff Position Note 10/04, 2010, Washington, D. C. : International Monetary Fund; Ostry, Jonathan, Ghosh, Atish R. and Chamon, Marcos, "Managing Capital Inflows: The Role of Capital Controls and Prudential Policies", NBER Working Paper No. w17363, 2011, Cambridge, Mass. : National Bureau of Economic Research. Available at SSRN: http: //ssrn. com/abstract = 1919437.

柱。支柱一即单一监管机制（SSM）推进最快。2013年10月15日，欧洲理事会通过单一监管机制法案，11月4日该机制正式启动。支柱二即单一处置（清算）机制。2016年1月1日，欧洲《银行复苏与清算指令》正式生效，同时欧洲单一清算委员会获得完全的清算权利，标志着欧洲单一清算机制进入实施阶段。支柱三是共同存款保险机制，由于欧洲核心国家对于改革方案存在根本分歧，直到2018年中期，仍未形成共识。

东亚加固危机防护网。东亚危机防护网的建设始于2000年东盟和中日韩（"10+3"）合作框架下签署的《清迈协议》，其主要内容有二：一是拓展1997年《东盟互换协议》（ASEAN Swap Agreement）框架下的互换规模；二是启动中、日、韩与东盟成员国的双边互换。2008年5月，东盟和中日韩财长会议同意设立规模为800亿美元的共同外汇储备基金。2009年2月，东盟和中日韩（"10+3"）特别财长会议发表《亚洲经济金融稳定行动计划》，承诺加快"清迈倡议"多边化进程，尽早建成区域外汇储备库，并将规模从800亿美元扩大到1200亿美元。区域外汇储备库将继续坚持中日韩三国分担80%，东盟国家负担20%的原则。截至2012年底，货币互换规模已达2400亿美元。目前，《清迈协议》也存在一些问题，如缺乏独立的运作、协调和管理机构，合作形式较为松散，因此协议执行效率低，成员协调成本高；该框架下80%的资金运用需要与国际货币基金组织的贷款挂钩，使得该协议缺乏独立性和灵活性；虽然互换规模不断提高，但现实中资金使用率不高，自2000年《清迈协议》签署以来，尚未有国家使用过该框架下的资金。

拉丁美洲国家深化货币合作。在第七届美洲联盟峰会上，部分拉美国家决定创立新的区域性货币"苏克雷"，并将其作为区域内贸易的虚拟结算工具，待条件成熟之时，再进一步发行正式的通货，以减少美元的使用。

总之，在危机防范和救助方面，全球已逐渐形成了一个包括多边安排、区域机制、双边货币互换和单个国家外汇储备在内的多层级全球金融安全网络。

### (三) 建立由新兴经济体主导的国际金融机构

2009 年，俄罗斯、中国、印度和巴西成立金砖国家合作机制，2011 年南非加入。作为二战后第一个由新兴市场国家组成的国际合作机制，金砖国家合作机制关注国际金融体系改革、国际货币体系改革、加强新兴市场经贸金融合作等，成为危机后推动国际经济金融秩序改革的一支重要力量。金砖国家合作机制催生了两个重要的合作机制。2013 年金砖德班峰会上，五国正式达成建立新开发银行的合作意向，并计划建立外汇储备库。2014 年 7 月，五国在巴西峰会上签署《成立新开发银行的协议》。新开发银行遵循平等原则，五国出资额相同，初始规模为 500 亿美元。2015 年 7 月 21 日，新开发银行正式开业。2015 年 7 月，金砖五国签署《金砖国家应急储备安排中央银行间协议》。金砖应急储备库总额 1000 亿美元，五国遵循务实互助的出资原则。其中，中国出资规模 410 亿美元，巴西、俄罗斯、印度各出资 180 亿美元，南非为 50 亿美元。

亚洲基础设施投资银行是历史上第一个由中国主导建立的国际金融机构。2013 年，中国政府提出设立亚投行的倡议，在国际上获得热烈回响。2015 年 12 月 25 日，亚投行正式成立，拥有包括发达和发展中国家共 57 个创始会员国。亚投行法定资本规模 1000 亿美元，初始认缴资本为 500 亿美元。其中，中国拥有 30.34% 的份额和 26.06% 的投票权，排名第二到第五的成员国依次为印度、俄罗斯、德国和韩国。亚投行在运营初期重点投资五大领域，即能源、交通、农业发展、城市发展和物流。

# 三、改革成效评估

2008年国际金融危机爆发以来，全球金融改革取得了一些积极进展，包括新兴经济体首次进入国际金融治理的核心平台、改革议题触及全球金融体系根本缺陷、具体改革获得阶段性突破、新兴经济体建立新型国际金融机构等。整体而言，目前的改革举措仅是对现有体系的零敲细补，重点聚焦全球金融监管改革，而在国际货币体系改革、资本流动规则和国际金融机构改革上推进缓慢。在缺乏整体设计和协同推进的情况下，现有改革措施对稳定全球金融体系的作用较为有限。

## （一）全球金融改革的主要成果

首先，全球金融治理机制扩容，新兴经济体首次进入核心议事圈。布雷顿森林体系崩溃后，七国集团一直是国际货币金融协调的核心机制。1997年亚洲金融危机爆发后，七国集团虽然建立了与数个大型新兴经济体的对话机制，但决策核心仍是西方发达国家。2008年国际金融危机后，二十国集团代替七国集团成为国际经济治理的首要平台，标志着新兴经济体首次以一个群体进入国际经济治理机制的中心，这在世界经济史上是一次巨大的进步。G20机制将发达国家与新兴经济体聚在一起，共同就全球货币金融问题开展协调与磋商，这与七国集团的协调机制相比具有进步性。当然，这并不意味着国际经济新秩序的建立或者西方发达国家开始更多的关注发展中国家利益。毕竟G20仅是一个协调、研究、磋商国际经济金融问题的平台，至于到底能发挥多大实际作用，未来能否进一步正规化、组织化、制度化，仍然存在很多不确定性。

其次，改革议题范围较广，相关讨论触及到国际金融体系的核心矛盾。1997年亚洲金融危机爆发后，国际社会也曾就改革全球金融体系提出各种方案，主要涉及 IMF 融资条件、发展中国家的汇率制度选择和资本项目开放、主权债务破产法及私人部门参与等内容。①由于当时陷入危机的主要是发展中国家，因此改革矛头也主要指向发展中国家的内部制度缺陷。2008年国际金融危机首先在美欧爆发，而新兴经济体也借由 G20 得以参与国际金融治理改革，因此，讨论的改革议题相当广泛，不仅涉及到发达国家的改革诉求，也反映了新兴经济体和发展中国家推动国际金融体系深度改革的愿望。例如，改革讨论涉及建立全球性金融监管体制、改革 IMF 投票和决策机制、增强国际金融机构的融资能力、限制美元霸权等内容。

第三，全球金融改革获得阶段性进展。发达国家最为关心的金融监管改革最先获得突破。2009—2010年，美欧发达国家大力推动国内金融监管改革，国际层面以《巴塞尔协议Ⅲ》为代表的全球金融监管改革也在2010年二十国集团首尔峰会上获得通过，后被成员国陆续实施，一些成员国甚至采取了高于《巴塞尔协议Ⅲ》的监管标准。美欧主导的全球金融监管改革，将金融衍生品、影子银行、对冲基金等纳入金融监管视野，对于净化国际金融市场有着积极作用。国际金融机构改革尽管受到一些阻挠，也获得了实质性进展。国际货币基金组织2010年份额与投票权改革方案有望于2016年正式实施。2017年，基金组织将启动第十五次份额总检查，继续推动民主化改革。2015年末，人民币被纳入特别提款权货币篮子，实现了发展中国家货币成为储备货币的零的突破，这不仅改善了特别提款权篮子货币的代表性，也标志着

---

① G7, Report of G7 Finance Ministers to the Koln Economic Summit, Cologne Summit Conference, Germany, June 18–20, 1999.

国际储备货币多元化站到了一个新的起点。

第四，新型国际金融组织的出现，为全球金融治理民主化改革增添新动力。金砖国家合作机制及新开发银行、亚洲基础设施投资银行的成立，改变了发达国家长期垄断全球金融组织和全球金融规则制定的不合理状况，不仅有助于弥补现有国际金融机构在国际公共产品供给上的严重不足，为全球金融组织服务全球经济发展提出了新思维，也从侧面推动了布雷顿森林体系机构的民主化改革。南非国际事务研究所的卡瑟琳·马克瑞拉认为，国际货币基金组织和世界银行一直都是美欧势力范围，金砖国家开发银行的成立可以成为促进上述机构加速改革的杠杆。[1]南非国际问题研究所的梅默里·杜布表示，金砖国家开发银行的成立或将迫使国际货币基金组织和世界银行重新评估对发展中国家的援助方式。[2]正是在金砖新开发银行、亚洲基础设施投资银行的压力下，美国国会终于2015年底批准了国际货币基金组织2010年份额和投票权改革方案。

## （二）全球金融改革的不足

首先，缺乏对全球金融稳定总体框架的设计和共识。20世纪90年代以来，全球金融稳定性显著下降，原因是多方面的：包括金融全球化背景下全球金融市场发生结构性变化，储备货币发行失控，全球经济金融失衡加剧，以及全球金融稳定框架缺失等。金融全球化必须有全球化的金融治理架构与之相匹配。驯服全球

---

[1] "Tensions Remain about BRICS Development Bank", http://www.theglobalandmail.com/report-on-business/international-business/tensions-remain-about-brics-development-bank/article10425492.html

[2] Ndumiso Mlilo, "BRICS Has Potential to Make it Big on International Arena: Experts", http://english.peopledaily.com.cn/90777/8177986.html

金融周期、提高全球金融体系的稳定性是一个相当复杂而艰巨的系统性工程，需要对全球金融体系的运行框架和基本原则进行总体设计，然后以此为指导对各个组成部分进行调整与改革。国际货币规则、资本流动规则、全球监管规则、危机救助规则、国际金融货币政策协调、国际金融组织等都是这一总体框架的组成部分。这些制度、规则与组织之间存在相互关联、相互影响的密切关系，共同保证全球金融体系的稳定运行。2008年国际金融危机爆发后，全球金融治理架构初步搭建，但目前的改革缺乏顶层设计，改革集中于全球金融监管规则的强化上，而关键货币金融规则仍处于缺失或失衡状态，因此无法保证全球金融体系在公平公正原则上稳定运行。在系统性弊病难以根除的情况下，对全球金融体系具体领域、具体规则的微观修补对提高整个体系的稳定性效果有限。

其次，全球金融监管架构松散、代表性不足。危机后建立起来的全球金融监管构架呈现出一种松散的网络特征：居于核心的是二十国集团领导人会议和在二十国集团直接领导下的金融稳定理事会，处于外围的机构包括国际货币基金组织、世界银行、国际清算银行以及巴塞尔银行监管委员会等国际金融标准制定组织等，与金融稳定理事会形成了合作与互补关系。按照目前的分工，金融稳定理事会、国际货币基金组织、巴塞尔银行监管委员会、国际清算银行等之间虽也有相互协调配合，但总体而言处于松散状态，呈现出一种跨政府网络的特色，协调成本较高。此外，一个有趣的现象是，最具有代表性的国际货币基金组织主要负责政策监管，而代表性较低的金融稳定理事会和巴塞尔银行监管委员会等国际金融标准制定组织却负责国际金融规则的制定。由于代表性不足，这些机构制定的规则多以国际软法的形式出现，约束力不强，而且规则制定后得不到成员国执行的问题也十分突出。

第八章 2008年国际金融危机后的改革尝试

第三，全球金融监管改革效果有限。危机后，全球金融监管改革的领域局限性导致改革成效有限。全球金融监管不仅应当包括对金融市场运行的监管，也应当包括对国际货币体系运行的监管，只有双管齐下，才能有效起到稳定全球金融体系的作用。然而，危机后全球金融监管改革聚焦于金融市场监管，而对国际货币体系的缺陷较少涉及，因此难以根除国际金融市场的各种乱象。即便是在全球金融市场监管领域，由于危机后的改革是在二十国集团、金融稳定理事会、国际货币基金组织、国际清算银行和巴塞尔银行监管委员会等全球标准制定组织的合作下推动进行的，无论是对危机根源的剖析还是加强监管的由来，均是针对欧美国家的经济金融特征对系统性风险的影响以及监管制度存在的问题。[①]全球金融监管改革的这一特点具有双重后果：

一是对根除美欧金融体系的弊病作用有限。目前的全球金融监管改革是美欧妥协的产物。例如，金融稳定理事会曾就"金融机构薪酬"问题发布报告，指出薪酬过高会助长金融机构短期逐利的不良倾向。但该建议在美国基本无法实施，仅受到政府救助的金融机构被迫压低薪酬，一旦不再需要政府救助便重新实施高薪。又如，金融稳定理事会也就"大到不能倒"问题发布报告，但2008年国际金融危机爆发后的趋势是，美欧银行业的集中程度都因金融机构的倒闭和兼并大大提高了，"大到不能倒"问题不但没有减轻，反而进一步恶化。[②]

---

① 李扬、胡滨：《金融危机背景下的全球金融监管改革》，北京：社会科学文献出版社，2010年版，第178页。
② 尽管"大到不能倒"问题在危机后成为改革焦点，美国新监管法甚至还规定未来不许对大型银行提供救助，但这些规定实际效用有限。纽约大学教授努里尔·鲁比尼认为，要真正解决"大到不能倒"问题，必须拆分大型银行和寡头垄断托拉斯，使银行保持适度规模。他认为这才是矫正美国"自由放任模式"和"巫术经济学"的根本办法。

在美国国内，金融改革受到华尔街巨大游说能力的阻挠，许多有意义的金融监管改革建议被弱化、搁置，甚至抛弃。例如，"林肯修正案"被极大弱化。该案于2010年5月提出，规定银行不得参与衍生品交易，其主旨是让银行回归传统银行业务。但在金融利益集团的大力游说下，法案最终文本规定银行可保留常规的利率、外汇等衍生品交易（占衍生品交易量的80%以上），只有高风险的衍生工具（如垃圾债券的信用违约掉期）才会被完全剥离出来，并有两年过渡期。同样，"沃尔克规则"也被削弱和不断推迟。该规则最初提出，禁止商业银行的所有自营交易，并完全与对冲基金和私募基金分业。但这一提议遭到华尔街金融巨鳄的猛烈抨击。《多德—弗兰克法案》最终放宽了该规则对华尔街的限制，而且设置了较长的缓冲期。按照规定，2012年7月21日开始，大型银行应当遵守沃尔克规则。但由于华尔街的阻挠，2012年4月，美联储宣布，沃尔克规则很难如期通过，缓冲期延长至2014年6月21日。总之，与1929年大萧条后美国实施的金融改革相比，本次金融危机后美国对银行业的监管改革无疑是温和的。[①]2017年初，美国总统特朗普上台后，开始酝酿对金融业的监管松绑。2018年5月，美国会通过《经济增长、放松监管和消费者保护法案》，对2010年的《多德—弗兰克法案》进行重大调整，减轻中小银行监管压力，使面临更严格联邦监管的美国银行降至"不到10家"，并为未来更大规模放松监管预留空间。

---

① 1929年大萧条发生后，美国严格禁止混业经营，并全面取缔专营股价走势赌博的投机商铺，成功抑制了市场投机、强健了金融业肌体。本次危机后，美国虽试图推动结构性改革，但未能全面禁止名为对冲、实为赌博的各类金融投机，因而既无法压缩庞大而危险的衍生品市场，也无法有效切断金融市场之间的风险传染。据《华尔街日报》2010年8月底报道，《多德—弗兰德法案》签署还不满一个月，华尔街银行业就开始了新的赌博游戏，这一次是针对通缩。只要未来十年消费者指数出现任何下降，参赌者只用花1.5万美元，就能获得最高100万美元的回报。有个赌客下注1.74亿美元，目标是赢40亿美元，庄家赔率高达20∶1。

二是新兴经济体可能水土不服。尽管新兴经济体借由二十国集团这一平台，在国际金融改革中的话语权有所提升，但此次监管改革对于新兴市场考虑甚少。因此，相关改革建议如果在所有成员国范围实施的话，则颇有"美欧国家生病，全球跟着吃药"之嫌。此外，在美欧主导下，金融监管规则"非中性"的问题仍然较为突出。

国际货币基金组织2012年秋季发布《全球金融稳定报告》认为，全球金融体系的结构并没有变得更加安全，主要因为以市场为基础的金融中介活动对于大部分金融体系而言仍然十分重要；金融体系仍然依赖批发性融资，且这类融资往往具有高度的集中性；发达经济体的金融体系变的更加集中。所有这些指标都与金融压力正相关。在缺乏好的跨境解决框架（cross-border resolution frameworks）的情况下，与全球化相连的外溢效应将一直存在。[①]

第四，针对国际货币制度的改革仅浅尝辄止。国际货币规则构成全球金融规则的核心。国际货币制度的弊端是全球金融体系不稳定的重要制度性根源，但危机后的国际货币改革仅流于浅表，没有触及核心。一般认为，国际货币制度包括三方面的主要内容：一是国际储备货币的发行制度；二是国际汇率安排；三是国际收支失衡的调节制度。布雷顿森林体系崩溃后，国际金融稳定性下降，与这三个制度的内在缺陷有着紧密联系。一方面，美国垄断国际储备货币的发行与美国经济实力的逐渐下滑形成巨大矛盾，同时美国无力提供稳定的国际汇率安排，恶化了国际经济金融稳定运行的基础；另一方面，20世纪70年代以来，美国一直坚持国际收支顺差国承担国际收支调整负担，不断加深美元特

---

① IMF: Global Financial Stability Report, October 2012.

权与全球经济格局发展趋势的矛盾。①

稳定全球金融体系的重要一环是对国际货币制度进行反思和改革，包括限制美元在国际金融体系中的过度特权、稳定主要经济体货币间的汇率关系、建立平衡的国际收支失衡调整机制等。但到目前为止，关于国际货币制度改革的进展仅仅体现在特别提款权货币篮子的改革上，而且在危机爆发7年后，人民币才被纳入货币篮子。就目前的情况看，特别提款权改革的象征意义远大于实际意义。尽管特别提款权创立于20世纪60年代，但随着全球外汇储备的迅速膨胀，特别提款权在国际储备中的占比不断缩水，其重要性不断下降。目前，全球外汇储备已经高达11万亿美元，而特别提款权在增发后也仅相当于7200亿美元，尚不到全球外汇储备总额的7%。在特别提款权发行规模和使用范围得不到大力拓展的情况下，人民币进入特别提款权货币篮子不会对国际货币制度的运行产生实质性的影响。而且，从日元国际化的经验来看，日元长期处于特别提款权货币篮子之中，但近十几年来，日元国际化的步伐基本停滞不前。

此外，部分重要的国际金融规则未被纳入改革重点。由于新兴市场和发展中国家的代表性和话语权有限，其关心的一些重要的国际金融规则，如资本流动规则、汇率协调规则等难被纳入国际金融改革讨论，不利于全球金融体系的稳定。以汇率协调规则为例。发达国家在20世纪90年代末到21世纪初，纷纷放弃对汇率的大规模干预，主要原因是其经济规模较大且经济发展水平较高，可从容应对汇率波动的影响。因为商品、服务和金融资产的

---

① 2008年国际金融危机爆发后，以美国为首的发达国家始终将人民币汇率问题与国际金融危机爆发的原因挂钩，以此迫使中国大幅升值人民币和进一步开放资本市场。人民币大幅升值有利于美国降低债务规模，而中国进一步开放资本市场则有双重后果，一是中国将更多持有美国过剩的金融产品；二是为通过制造价格波动来获利的国际资本提供一个新的大赌场。

交易活动大多局限于本地区范围内，且其成熟的远期和期货市场也为货币套期保值提供了便利。①但新兴市场和发展中国家却没有这些优势，为防止汇率巨幅波动对经济运行的破坏，它们不得不选择积累外汇储备，而这一自救措施却进一步加剧了全球金融体系的内在矛盾。

第五，国际金融机构改革步速缓慢。美国的阻挠一直是国际金融机构改革的最大障碍。1997年，国际货币基金组织理事会批准了《基金协定》第四次修正案，决定解决特别提款权体系中的累积分配问题，但在美国国会的拖延下，直到2009年8月10日才最终生效。2008年国际金融危机后，国际货币基金组织2010年份额与投票权改革方案原本计划2012年生效，但在美国国会的拖延下，直到2016年才最终生效。此轮改革方案正式实施后，美国投票权将从之前的16.7%下滑至16.5%，但美国仍然拥有一票否决的特殊权利。根本而言，目前美国仍把持着国际货币基金组织和世界银行的制度红利。可以预见的是，随着未来国际货币基金组织的改革向纵深领域推进，来自美国的阻挠力量将会更大。

## 四、面向未来的建议

全球金融体系改革涉及内容广泛且庞杂，因而推动改革非常艰难。美国经济实力虽然相对衰落，但金融、政治和军事等综合实力仍然无以匹敌，"在位优势"依然明显。主要经济体在改革过程中的利益不同，进一步增加了改革的难度，因而全球金融体系的改革是一项长期而艰巨的系统工程。近中期看，务实的做法是进一步深化现有改革，以修补方式增强全球金融体系的稳定

---

① ［意］马里奥·德拉吉：《货币战争视角下的冲突和新联盟》，载于《中国金融》，2011年第18期。

性；远期看，须对国际货币体系和全球金融监管构架进行根本性变革，才能消除金融全球化与现有国际金融秩序之间的深刻矛盾。

## （一）近中期改革建议

国际金融改革涉及内容广泛，牵涉利益众多。在国际经济格局多元化趋势长期存在的大背景下，近中期内重建新秩序的可能性较低。比较现实的做法是逐步推动改革，由易到难，由点及面，由边缘逐渐向核心推进。

1. 凝聚国际共识，减少改革阻力

目前的国际金融体系投机性、逐利性强，对实体经济和发展的支撑作用鲜明下降。斯蒂格利茨（1989）、萨默斯（Summers）（1989）指出尽管在金融全球化浪潮下，金融业的效率有了极大提升，但金融产业的运行成本也变得十分巨大。投入到赌博和股市投机的资源本来可用于更加具有生产性的目的。[1]巴克利、阿尔纳（2011年）指出，2001年阿根廷债务重组安排中，政府将约40%的私人债务转移到工人身上，这是资本主义世界历史上史无前例的财富收入的巨型再分配。[2]

新的全球金融体系应当克服旧体系的缺陷，立足于提高全球人民生活水平，努力缩小各国之间的贫富差距，并建立公正合理的国际金融新秩序。目前，发展中国家与发达国家在全球金融体

---

[1] J. Stiglitz, "Using Tax Policy to Curb Speculative Short – Term Trading" (1989) 3, Journal of Financial Services Research 101; L. Summers & V. Summers, "When Financial Markets Work Too Well" (1989), p. 263.

[2] Ross P. Buckley, Douglas W. Arner, From Crisis to Crisis, The Global Financial System and Regulatory Failure, Wolters Kluwer International BV, The Netherlands, 2011, p. 284.

系中的权利、地位差距较大，未来改革需进一步推进金融合作的公平性、公正性、合理性。新兴市场和发展中国家对现行金融体系的弊端有很多批评：包括（1）金融促进发展的作用下降。阿根廷经济和金融发展中心主任维兹巴认为，当前全球金融体系各行其是，导致全球发展停滞、经济和金融动荡以及财富过于集中。为"让国际金融为发展服务"，有必要进行一次真正深入的国际金融体系改革，建立一个更加稳定、安全、高效的金融体系。（2）美元独大削弱了全球金融体系的稳定性。俄罗斯G20专家委员会常务董事罗德被舍夫斯基认为，许多发展中经济体在世界经济中所占比重越来越大，但"以美元为基础的单一货币体系仍然占据主导地位"，如果全球金融体系能建立在多元货币体系的基础上，则全球金融体系会更强大。（3）全球金融监管规则对新兴市场存在歧视。土耳其工商业协会经济研究论坛主任奥特格认为，"当前世界上针对国际银行体系、跨境资本流动、股票和债券市场的金融监管，不能适应全球背景下新兴经济体越来越重要的地位。"尽管有上述批评意见，但新兴市场之间仍存在观点分散、协调困难等问题，很难拿出统一方案，更难推动发达国家采取相应的协调或改革措施。因此，近中期最重要的任务，是加强新兴市场以及国际社会对未来全球金融体系整体构架的共识，确定短期、中期、长期改革路线路，在现有基础上继续推动国际金融体系的民主化、公正化改革，并为中长期深度改革创造条件。

2. 深化现有改革

（1）持续推动国际货币基金组织改革。布雷顿森林体系崩溃之后，国际货币基金组织在有效性和合法性方面的缺陷愈加明显，国际社会对其定位和未来作用的认识产生分歧。2008年国际金融危机爆发后，二十国集团2008—2012年历届峰会反复强调了基金组织在金融稳定和危机治理中的重要作用和地位，认为基金组织仍是全球金融体系的核心组织，应加强它的职能，给予更多的资金资源和权力，改革组织的治理结构，使其能够在未来监测全球经济的发展、预警危机并在向危机国家提供资金援助方面发挥重要作用。[1]这些宣誓不仅明确了基金组织在全球金融治理体系中的重要地位，也为其后续改革和制度建设指明了方向。危机后，基金组织已完成两轮改革，并计划于 2019 年年会前完成第 15 轮份额总检查工作。巴克利、阿尔纳（2011）指出，2010 年国际货币基金组织份额和投票权的微小改革并不能根本改变 IMF 内部的权力平衡（balance of power），必须对 IMF 的文化和信仰体系进行改革。[2]未来，推动和落实基金组织第 15 次份额改革，修改和完善改革份额公式[3]，取消美国的一票否决特权，改革国际金融机构的管理架构，给予新兴和发展中国家更大的话语权，应成为近中期改革的方向。

（2）扩大特别提款权的规模和使用范围。设立于 1969 年的特别提款权是国际货币基金组织采取国际货币合作方式创造的一种国际储备资产，起初是为应对 1960 年美国耶鲁大学教授特里芬提出的"特里芬难题"。特别提款权作为基金组织会员国特别提

---

[1] Declaration – Summit on Financial Markets and the World Economy, G20, http://www.g20.org/documents/g20_summit – declaration.pdf

[2] Ross P. Buckley, Douglas W. Arner, From Crisis to Crisis, The Global Financial System and Regulatory Failure, Wolters Kluwer International BV, The Netherlands, 2011, p. 275.

[3] 具体来说，现行的份额公式是包括以下变量的加权平均值：GDP（权重为 50%）、开放度（主要是衡量经常项目收支总和）（30%）、经济波动性（经常项目收入和资本净流动的波动度）（15%），以及国际储备（5%）。这里的 GDP 是以市场汇率计算的 GDP（权重为 60%）和以购买力平价（PPP）计算的 GDP（权重为 40%）的混合变量。公式还包括一个"压缩因子"（0.95%），用来缩小成员国计算份额的离散程度。2012 年 3 月，IMF 执行董事会对份额公式改革进行了首次正式讨论，强调需要就一个"更能反映成员国在全球经济中相对地位"的份额公式达成协议，并在 2014 年 4 月的 IMF 春季年会上重申了在 2013 年 1 月前完成全面重估的承诺。

款账户中一种账面资产存在，与黄金、外汇并列，可用于帮助会员国偿付逆差或为会员国发放贷款。特别提款权的使用虽未能避免布雷顿森林体系的崩溃，但在一定程度上补充了国际流动性和储备的不足，部分取代了美元国际货币的职能，在现行国际货币体系中起着十分重要的作用。

2008年危机后，国内外学者建议扩大特别提款权的使用范围，以限制美元的过度使用。例如，奥坎波指出，国际货币基金组织协定章程第八条第7款和第二十二条规定，"让特别提款权成为国际货币体系的主要储备资产"，但这一承诺至今形同虚设。基金组织协定章程应做出修订以允许更灵活地使用特别提款权，复制中央银行的操作方式，即在全球衰退期间创造，在全球繁荣期间收回。他建议，特别提款权应该成为国际货币基金组织的主要资源，取代成员国的配额认购和基金组织贷款，这有望使基金组织成为纯粹的基于特别提款权的机构。成员国将其得到的特别提款权存在基金组织，后者将这些特别提款权贷给各成员国并将剩余部分投资于主权债券。[1]斯蒂格里茨（2009）倡议改革全球储备制度，如让特别提款权发挥更大作用。[2]周小川也支持拓宽特别提款权的使用范围，具体建议包括：第一，建立特别提款权与其他货币之间的清算关系，改变当前特别提款权只能用于政府或国际组织之间国际结算的现状，使其能成为国际贸易和金融交易公认的支付手段；第二，积极推动在国际贸易、大宗商品定价、投资和企业记账中使用特别提款权计价；第三，积极推动创立特别提款权计值的资产；第四，特别提

---

[1]《哥伦比亚大学教授奥坎波：废除美国过度货币特权》，中证网，2013年10月21日。

[2] United Nations, Report of the Commission of Experts convened of the President of the UN General Assembly on Reforms of the International Monetary and Financial System (Stiglitz Commission), United Nations, New York, 2009.

款权定值的货币篮子范围扩大到世界主要经济大国。为提升市场对其币值的信心,特别提款权的发行也可从以人为计算币值向以实际资产支持的方式转变;第五,由基金组织集中管理成员国的部分储备。①

鉴于危机后,国际社会对特别提款权的关注和期望再度上升,相关讨论越来越多,人民币也于2015年底被纳入特别提款权货币篮子,以此为突破口对现有国际储备货币体系进行改革,成为一条值得尝试的路径。

(3) 加强全球金融安全网建设。危机后,金融安全网在各个层次得到加固或新建。全球层次,国际货币基金组织通过增资,增强了危机救助能力;复边层次,2013年10月,美国、欧洲、瑞士、英国、加拿大和日本六大央行,将临时双边货币互换协议转换成无上限的长期多边协议。新的互换安排允许成员国在自己辖区内以另外五种货币中的任何一种货币提供流动性。这一协议实际上形成了覆盖上述六大经济体的金融安全网。金砖五国也成立了应急储备库,初始规模为1000亿美元;地区层次,东亚国家("10+3")将双边货币互换升级为多边外汇储备库,欧洲设立了规模庞大的危机救助机制;双边层次,签订货币互换协议成为许多国家抵御危机的政策选择。

上述措施表面上增加了成员国的危机防御能力,但总体上却导致全球金融安全网更加分裂和低效。2016年3月17日,国际货币基金组织发布报告称,全球安全网已经日益支离破碎,一旦世界经济因反复无常的资本流动而遭到破坏,想要对危机做出回应变得更加困难。最近几年,防御性措施的发展没能跟上外债增长的步伐。而且,由于金融周期"幅度和存续时间一直都在增

---

① 周小川:《关于改革国际货币体系的思考》,2009年3月23日,中国人民银行网站。

长，资本流动已经变得更加波动，非银行金融机构的重要性增强，从而正在改变系统性风险的本质"。①一旦发生系统性的金融风险，将导致全球危机反应资源（包括各国外储、央行货币互换、欧洲稳定机制等地区安排）不敷使用。因此，防范全球金融系统性风险，应当三管齐下：一要加强危机预警体系的建设；二应整合全球的危机防御能力，建立覆盖面更广及非排他性的全球金融安全网；三是加强金融监管规则的制定和执行，防止因全球金融安全网的建立而产生道德风险。

3. 推动建立新规则

（1）更好地管理全球汇率体系，避免汇率过度波动。20 世纪 90 年代末至 21 世纪初，美、欧、日相继放弃对汇率的干预，美元、欧元、日元之间的汇率完全由市场机制来决定。②近 20 年来，主要国家货币间汇率发生了大幅度的波动，美元兑欧元、美元兑日元汇率高点与低点的比例接近 2：1。汇率大规模超调，无法用实体经济面因素来解释。2008 年国际金融危机爆发后，三大货币之间汇率波动更为剧烈、频繁，导致国际金融市场行情暴涨暴跌、融资功能紊乱，不利于全球经济的稳步复苏。因此，稳定全球经济金融形势，还应该降低近几年来出现的剧烈汇率波动水平。③

---

① 《IMF 警告：下一次金融危机将压垮全球金融体系》，载于腾讯证券，2016 年 3 月 18 日。http://stock.qq.com/a/20160318/000912.htm

② 20 世纪 80 年代至 90 年代，发达国家曾对相互间汇率进行大规模干预。1981 年至 1997 年，美联储先后采取了 453 次干预措施，平均每年 30 多次。然而，1998 年至 2011 年初，美联储只采取了两次干预措施：一次是在 2000 年 9 月，当时欧元兑美元汇率处于历史低点；另一次是在 2011 年 3 月 18 日日本发生大地震之后。欧洲中央银行只采取了 4 次干预措施，分别在 2000 年 9 月和 11 月。2004—2011 年初，日本仅实施过两次干预措施，分别在 2010 年 9 月和 2011 年地震后。

③ 《哥伦比亚大学教授奥坎波：废除美国过度货币特权》，2013 年 10 月 21 日，中证网。

20世纪30年代的经济大萧条时期,各国以绝对国家汇率主权为据,采取"以邻为壑"的汇率政策。竞争性货币贬值与各种贸易限制措施加剧了世界经济的萧条,最终成为第二次世界大战爆发的经济原因。1944年布雷顿森林会议召开时,国际货币体系的创始者就意识到汇率——特别是大国之间的汇率——是一个多边关注的问题,这些汇率的管理应该兼顾所有国家的利益。[1]因此,布雷顿森林体系建立的理论基础是,只有制定并维持固定汇率的国际法律制度,才能有效约束各国政府的汇率主权行为,保证国际贸易的有效进行。[2]然而,布雷顿森林体系崩溃后,汇率制定权由政府下移至市场,汇率决定的私人化造成国际汇率稳定性下降,不利于国际经济交往的开展。汇率的不稳定是当今世界繁荣的一个主要威胁。汇率的不稳定导致金融市场的不稳定,以及实际债务、税收负担、利率和工资率的嬗变。[3]

反对稳定汇率体系的理由之一是"外汇市场干预无效论"。但蒙代尔指出,历史上成功干预并稳定汇率的例子很多,并指出成功干预的四原则是:一是干预应该有一个清楚阐明的目标;二是干预不应该被冲销;三是干预应该同时在即期和远期市场上进行;四是干预应该被协调一致。[4]

对于管理全球汇率体系,新兴市场较为关切,但发达国家比

---

[1] [美]罗伯特·A. 蒙代尔、保罗·J. 扎克主编,张明译:《货币稳定与经济增长》,北京:中国金融出版社,2004年版,第12页。

[2] Richard Myrus, From Bretton Woods to Brussels, a Legal Analysis of the Exchange – Rate Arrangements of the International Monetary Fund and the European Community, Fordham Law Review, Vol. 66, 1994, p. 2099.

[3] [美]罗伯特·A. 蒙代尔、保罗·J. 扎克主编,张明译:《货币稳定与经济增长》,北京:中国金融出版社,2004年版,第16页。

[4] 同上。蒙代尔认为,国际金本位制的整个历史就是一段成功干预的历史,布雷顿森林体系下,固定汇率制度在超过20年的时间里成功运作。货币局制在几十年内也长期使用自动干预来固定汇率。欧元区利用干预来固定汇率的做法也是成功的,欧元区事实上遏制了投机资本的冲击。

较消极，新兴市场与发达国家的立场与观点存在较大差距。近年来，汇率波动过于剧烈对发达国家的负面影响也有所显现。在这个问题上，全球主要经济体应当在总结历史教训的基础上，开展对话，深入探讨汇率制定权和管理权。

（2）探讨建立资本流动规则。金融全球化并不意味着允许无规则的资本流动。在资金跨国流动规模越来越大的全球化世界中，更应加强对国际资本流动的监管，遏制国际游资的过度投机，建立国际金融市场安全运行的秩序。对于国际金融市场的平稳运行而言，两类规则较为关键；一是全球金融监管规则；二是国际资本流动规则。2008年国际金融危机爆发后，在发达国家的大力推动下，全球金融监管规则得到加强，但新兴市场更加关心的国际资本流动规则仍是改革禁区。

国际资金流动存在发展性流动和投机性流动两类，对于前者应当鼓励，对于后者应当限制。短期投机资本流动具有较强负面外溢性。可借鉴对高污染产业的治理方式，要求短期投机资本也将其造成的社会成本内化，从而达到抑制投机的作用。亚历山大、都莫等学者认为，如果广泛认识到个体投资者对社会造成了很多风险，而同时要求这些投资者按照相应比例承担这些风险的社会成本，那么各国就可以从一个开放的国际金融系统中获得收益，并建议建立一个更加强有力的金融构架，针对风险投资建立一整套的规定和要求。[1] 皮凯蒂（Piketty）（2014）提出征收全球资本累进税，同时大幅提高国际金融透明度。[2] 爱泼斯坦（Epstein）（2011）建议实行资本管理（capital management），认为资本管理将促进金融稳定、吸引理想的投资和融资安排同时阻止不

---

[1] ［英］克恩·亚历山大、拉胡尔·都莫、约翰·伊特维尔著，赵彦志译：《金融体系的全球治理》，北京：东北财经大学出版社，2010年版，第287页。

[2] Thomas Piketty, Capital in the Twenty–First Century, the Belknap Press of Harvard University Press, 2014.

太理想的投资/融资战略、加强经济和社会政策自主性、加强国家自治权甚至民主等。①尽管危机后国际货币基金组织对新兴市场和发展中国家短期内采取资本管制措施的态度更加宽容，但整体上仍坚持国际资本的自由流动，认为资本管制措施只能在特殊情况下实施。危机后，许多新兴市场已经在临时性资本管制措施的实施上积累了大量经验。可在此基础上，进行经验总结和共识凝聚。

（3）改革国际收支平衡表的编撰方法，及时反映跨国资金的流动异象。国际清算银行指出，目前的国际收支平衡表无法准确反映跨国资金流动的真实规模。传统而言，资本流动被视为储蓄和投资决策的金融对应面，这与所谓资金从"资本充裕但资本回报率低"的国家向下流入"资本贫瘠但资本回报率高"的国家的理论一脉相承。根据这一观点，国际收支统计的焦点是资本净流量。但是，欧洲银行在美国次贷危机中扮演的角色表明，资本净流量对危机预警效果有限。欧洲银行从美国货币市场融入美元，然后再购买美国资产，大规模资金跨境流动两次，但资本净流入额为零，根本无法反映银行体系在参与抵押市场后金融中介活动的期限变化情况。因此，如果目标是衡量信贷条件和整体金融风险，经常账户的作用非常有限。②近中期，国际社会可在修改国际收支平衡表编撰方法等相关技术问题上达成共识，推动构建更加有效的危机预警指标。

---

① Edited by Jomo Kwame Sundaram, Reforming the International Financial System for Development, Columbia University Press, 2011, p. 206.

② Claudio Borio, Harold James and Hyun Song Shin, The International Monetary and Financial System: a Capital Account historical Perspective, BIS Working Papers, No 457, August 2014. http://www.bis.org/publ/work457.pdf.

## (二) 远期改革建议

按照现在的全球经济发展态势推测，远期全球经济图景是：新兴市场和发展中国家与发达国家之间的实力差距将继续缩小，世界经济和国际货币多元化格局进一步发展，国际社会推动全球金融体系根本性变革的需求将进一步上升，相关改革条件也更加成熟。目前，学术界对远期改革方案的探讨主要集中在以下两个方向。

其一，推动国际货币体系改革。

历史上看，尽管黄金存在种种缺点，但却是唯一可以成功作为全球经济一体化基础的货币。黄金代表的是一条牢固的兑换原则。在这条原则下，政策制定者们不能随意地追求新目标，比如通过通货膨胀增加铸币税收入或是减少负债的价值，因为这会损害商品和资本的交易者对货币未来价值的信心。而纸币（或者更加非纸化的货币）虽使全球化的贸易和投资更加有效，但却带来了比原来严重得多的、一国乃至世界范围内的金融灾难。好比衍生产品虽使投资和风险管理变得更加有效，但也因杠杆的过度使用和错误的经济假设而带来了更多的金融风险。[1]因此，重建世界货币体系，应使货币政策按规则而不是按政治上的随机行为来制定。[2]

对于未来国际储备货币的形态，一直是令学术界着迷的话题。凯恩斯在20世纪40年代曾提出采用30种有代表性的商品作为定值基础建立国际货币单位班柯（Bancor）。蒙代尔（2009年）

---

[1] （美）本·斯泰尔、罗伯特·E. 利坦著，黄金老等译：《金融国策》，北京：东北财经大学出版社，2008年版，第114页。

[2] 同上，第115页。

指出未来应该有一种新的"世界货币",由世界几种主要货币按照比例组成一个"货币篮子"挂钩黄金。斯蒂格利茨(2010)指出,新的国际货币体系有可能建立在国际货币基金组织特别提款权的基础上,目的就是要促进经济的稳定与公平。这种新体系有助于降低因一种主要国际储备货币迅速贬值所产生的风险。[1]还有一些学者提出,支撑世界货币的储备资产最初可能是商品,之后过渡为关键的生命维持资产(饮用水,清洁的空气,可耕地,海洋等),最好的储备资产是加总的基本人力资源能力。[2]

总之,目前学术界的共识是,国际储备货币多元化是中期发展趋势,但要根除主权货币与国际货币之间的根本矛盾,未来国际货币体系的改革方向应当是建立一种基于稀缺储备物资的国际货币。

其二,改革并强化全球金融监管架构。

2008年国际金融危机后,全球金融监管架构得到强化,但成员众多,包括二十国集团、金融稳定理事会、国际货币基金组织、世界银行、国际清算银行,以及巴塞尔银行监管委员会等国际标准制定组织。尽管它们之间也相互协调配合,但总体而言处于松散状态,呈现出一种跨政府网络的特色。跨政府网络立法是国际经济法发展的新趋势,国际组织间的协调和合作"使国际经济法律自由化进入更高层次的一体化阶段"。[3]但是,权利与功能高度分散的全球金融监管架构,并不利于全球金融体系的稳定发展。而且,这种高度分散的架构与国际金融市场高度一体化的发

---

[1] Stiglitz, Joseph E., The Stiglitz Report, Reforming the International Monetary and Financial Systems in the wake of the Global Crisis, the New Press, 2010.

[2] Olivier Coispeau,《重构国际新金融秩序的两个关键》,载于《凤凰网财经》,2009年5月18日,http://finance.ifeng.com/roll/20090518/671028.shtml

[3] Leebron: the Boundaries of the WTO: Linkages. *American Journal of International Law*, Vol. 96, No1, 2002.

展趋势之间形成矛盾。长期看,应建立一个更具权威性、代表性和有效性的全球性金融监管组织,将上述组织的功能整合于一身,结束目前全球金融监管高度分散的状态。

亚历山大、都莫、伊特威尔(2010)认为金融体系的全球治理必须包括三个主要原则:即效力原则、问责原则和合法原则。[①]伊特威尔(Eatwell)和泰勒(Taylor)(1998年)曾建议设立一个世界金融机构(World Financial Agency),目的是创建一个真正的全球监管的框架。奥坎波(1999年)认为,频频发生、波及广泛的金融动荡,表明在日趋复杂而动荡不定的国际金融市场与管理机构之间存在着巨大的失衡,全球应建立适当的金融管理机构。[②]亚历山大(Alexander)、达马尔(Dhumale)和伊特威尔(2006年)建议成立基于多边条约的"全球金融治理委员会",这个机制将具有法律约束力的有效监管的原则(如资本充足和并表监管)同一个不断发展的不具约束力的软法(资本充足率共识和执行中的相互协调)结合起来。斯蒂格利茨(2010年)建议在联合国的框架下建立金融治理委员会。[③]国内学者也指出国际条约在国际金融事务中仅扮演次要角色,金融规则的"软法"特征是国际金融动荡的原因之一。[④]

国际金融规则软法化的一个重要原因,是《基金组织协定》从硬法向软法的转变。软法,在国际法学中一般指虽然不具有法律约束力,但却会在实践中产生某种实际效果的行为规范。布雷

---

① [英]克恩·亚历山大、拉胡尔·都莫、约翰·伊特威尔著,赵彦志译:《金融体系的全球治理》,大连:东北财经大学出版社,2010年版,第13页。
② [美]若泽·安东尼奥·奥坎波:《有关国际金融改革的关键因素》,载于《国际社会科学杂志(中文版)》,2001年11月。
③ Stiglitz, Joseph E., The Stiglitz Report, Reforming the International Monetary and Financial Systems in the wake of the Global Crisis, the New Press, 2010.
④ 张庆麟、刘天姿:《论全球金融治理中的软法》,载于《国际经济法学刊》,2011年第1期。

顿森林体系时期，《基金组织协定》是国际货币金融法律制度的核心，它确立了国际收支平衡、国际储备、汇率制度、外汇管制等方面的制度及对它们的监管合作机制。同时，协调和减少各国货币金融政策及法律的冲突与摩擦，维持着战后国际金融体系的稳定。[①]但是，在金融全球化和国家主权原则的冲突中，《基金组织协定》这样比较硬的条约不断软化。《基金组织协定》的前三个修正案标志着世界货币制度从布雷顿森林体系转变为松散的牙买加体系，固定汇率制转化为浮动汇率制，汇兑制度软法化，以及金融监管的放松，都给国际货币金融体系带来了不稳定因素。[②]此外，国际上规范银行业、保险业、证券市场等金融行为的主要是一些行业性规范或协调性规则，国家之间更愿意采用非正式的、法律上无约束力的协议、标准等文件形式来协调彼此间的金融关系。国际货币金融规则的软法化倾向，助长了全球金融体系的不稳定。2008年爆发的全球金融危机，很大程度上也是源于软化了的基金组织法律制度在调控国际收支方面的软弱无力。美国长期通过国际收支逆差为其国内预算赤字融资，向全世界举债进行膨胀性消费，最终引发金融危机。

长期来看，为保证国际金融体系的平稳运行，应设立统一的全球金融监管机构，而且该机构应建立在规则清晰、利益分配公平、可预见性强的国际硬法的基础上。

首先，各国平等参与全球金融监管机制的建设是前提。应从根本上改变发达国家长期主导国际金融市场的利益格局，让更多的新兴市场和发展中国家参与到建构全球金融新秩序的对话和谈判之中，一同制定国际金融市场的游戏规则。只有让绝大多数国

---

① 张瑾：《G20框架内的国际货币基金组织改革》，载于《国际观察》，2013年第3期。

② 同上。

家都参与构建新秩序的对话与谈判、参与游戏规则的制定，才能保证国际社会所有成员的不同需求和利益都能得到足够的表达，才能达到相应的利益关系的平衡，才能制定出发达国家及发展中国家共同分享利益的游戏规则。这是建立全球金融新秩序的核心。

其次，全球金融监管机制必须建立在国际硬法的基础之上。法律机制作为维护全球金融稳定的有效工具应当具有组织性、系统性、协调性和可预见性等特征。[1]应改变发达国家垄断全球金融规则制定，且金融规则仅具软约束力的不合理现象。在全球各国平等参与的基础上，为全球金融体系运行制定国际法框架，并非空想。二战后，全球贸易体系运行在国际硬法的基础上，这也应当成为全球金融体系的进化方向。

第三，全球金融监管机构必须拥有必要的资源和授权。该机构至少应当拥有行使以下四大功能的资源：一是全球金融体系脆弱性评估机制，即危机预防机制；二是全球金融监管合作机制；三是国际金融标准制定和实施协调机制；四是跨境风险和危机应急管理机制。[2]

## 五、小结

世界经济格局多极化发展趋势和全球金融市场的一体化，客观上要求全球金融秩序也随之调整，以实现国际权利、责任与义务的匹配。然而，当前全球金融体系延续了20世纪70—80年代的无序、不均衡特征，且程度进一步加深。美国主导的全球金融

---

[1] 李仁真、刘真：《全球金融稳定法律机制的理论构想》，载于《法学杂志》，2011年第2期。

[2] 同上。

秩序与全球经济多极化格局的发展趋势之间矛盾更加尖锐。20世纪90年代，全球范围内金融危机频发，债务危机、货币危机、银行危机、资本市场危机等在世界各地轮番上演，小型经济体与大型经济体概莫能免。21世纪初以来，在美国放松监管和金融创新双重推动下，全球金融市场的发展进一步与实体经济脱离，最终在全球经济体系的核心——美国和欧洲爆发国际金融危机，其对全球经济产生巨大的负面外溢影响。

全球金融危机的频繁爆发，凸显出全球金融体系的内在缺陷，主要表现在以下几个方面：

首先，美国主导的全球金融秩序呈现"无序"特征，集中表现在以美元为核心的国际货币体系的巨大弊端上：美元享有国际铸币税收益、巨额投资收益、负债消费收益和政策自由度等种种特权，但却不用承担稳定体系的义务。由于美元的发行不受任何约束，美元的信用基础受到持续削弱，美国经济竞争力不断下滑，全球经济失衡成为国际经济体系难以去除的顽疾。

其次，美国经济金融化导致全球金融结构性失衡不断积累。20年代90年代，随着美国政府进一步放松金融管制，美国的金融结构发生巨大变化，美国资本主义呈现明显的金融资本主义特征，并对全球经济金融结构产生巨大影响，全球金融市场虚拟化、衍生化、泡沫化趋势不断加强，金融风险持续攀升，最终以美国次贷危机为导火索引爆2008年国际金融危机，并拖累全球实体经济陷入长期低迷。

第三，全球金融规则和组织是全球金融秩序的外化形式，为"无序"推波助澜。在全球金融规则的制定上，美国通过强化对新规则的主导权塑造对己有利的全球金融发展环境；在对国际金融组织的控制上，美国长时间搁置国际货币基金组织的民主化改革方案，并利用国际货币基金组织和世界银行等国际金融机构，在全球推行新自由主义、"华盛顿共识"等符合美国金融利益的经济金融理念。美国通过货币权力、规范性权力、组织性权力和思想性权力，强化了对国际金融秩序的控制使其为美国利益服务。国际金融规则和国际金融组织沦为为美国金融利益服务的工具，无法发挥应有的金融稳定职能。

第四，全球金融监管仅初具雏形，难以起到监控风险、维护稳定的作用。处于全球金融监管核心的金融稳定论坛，在推动全球金融标准制定上发挥了较为积极的作用，但由于在权威性、代表性、执行力、监管理念等多方面存在不足，以该论坛为核心的全球金融监管忽视了对发达经济体金融风险的监管，未能有效阻止2008年国际金融危机的爆发。

2008年国际金融危机的爆发，暴露出全球金融体系的内在脆弱性和全球金融稳定机制的缺陷。稳定全球金融体系，必须加强全球金融监管，推动全球金融规则和全球金融组织的变革，以此达到消除全球金融结构性失衡、制约不合理全球金融秩序、稳定全球金融体系的作用。危机后，在二十国集团领导下，以强化全球金融监管为主要内容的"自上而下"改革取得较大进展，具体表现在初步建立了以金融稳定理事会为核心的全球金融监管架构，通过倡导宏观审慎监管，及推动加强对国际银行业、系统重要性金融机构、衍生品市场和影子银行的监管，引领全球金融监管改革。此外，国际金融机构民主化改革和国际货币体系改革（主要表现在特别提款权的增量与货币篮子扩容上）也获得一定突破。与此同时，由于全球金融改革的不彻底性和稳定全球金融市场的有限性，地区国家，特别是新兴经济体也开始尝试推动自下而上的改革，包括探索资本管制新规、建立新型国际金融机构、积极构筑金融安全网等。

总体而言，全球金融改革取得了一些积极的成效，如新兴经济体首次进入国际经济治理的核心平台、改革议题触及全球金融体系根本缺陷、具体改革获得阶段性进展、新兴经济体建立新型国际金融机构等。但是，由于以美国为首的发达国家仍牢牢把持改革主导权，改革多流于浅表、推动迟缓，难以触及全球金融体系的核心矛盾。整体而言，目前的改革举措仅是对现有体系的零敲细补，重点聚焦金融市场监管改革，而在国际货币体系改革、资本流动规则和国际金融机构改革上推进缓慢。在缺乏整体设计和协同推进的情况下，现有改革措施对于稳定全球金融体系的作用非常有限。

金融全球化应当有全球化的金融监管架构、清晰公正的全球金融规则和现代化、民主化的全球金融组织与之相匹配，否则，难以从根本上稳定全球金融体系。全球金融体系改革涉及内容广泛，牵涉利益众多，改革阻力巨大。美国经济实力虽然相对衰落，但金融、政治和军事等综合实力仍然无以匹敌，"在位优势"依然明显。主要经济体在改革过程中的利益不同，进一步增加了改革的难度，因而全球金融体系的改革是一项长期而艰巨的系统工程。近中期看，务实的做法是进一步深化现有改革，由易到难，由点及面，由边缘逐渐向核心推进，以修补方式增强全球金融体系的稳定性；远期看，须对国际货币体系和全球金融监管构架进行根本性变革，才能消除金融全球化与现有全球金融秩序之间的深刻矛盾。未来，应继续提高全球金融监管的代表性、权威性和执行力，借此推动全球金融规则和全球金融组织改革，起到限制不合理的全球金融秩序、稳定全球金融体系的作用。

# 中国篇

# 第九章

# 全球金融稳定的中国角色

　　现行全球金融体系存在巨大内在缺陷，稳定性不断减弱，全球改革呼声不断增强。随着中国综合国力的上升，推进改革以稳定全球金融体系，既是中国经济发展的内在需求，也是外部世界给予中国的厚望。在推动全球金融体系改革、从金融大国向金融强国的转型中，中国既面临前所未有的历史机遇，也面临来自内部和外部的严峻挑战。近中期看，中国尚不具备主导全球金融改革的能力，应主要扮演体系修补者的角色。中国应制定中长期金融强国战略，对外通过货币、规则、组织、理念四个维度提升全球金融影响力及对全球金融事务的话语权，对内稳步推进金融改革和开放，练好金融实力的"基本功"。

## 一、中国经济金融实力迅速崛起

　　对于任何一个国家而言，能够参与并在全球金融体系改革中发挥一定作用，必须基于自身实力和外部条件。过去二十多年来全球经济多极化发展趋势不断加强，及2008年国际金融危机的爆发，使改革全球金融体系成为"全球呼声"。与此同时，中国已成长为全球第二大经济体，对外经济金融影响力大幅提升，这也为中国参与全球金融体系改革、塑造未来全球金融秩序，提供了实力的保障。

## （一）经过 30 多年的高速发展，中国已成为世界第二大经济体

2009 年，中国的国内生产总值超越日本，成为世界第二大经济体。近年来，在世界经济和全球贸易增速放缓、国际金融市场波动加剧的背景下，中国经济保持了中高速增长。2013—2017 年，中国 GDP 占世界比重从 12.5% 升至 15.3%，对世界经济增长的平均贡献率超过 30%。同时，中国经济总量与美国的差距明显缩小，2017 年中国 GDP 相当于美国的 63%，比 2013 年提高 8 个百分点。国际货币基金组织公布的数据显示，以购买力平价计算，2014 年中国 GDP 已超过美国。中国社科院亚太与全球战略院发布报告估算，2022 年中国名义 GDP 约为 20.8 万亿美元，仅次于美国（26.8 万亿美元），占全球 GDP 比重将升至 16.1%。[①]

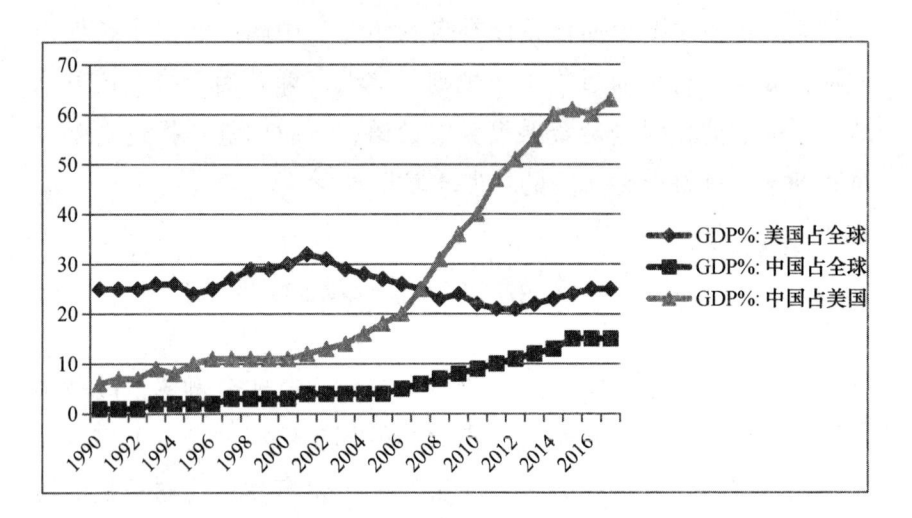

**图 9.1　中国 GDP 增长趋势图（1990—2017 年）**

数据来源：联合国统计司。

---

[①] 李向阳主编：《亚太地区发展报告（2014）》，北京：社会科学文献出版社，2014 年版。

## （二）中国稳居贸易大国前列

21世纪初以来，中国的商品进出口贸易总额在全球贸易中的占比稳步上升，从2000年的3.6%迅速上升至2013年的16%。2013年，中国成为全球最大货物贸易国，最大货物出口国和仅次于美国的全球第二大货物进口国。2016年，中国货物贸易额降至3.685万亿美元，微低于美国3.706万亿美元，在蝉联"全球最大贸易国"四年后再度屈居全球第二。2017年，中国货物贸易总额达到4.105万亿美元，再次反超美国的3.956万亿美元，成为全球最大货物贸易国。汇丰银行2014年9月发布的《汇丰贸易展望》预计，中国的出口额在全球主要贸易市场中占比有望从2013年的18%攀升至2030年的29%。

近年来，中国进口需求迅速扩大，为国际贸易繁荣做出重要贡献，有效促进世界经济再平衡。世界银行数据显示，2011—2016年，中国进口货物和服务总额占全球进口市场的份额由8.4%提高到9.7%，提高1.3个百分点，而同期美国、欧元区和日本三大发达经济体的进口份额下降了0.4个百分点。2017年，中国进口继续稳健增长。1—10月份，中国进口（按美元计）增速分别比美国、德国、日本和全球高10.4、8.1、7.6和6.5个百分点，前三季度中国进口增长对全球进口增长贡献率达17%，进口占全球份额提高到10.2%。

## （三）中国对外直接投资迅猛增长，已成为全球最重要的外资来源国之一

21世纪初以来，中国对外直接投资进入快车道。2012年，中

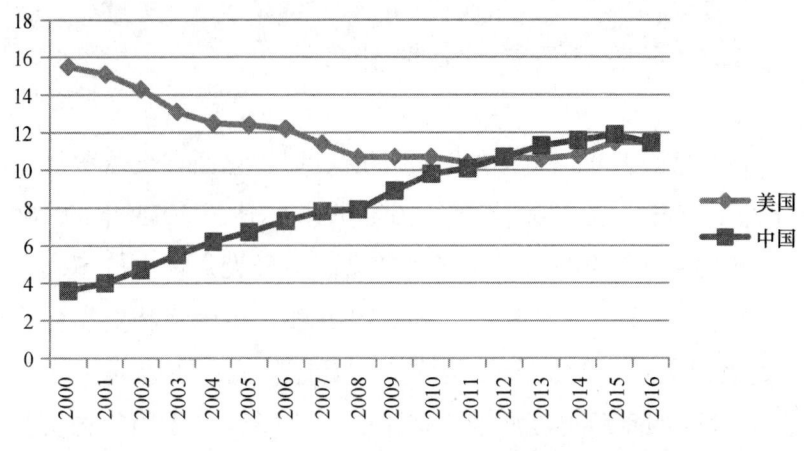

图 9.2 中美贸易额占全球比重（%）（2000—2016 年）

数据来源：UN Comtrade Database, Interntional Trade Statistics Yearbook 2017.

国对外直接投资达 878 亿美元，首次成为世界第三大对外投资国；对外直接投资累计净额（存量）达 5319.4 亿美元，位居全球第 13 位。2013 年，中国对外直接投资首次突破千亿美元，达 1029 亿美元，流量和存量分别位居世界第 3 位和第 11 位。2014—2016 年，在全球外国直接投资流量低迷甚至下降的情况下，中国对外直接投资额呈现爆发式增长。2014 年，中国从资本净输入国转变为资本净输出国。2015 年，中国超越日本成为全球第二大对外投资国，且对外直接投资存量首次超过万亿美元大关。2016 年，中国对外投资流量蝉联全球第二，创下 1961.5 亿美元的新高，在全球占比首次超过 10% 达到 13.5%；中国对外直接投资存量达 13573.9 亿美元，在全球占比提升至 5.2%，位居第六。

（四）中国资本市场迅速壮大，金融业对外影响力不断增强

中国金融资产与 GDP 的比值从 2011 年的 263% 升至 2016 年的

## 第九章 全球金融稳定的中国角色

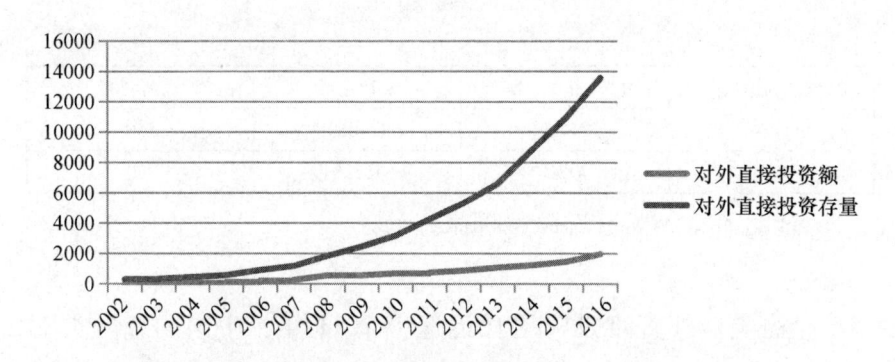

**图 9.3 中国对外直接投资流量与存量（2002—2016 年）单位：亿美元**

数据来源：商务部、统计局、外汇局：《中国对外直接投资统计公报》（2010—2016）。

467%。其中，银行资产约为 GDP 的 310%，居全球之首；股、债市规模分列全球第二、三位，显示近年来我金融规模增速迅猛。

中国银行业在全球银行业中的重要性不断凸显。2001 年，中国境内银行中仅中国工商银行一家入围全球十大银行，但 2008 年国际金融危机之后，西方银行业受到巨大冲击，中国银行业整体竞争实力上升。英国《银行家》杂志公布的 2017 年全球 1000 家大银行排名中，共有 126 家中资银行入围，17 家跻身前 100 名，分别比 2014 年增加 16 家和 2 家。而且，跻身前十位的四家中资银行整体排名靠前。其中，工行与建行蝉联第一和第二，中行和农行仍位居第四和第六。目前，中国工商银行和中国银行均已被列为全球系统重要性银行。2018 年，中资银行全球排名再度上升，不仅包揽全球前四大银行，而且整体而言实力上升。

**表 9.1 主要大国银行指标比较** （单位：亿美元）

| 国家和地区 | 以及资本总额 | 资产总额 | 税前利润 |
| --- | --- | --- | --- |
| 中国 | 20570 | 290190 | 3220 |
| 美国 | 14060 | 160550 | 2250 |
| 欧元区 | 13950 | 261340 | 1370 |

续表

| 国家和地区 | 以及资本总额 | 资产总额 | 税前利润 |
|---|---|---|---|
| 日本 | 6860 | 134850 | 550 |
| 英国 | 4120 | 75220 | 370 |

数据来源：Top 1000 World Banks, The Banker, 2018。

金融类对外直接投资增长迅速。[①] 2011年，中国的金融类对外直接投资流量达60.7亿美元，其中银行业金融类对外投资34亿美元，占56%。截至2013年末，18家中资银行通过新设分支机构、并购、参股等方式共在海外51个国家和地区设立1127家分支机构，总资产超过1.2万亿美元；中资金融机构的外币资产也在不断增加。2014年，金融类对外直接投资达131.1亿美元，同比增长27.5%，高于非金融类14.1%的增速。中国境内金融机构对境外直接投资存量达到1345.53亿美元。2015—2017年，中国金融机构对外直接投资继续稳步增长。根据国家外汇管理局数据，2017年，中国境内金融机构对境外直接投资流出139.42亿美元，流入111.47亿美元，净流出27.94亿美元，对境外直接投资存量达2344.49亿美元（见图9.4）。

近年来，中国开发银行和出口信贷机构在贷款投放能力上远远超过多边开发银行和其他国家的类似机构。2005—2011年间，中国国家开发银行及中国进出口银行向拉丁美洲地区提供750亿美元的贷款承诺。2010年，中国提供的370亿美元承诺超过世界银行、美洲开发银行和美国进出口银行的总和。自2005年起，中国进出口银行每年向非洲提供的贷款额也超过世界银行，2011年

---

[①] 金融类投资指的是境内投资者直接向境外金融企业的投资，包括货币金融服务业（原银行业）、保险业、资本市场服务（证券业）和其他金融类四个项目。

第九章 全球金融稳定的中国角色

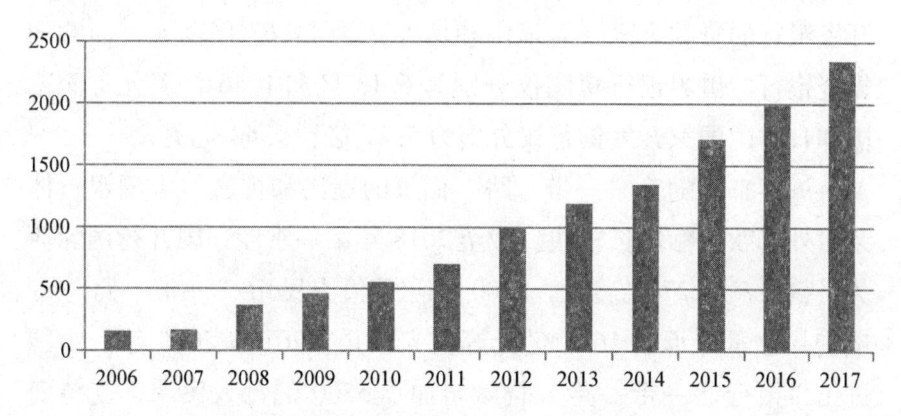

图 9.4 中国金融类对外直接投资存量：2006—2017 年（单位：亿美元）

数据来源：商务部、统计局、外汇局。

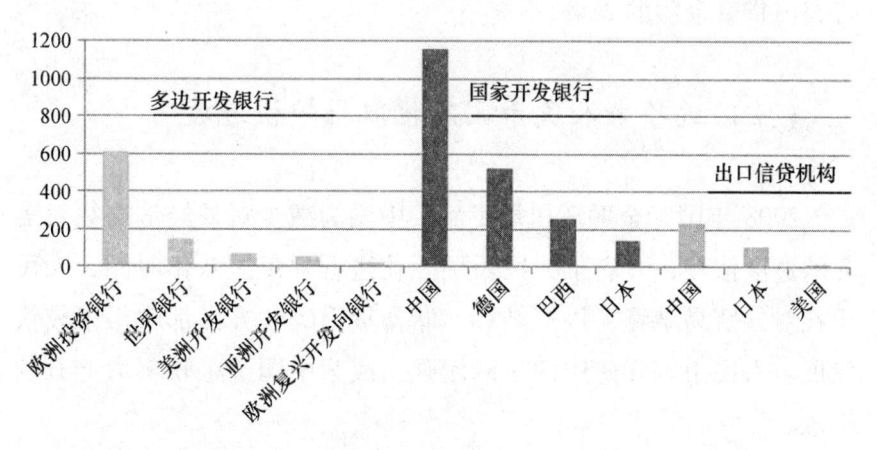

图 9.5 中国走向全球：银行贷款，多边开发银行、
国家开发银行和出口信贷机构 2013 年贷款余额（单位：十亿美元）

资料来源：世界资源研究所网站。

高达150亿美元。[①]根据世界资源研究所数据，2013年，中国国家开发银行的贷款余额（含境内和境外）为11.63亿美元，而欧洲投资银行、世界银行集团仅分别为6.13亿和1.46亿美元，而德国和日本的国家开发银行仅分别为5.27亿和1.43亿美元。

近年来，随着"一带一路"倡议的提出和推进，中国银行体系对外贷款余额增长较快。截至2018年第一季度，国开行国际业务贷款余额3227亿美元，2500亿元等值人民币"一带一路"专项贷款已累计承诺1624亿元等值人民币。2014—2016年，中国进出口银行"一带一路"贷款增加了5500亿元人民币，支持商务合同金额超过4000亿美元，其中"两优"贷款（优惠援外贷款和优惠买方信贷）占到30%左右。截至2018年第一季度，该行支持"一带一路"建设贷款余额超过8300亿元人民币，占全行表内贷款余额的28%。

### （五）近年来人民币国际化取得较快进展

2008年国际金融危机爆发后，中国为减少对外经济交往对美元的过度依赖，开启了人民币国际化进程。短短八年时间，人民币在对外贸易结算、投资结算、储备货币等各方面都取得了较快发展。人民币国际使用的不断增强，成为中国金融软实力上升的标志。

首先，人民币国际网络逐渐形成。根据中国人民银行发布的《2017年人民币国际化报告》，人民币国际化近年来取得明显进展，主要表现在以下几个方面：一是人民币在跨境贸易和直接投资中的使用规模稳步上升。2016年，跨境人民币收付金额合计

---

[①] ［英］罗思义：《中国才是世界金融强国而非美国》，载于新浪财经，2013年4月17日。

9.85万亿元，占同期本外币跨境收付金额的比重为25.2%，人民币已连续六年成为中国第二大跨境收付货币。其中，经常项目人民币收付金额5.2万亿元，对外直接投资（ODI）人民币收付金额1.06万亿元，外商直接投资（FDI）人民币收付金额1.4万亿元。截至2016年末，使用人民币进行跨境结算的境内企业约24万家。二是人民币国际使用稳步发展。截至2016年末，中国境内（不含港、澳、台地区）银行的非居民人民币存款余额为9154.7亿元，主要离岸市场人民币存款余额约为1.12万亿元，人民币国际债券未偿余额为7132.9亿元。截至2016年末，共有18个国家和地区获得人民币合格境外投资者（RQFII）额度，合计人民币1.51万亿元；共有407家境外机构获准进入银行间债券市场，入市总投资备案规模为1.97万亿元；60多个国家和地区将人民币纳入外汇储备。三是人民币国际合作取得显著成效。截至2016年末，人民银行与36个国家和地区的中央银行或货币当局签署了双边本币互换协议，协议总规模约3.3万亿元人民币；在23个国家和地区建立了人民币清算安排，覆盖东南亚、欧洲、中东、美洲、大洋洲和非洲等地，支持人民币成为区域计价结算货币，人民币海外清算网络已经初步成型。

表9.2 人民币离岸金融中心一览表（截至2017年7月）

| 序号 | 年月 | 国家和地区 | 清算行 |
| --- | --- | --- | --- |
| 1 | 2003年12月 | 中国香港 | 中国银行（香港）有限公司 |
| 2 | 2004年9月 | 中国澳门 | 中国银行澳门分行 |
| 3 | 2012年12月 | 中国台湾 | 中国银行台北分行 |
| 4 | 2013年2月 | 新加坡 | 中国工商银行新加坡分行 |
| 5 | 2014年6月 | 英国 | 中国建设银行伦敦分行 |
| 6 | 2014年6月 | 德国 | 中国银行法兰克福分行 |
| 7 | 2014年7月 | 韩国 | 交通银行首尔分行 |

续表

| 序号 | 年月 | 国家和地区 | 清算行 |
| --- | --- | --- | --- |
| 8 | 2014年9月 | 法国 | 中国银行巴黎分行 |
| 9 | 2014年9月 | 卢森堡 | 中国工商银行卢森堡分行 |
| 10 | 2014年11月 | 卡塔尔 | 中国工商银行多哈分行 |
| 11 | 2014年11月 | 加拿大 | 中国工商银行（加拿大）有限公司 |
| 12 | 2014年11月 | 澳大利亚 | 中国银行悉尼分行 |
| 13 | 2015年1月 | 马来西亚 | 中国银行（马来西亚）有限公司 |
| 14 | 2015年1月 | 泰国 | 中国工商银行（泰国）有限公司 |
| 15 | 2015年5月 | 智利 | 中国建设银行智利分行 |
| 16 | 2015年6月 | 匈牙利 | 中国银行匈牙利分行 |
| 17 | 2015年7月 | 南非 | 中国银行约翰内斯堡分行 |
| 18 | 2015年9月 | 阿根廷 | 中国工商银行（阿根廷）股份有限公司 |
| 19 | 2015年9月 | 赞比亚 | 赞比亚中国银行 |
| 20 | 2015年11月 | 瑞士 | 中国建设银行苏黎世分行 |
| 21 | 2016年9月 | 美国 | 中国银行纽约分行 |
| 22 | 2016年6月 | 俄罗斯 | 中国工商银行（莫斯科）股份公司 |
| 23 | 2016年12月 | 阿联酋 | 中国农业银行迪拜分行 |

资料来源：中国人民银行网站。

其次，人民币被纳入特别提款权货币篮子。2015年底，国际货币基金组织宣布2016年10月将人民币正式纳入特别提款权货币篮子，且人民币获得权重10.92%，仅位列美元、欧元之后，成为特别提款权货币篮子的全球第三大货币。中长期看，人民币获得国际货币基金组织官方认可，进入特别提款权货币篮子可被视为人民币国际化、迈入国际储备货币行列的里程碑，象征意义较大。

第三，"一带一路"倡议加速人民币国际化进程。在全球23个人民币清算行安排中，9个在共建"一带一路"国家和地区，并支持人民币成为区域计价、结算及投融资货币。随着"一带一路"建设的推进，庞大的贸易和基建投资规模将推动人民币计价及支付走进沿线各国,推动欧洲、中亚、南亚、中东地区出现人民币离岸市场,沿线地区日益成为人民币业务的主要区域。

第四,人民币在国际货币格局的地位上升。2013年,中国首度跻身全球外汇市场交易十大货币之一,排名从2010年的第17位跃升至第9位。[①]据环球银行金融电信协会(SWIFT)统计,2014年12月,人民币成为全球第2大贸易融资货币、第5大支付货币、第6大外汇交易货币。2015年8月份,人民币首次超越日元成为全球第四大支付货币,市场份额升至2.79%,创历史新高,排名前三的美元、欧元、英镑所占份额分别为44.8%、27.2%、8.5%。2015至2017年,受中国经济减速和人民币汇率贬值影响,人民币在国际交易中的使用受到一定影响。2018年初,人民币国际化再度升温。SWIFT数据显示,2018年5月,人民币在国际支付市场的占比环比上涨0.22个百分点至1.88%,为3月份以来连续3个月上涨,人民币在国际支付货币的排名回升至第5位。

## 二、中国参与全球金融稳定的机遇与挑战

当前全球金融体系沉疴难愈、危机频发,对国际经济的平稳增长造成极大干扰,改革不合理、不公平的国际金融秩序、改善全球金融体系的运行环境、加强全球金融体系的稳定性已是人心所向,大势所趋,这也是国际政治经济格局发展,各国追求力量"再平衡"的内在要求。中国目前已是全球第二大经济体,随着对外经济影响力的持续提升,中国在全球金融体系中的作用也将更加重要。2008年国际金融危机爆发后,中国改革全球金融体系的声音受到全球关注。但是,在复杂的国际政治经济环境下,发声容

---

① 国际清算银行:《全球外汇市场成交量调查报告》,2013年9月6日。

易改革难。中国发挥更大的作用面临来自内外部的多重挑战。

## (一) 机遇

1. 世界经济多极化发展趋势持续

危机后，发达国家内部经济问题较多，增速明显放缓。近年来，美国、欧洲、日本等发达国家整体发展速度缓慢，美国作为"超级大国"的领先优势有所削弱，西方国家也呈现明显分化，资本主义世界内部矛盾不断加深。2008年国际金融危机不但给西方国家造成严重冲击，而且危机的消极作用一直持续至今，西方社会的深层次矛盾也在危机中暴露无遗。美国公共债务居高不下，国际收支以及储蓄、消费失衡局面难有改观；欧债危机虽然有所缓和，但银行业去杠杆化进程缓慢，仍然较为脆弱；日本公共债务问题日益堆积，对长期低迷的宏观经济仍然缺乏有效应对之策。总体上看，此次国际金融危机是西方国家长期积累的内在矛盾的一次集中释放，若其新自由主义影响下的发展理念、失衡的发展模式、僵化的社会制度等不做根本性改变，仅靠量化宽松、贸易保护、借新债还旧债等治标不治本的权宜手段，就不能从根本上摆脱国际金融危机的深远影响以及再次发生新危机的可能性。

新兴市场发展势头较好。在世界经济贸易增长乏力，复苏不平衡、不协调、不可持续的严峻形势下，新兴市场和发展中国家的增长速度明显快于发达国家。新兴经济体不但更快地从危机和萧条中走出，而且在世界经济金融格局中的地位也不断提高，并在国际和地区经济金融事务中逐渐发挥越来越重要的作用。

总之，世界政治经济格局日益呈现多元化的发展趋势，而且此种趋势在未来还将持续。多极化的世界有利于打破超级大国垄断国际经济金融事务的局面，有利于限制霸权主义和单边主义在国际经济金融领域的影响，有利于更加公正、合理、民主的国际政治经济金融新秩序的形成。因此，世界多极化发展趋势是中国在当代国际金融格局中面临的重要战略机遇。

2. 改革全球金融体系已成国际共识

自布雷顿森林体系崩溃之后，国际上关于改革全球金融货币体系的讨论就没有停止。遗憾的是，这些讨论也仅止于讨论，没有任何实质性进展。例如，1997年亚洲金融危机爆发后，国际社会又兴起一轮对全球金融体系改革的热烈讨论，但由于下述几个原因，改革推进无力：一是国际经济金融体系的不对称性问题突出，新兴市场和发展中国家虽希望推动改革，但自身经济金融实力和手中筹码有限，难以在改革谈判中与发达国家平起平坐。二是发达国家抱团合作，在改革全球金融体系的问题上合作大于分歧，均竭力维护西方领导下的全球金融体系。三是国际经济形势较快好转，国际金融改革动力很快消褪。[1]与1997年相比，2008年国际金融危机爆发后，国际金融改革的呼声要强大得多，且在过去七年中也获得了一些具体成果。究其原因，主要是阻碍1997年改革的三个因素不同程度发生了变化。

首先，新兴经济体群体性崛起并成为推动全球金融改革的重要力量。20世纪90年代，特别是21世纪初以来，国际经济格局发生了深刻变化。2000年前后，新兴市场对全球经济增长的贡献率大约是1/3，而在金融危机发生的五年内，这一贡献率上升到3/4。2008年国际金融危机爆发后，以美国为首的发达国家认识到光凭自己的能力无法应对危机，遂以二十国集团取代七国集团，作为全球经济治理的首要平台。在二十国集团中，新兴经济

---

[1] 1997年亚洲金融危机对全球经济的破坏力有限。当东亚金融危机于1998年蔓延至俄罗斯、拉美等其他发展中国家，新兴市场和发展中国家增长率受到较大影响，整体下滑至2.4%，远低于1991—2000年5.5%的平均水平。但同时，美欧经济增长十分强劲，1998年分别为3.8%和2.9%。整体而言，发达国家实现2.7%的增长，超过1991—2000年2.4%平均值。

体占据半壁江山，获得了与发达经济体平起平坐的议事资格。此外，中国、俄罗斯、印度、巴西和南非还组成"金砖国家"，并利用这一机制，加深合作，形成共识，不断推动全球金融改革的深化。目前，金砖国家已孵化出两个金融合作机制，即金砖新开发银行和金砖应急储备库。这两个机制既是对现有全球金融体系的修补，也对发达国家形成巨大的改革压力。

其次，发达国家裂痕出现，欧洲成为国际金融改革的积极推动者。作为危机最大受害者的欧洲加入了改革者阵营，成为全球金融体系改革的大力推动者。欧洲迥异于美国的态度，表现在国际金融改革的许多领域。例如，在全球金融监管改革上，欧洲与美国针锋相对。在欧洲的大力推动下，金融稳定理事会将"银行薪酬""影子银行""衍生品市场""大到不能倒"等问题列入重要议题加以研究。欧洲支持对国际货币体系改革的探讨。2010年1月28日，法国总统萨科奇在达沃斯世界经济论坛上发言时指出，美元已经不再适合作为世界经济的主要储备货币。他称，"我们需要一个新的布雷顿森林体系。我们不能一边处于一个多极世界中，一边又在世界范围内使用单一的储备货币"。2011年G20戛纳峰会将"国际货币体系改革"列为主要议题之一，并围绕这一问题多次召开专家讨论会。此外，欧洲也极力推动国际货币基金组织的改革。当美国国会迟迟不批准基金组织2010年改革方案时，基金组织总裁拉加德在2014年国际货币基金组织和世界银行春季年会上提出，如果美国国会继续阻挠，基金组织要考虑制定绕开美国的改革"B计划"。

第三，2008年国际金融危机对全球经济具有极大破坏性，其影响一直绵延至今。2008年国际金融危机在爆发之初，就被视为百年一遇的金融危机，被与1929年大萧条相提并论。2008年国际金融危机衍生出许多次生危机，包括冰岛金融危机、迪拜金融危机、欧洲主权债务危机等。危机后，美国、欧洲、日本相继走上量化宽松道路，希望以释放巨量流动性的方法刺激经济回暖，但效果差强人意。2014年以来，发达国家货币政策发生分化，国际经济金融风险再度升高。新兴市场和发展中国家也受到较大影响。2012年以来，新兴市场和发展中国家作为一个整体，经济增长温和减速。2016年底至2017年初，及2018年上半年，新兴市场两度出现大规模汇市、股市震荡，经济发展前景的不确定性上升。总之，在全球经济复苏进程拉长，世界经济金融风险升高的背景下，国际社会反思和改革全球金融体系弊病的动力和愿望将持续存在。

3. 危机后中国成为稳定全球金融体系的重要力量

一方面，中国保持高速增长势头，扮演全球经济主引擎，对阻止国际金融危机的深化蔓延起到了防波堤的重要作用；另一方面，危机后美欧主权债务攀升，对全球金融市场稳定构成巨大威胁，中国购买和持有大量美欧主权债务，为稳定全球金融市场做出巨大贡献。

以中国购买和持有的美国主权债务为例。2000年时中国所持美债仅为603亿美元，之后温和增长，2007年美国次贷危机爆发后迅速增加（见图9.6）。2008年，中国所持美债金额达到7274亿美元，超越日本6260亿美元，成为美国第一大债权国。2008—2015年，中国持有的美国国债从7274亿美元上升至12461亿美元，增长5187亿美元，高于同期第二大美外债持有国——日本4965亿美元的增幅。2017年6月底，中国所持美国国债在美国国债外国人持有总额中占比高达18.6%（不含中国台湾和中国香港数据），再度超越日本成为美国政府的最大债权国。毫不夸张地说，危机后中国是美国治理国内危机、稳定经济金融形势的两个最大赞助国之一。

同样，欧债危机爆发后，中国买入和持有大量欧债，也成为欧洲稳定危机局势的重要助力。由于欧债相关数据并不公开，目前难以获得中国持有欧债的准确数额。但是，购买和持有欧债，

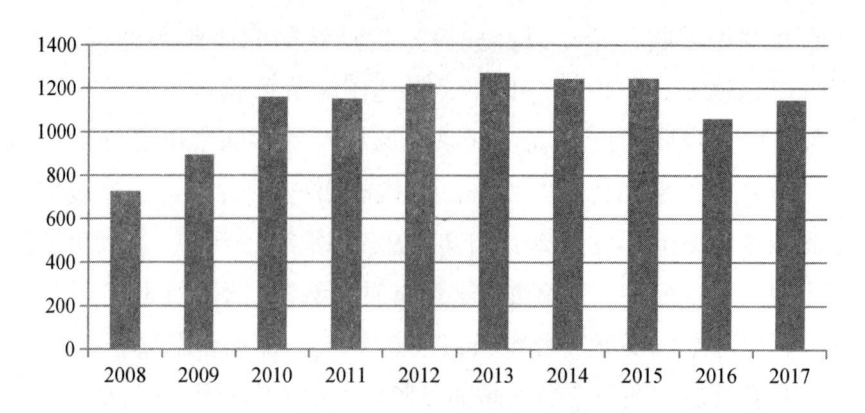

图 9.6  2008—2017 年中国所持美债规模单位：十亿美元

数据来源：美国财政部网站（2017 年为当年 6 月底数据），https：//www.treasury.gov/resource-center/data-chart-center/tic/Pages/ticsec2.aspx

无疑是中欧经济金融外交中的重要组成部分。例如，2015 年中，希腊债务危机再度发酵，中国国务院总理李克强在 6 月 29 日会见欧洲议会议长舒尔茨时表示，希腊债务问题正处于关键时期，中国将继续担当负责任的欧债长期持有者，希望问题得到妥善解决。①

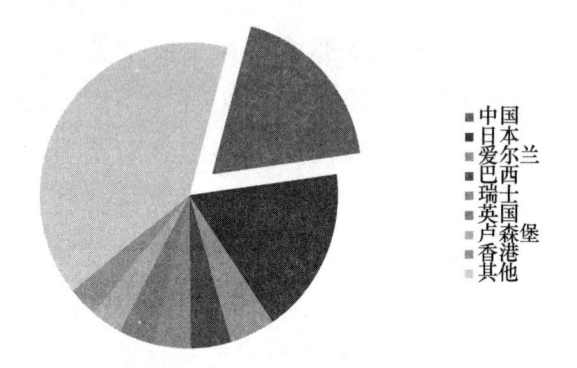

图 9.7  2017 年 6 月底美国国债的主要持有国（占外国人持有总额的百分比）

数据来源：美国财政部网站，https：//www.treasury.gov/resource-center/data-chart-center/tic/Pages/ticsec2.aspx

---

① 《中国就希腊问题表态承诺继续持有欧债》，参考消息网，2015 年 6 月 30 日。

## （二）挑战

### 1. 内部挑战

参与国际金融改革符合中国的发展利益，但中国持续推动全球金融改革，必须有一个良好的国内环境，包括有效控制国内经济金融风险，保证持续平稳的经济增长，不断提升金融实力和竞争力等。这些因素既是中国参与全球金融改革的筹码，也是保证。历史上，因国内经济问题导致无心或无力推动全球金融改革的例子很多。例如，两次世界大战期间，美国因国内经济陷入大萧条，政策内视，参与国际汇率合作的意愿降低。20世纪90年代，日本因国内陷入持续低迷，日元国际化受阻，日本提出成立"亚洲货币基金"的计划也被美国拦截。因此，中国参与稳定全球金融体系，前提条件是自身经济金融实力不断提升。目前，中国面临的内部挑战包括以下几点：

一是国内经济运行面临下行风险。2008年国际金融危机使中国经济受到较大冲击。尽管在国内综合政策的作用下，中国经济在国际上率先恢复了较快的增长，对世界经济发挥了压舱石的重要作用，但这是特殊时期的特殊红利。目前，中国经济处于经济增长速度换挡期、结构调整阵痛期和前期刺激政策消化期三期叠加的关键时期，中国经济发展既面临前所未有的新机遇，同时也面临很多新问题、新矛盾。突出表现在经济运行存在下行压力，除了宏观债务水平持续上升外，还存在部分行业产能严重过剩、结构性就业矛盾突出、生态环境恶化、社会治安恶化等各种问题。能否成功化解这些风险，保证中国经济中长期平稳增长，是中国参与和推动全球金融改革的实力保证。

二是金融风险增长。近年来，国内金融风险滋生，对经济形成一定下行压力。

首先，金融体系结构性问题凸显。例如，银行和非银行部门膨胀速度过快，"监管套利"活跃。银行资金通过信托贷款、证券化、资管计划、委托借款、债转股等流向表外；信托、保险、证券、基金等因监管相对较松快速壮大。截至2017年底，银行表外理财产品资金余额为22.2万亿元，信托公司受托管的资金信托金额为21.9万亿元。银行与各种表外融资工具及非银行金融机构关联复杂，易受其他领域风险牵连；保险公司持有多样化的复杂金融产品，并向投资性业务扩张；混合公司集团或金融控股公司从事银行、保险、证券、信托、基金等金融业务；主要金融基础设施因拥有共同会员，深度互联，"一损俱损"、连带波及。

其次，金融稳健性下降。信贷持续过度扩张，与GDP比值已超长期平均值。IMF报告评估，中国信贷泡沫部分已达GDP的25%。一方面，公司债务剧增，在房地产、建筑、钢铁、水泥、太阳能板、家电和采矿业等传统及产能过剩产业尤甚。2016年底，中国企业债规模达GDP的166%，远高于G20其他国家，和80%的全球平均水平。另一方面，家庭债务也快速上升，从2008年占GDP的18%升至2017年的约50%，居新兴经济体前列。资本层面，银行资产质量总体恶化，坏账率由2013年的1%升至2017年底的1.7%，中小金融机构资本充足率相对较低，且表外资产风险较高。流动性层面，银行对隔夜贷款、回购等依赖性上升，2016年，股份制银行与城商行的银行间市场借款占其总融资比例升至22%。影子银行资产与负债期限错位严重；大量公司债券成为回购市场杠杆融资抵押物，因流动性低，易引爆系统性风险。

此外，中国还存在房价持续走高；股市震荡；汇改和人民币国际化导致内外风险共振；互联网金融凸显技术安全隐患、借款人信用违约以及平台庞氏骗局等各种问题。《中国金融风险与稳定报告2016年》指出，从短期看，中国金融稳定面临的挑战主要来源于偿债压力、流动性风险和资本外流压力；中长期来看，中国经济和金融体系面临的风险是经济增长不可持续、改革开放停滞及其过程中政策失当可能引发的金融危机风险。[①]须妥善处理这些问题，防止其演化为系统性金融风险对经济运行形成冲击。

三是金融实力尚待提升。中国参与改革全球金融体系，必须以强大的金融实力和竞争力作为后盾。否则，参与改革没有底气，改革红利也未必能分享。目前，尽管从金融"硬实力"，例如金融资产规模、银行资本实力、经济金融化程度、经济货币化程度、外汇储备、股票市值、债市规模来看，中国已经取得了不错的成绩，一些指标在国际上也排名靠前，但是从金融"软实力"来看，中国还有很大的提升空间。例如，金融创新能力不足，适应不了经济发展和国际竞争的需要；金融市场深度不够、产品单一、价格形成机制不到位；市场国际化程度不高，规范性、透明性、有序性、有效性有待提高；金融企业治理机制还不完善；包括法律环境、社会信用环境等金融发展环境还有待改善；金融监管能力不足；金融人才缺乏；金融理论建设亟待加强等。此外，中国金融业的对外影响力仍有限。目前，中国四大银行已跻身全球前十大银行行列，其中中国银行在四家银行中海外收入和利润最高，但其境外收入（除去港澳台）占比不到10%，大量走出去的企业感觉不到中资金融机构的服务。而且，几大行海外资产占全部资产的比重高于海外利润占全部利润比重，说明其海外获得利润的能力不足。[②]以目前中国的金融"软实力"状况，如想深度参与全球金融改革，还需苦练内功。

---

① 第一财经研究院、国家金融与发展实验室、东航金融：《中国金融风险与稳定报告 2016》，2016 年 3 月 27 日，http://finance.ifeng.com/a/20160328/14292715_0.shtml。

② 张承惠：《发展高效率金融市场是金融强国战略重点》，载于《证券时报》，2015 年 6 月 15 日。

中国融入金融全球化、自由化程度的加深，将导致金融稳定和宏观金融调控面临更大的压力和挑战。经过几十年的市场化改革，中国基本建立了社会主义市场经济体制，以行政等非市场化手段为主的宏观调控模式已不适应市场经济的发展，应逐步建立起依靠市场机制和法律手段为主的宏观调控模式。但由于历史和行政体制等原因，中国的金融改革较多的依靠行政力量推动，企业上市、融资规模、新增金融机构等成为地方政府的考核指标，金融环境建设和金融发展难以摆脱行政力量的干预。同时，中央政府层面不同部门条块分割严重，部门利益、特殊利益集团阻碍了改革的进一步深化，行政效率不高、政策协调成本加大等，对中国金融深化和金融实力提升形成挑战。

2. 外部挑战

首先，中国综合国力有限，在全球金融博弈中优势并不突出。综观国际金融史，金融霸权国对全球经济金融体系的领导权是建立在经济、金融、政治、军事等综合国力的基础上。通常，其在经济金融竞争优势下降之后的相当长一段时间仍能雄踞霸权国宝座，凭借的是"在位优势"和强大的政治军事优势。例如，英国在金本位时期，其经济金融相对实力不断下降，但其主导的全球金融体系却在"英国的坚船利炮"支持下能够长久不衰。美国在布雷顿森林体系崩溃后，依然能够长期主导全球金融体系，依靠的也是其强大的政治军事能力。冷战时期，美国能够多次成功迫使德国和日本升值本币，为美国承担经济失衡调整成本，凭借的就是其对盟国的安全保护承诺。同样，21世纪初以来，虽然美国等西方发达国家在国际经济金融格局中的作用力相对下降，中国等新兴经济体的经济贸易影响力相对提升，但美国等发达国家的综合国力依然强盛，其在世界政治、经济、金融领域仍占据绝对控制地位。美国著名战略家亨廷顿指出："西方（以美国为首）拥有和操纵着国际金融系统，控制着所有的硬通货，是世界

第九章 全球金融稳定的中国角色

上主要消费品主顾，提供了世界上绝大部分制成品，主宰着国际资本市场，对许多社会发挥着相当大的道义领导作用，有能力进行大规模的军事干预，控制着海上航线，进行着最先进技术的研究和开发，控制着尖端技术教育，控制着宇航技术，控制着航天技术，控制着国际通讯系统，控制着高科技武器工业"。[1]目前中国的经济总量上升较快，但包括经济、金融、政治、科技、军事等在内的综合国力仍然有限，尚不具备主导变革国际金融格局的实力。因此，中国应积极避免与其他强国正面较量，先从当前全球金融体系的修补者和优化者而非挑战者做起。

其次，全球保护主义上升，大国博弈日趋激烈。中国经济实力的提升并不符合西方世界部分人的心愿，很多西方势力也不希望看到中国实现持续快速发展。未来，美国在全球经济体系中的主导地位很可能长期存在。毕竟，美元及美国在国际货币体系及世界经济中的地位是美国的核心战略利益，美国不会甘心放弃，而会尽其所能、采取一切可以利用的手段保护美元地位，维护美国对世界经济的掌控权。近年来，美国及其利益同盟对中国采取了遏制、限制、牵制的战略。

一方面，美国加大在亚太地区的战略投入，试图遏制中国迅速崛起的势头。亚太地区在全球政治、经济、军事等方面的地位越来越重要，同时中国的快速发展也让美国感受到压力，美国不希望失去在该地区的影响力。为此，奥巴马政府时期，美国将其战略重心东移，为应对中国的崛起而"重返亚洲"，制定亚太再平衡战略，希望通过多个层面的再平衡措施，在亚太地区重建由美国主导的战略平衡。具体措施不仅包括直接采用经济、贸易、外交、军事等手段影响或遏制中国，还包括利用周边国家对中国

---

[1] [美]塞缪尔·亨廷顿著，周琪等译，《文明的冲突与世界秩序的重建》，北京：新华出版社，2010年版，第75—76页。

进行包围、牵制、限制等。2015年，美国国内爆发对华政策大辩论，美国对华政策总体趋向敌视与保守。特朗普总统上台后，进一步调整美国对华战略。2017年12月，美国政府发布《美国国家安全战略报告》，将中国定位为美国的"竞争对手"。2018年3月，特朗普政府正式挑起两国贸易争端，希望从降低美国对华贸易赤字、更大程度开放中国市场、诱压中国进行经济结构改革三方面入手，遏制中国经济发展势头。与此同时，美国、欧洲开始着手修改外资审查法律，以"国家安全""对等开放"为由限制中国对其直接投资。

另一方面，西方国家诱压中国承担更大的全球责任，加速金融自由化改革。过去资本账户的相对封闭和外汇储备的迅速积累，使中国经济较大程度上免受外部金融风险的冲击。但是，2008年国际金融危机爆发后，以美国为首的西方国家强迫新兴国家承担危机调整成本，导致经济金融风险向新兴市场的蔓延和传递。G20匹兹堡峰会提出的"强劲、可持续、平衡的增长框架"，并建议成员国将经常项目顺逆差控制在GDP的4%以内。尽管这一指标指引并不具有约束力，但危机后以美国为中心的全球经济动力调整，令中国经济被迫跟随调整，经常项目顺差从2007年的10%骤然降至2017年的1.4%，中国国内外向型企业面临较大困难。此外，美国等西方国家还借双边投资谈判、人民币国际化、人民币进入特别提款权货币篮子等议题，诱压中国迅速升值人民币、开放资本项目、实施金融自由化改革等。

应当看到，随着中国经济在结构调整与转型大背景下对外联系的进一步增强，更大程度融入和参与全球金融体系既是倒逼，也是未来增长的新动力。但是，在外力强压下，在内外条件尚不具备的情况下，强推资本账户开放和金融自由化改革，将造成中国国内经济金融秩序的紊乱，不利于经济持续稳健地发展。20世纪80年代末90年代初的日本金融败战和20世纪90年代新兴经济体频繁陷入金融危机，都是反面教材。中国资本项目开放和金融自由化的程度应当与国内经济发展水平、金融体系抗风险能力以及监管水平相匹配。但目前，中国资本市场深度不足、监管水平较低，且参与者大多为散户，风险承受能力有限，这些都为中国金融业的发展埋下了隐患。

第三，全球金融改革动能下降。2008年国际金融危机刚爆发时，美欧发达国家无力单独解决危机，与新兴经济体的合作需求上升，因此将七国集团升级为二十国集团，借此获得新兴市场的支持。美国甚至向中国政府提出"G2"设想，试图让中国承担更多国际责任。2008—2012年，全球金融改革是二十国集团峰会的核心议题，包括全球金融监管改革、国际货币体系改革、国际金融机构改革和特别提款权改革在内的改革议题都是在这一阶段提出的。但是，2012年之后，美国逐渐走出危机阴影，在发达国家中率先复苏，2014年完全退出"货币宽松政策"，可被视为经济自主复苏动能提升的标志。与此同时，欧债危机也因欧盟接连推出制度性修补改革，获得较大缓解。目前，陷入债务危机的国家均已陆续宣布退出救助机制，欧债危机阴云基本消散。目前，欧洲经济，特别是西欧和北欧经济获得内需支撑，开始稳步复苏。与此相反，2012年以来，新兴市场和发展中国家整体增速温和下降，经济金融风险上升。2018年初，土耳其、阿根廷等国相继陷入货币危机，显示全球经济金融风险正向新兴经济体扩散。在美欧危机远去、经济动能增强的背景下，发达国家对新兴经济体的合作需求减弱，全球金融改革在二十国集团峰会中的重要性显著下降。这既表现在近几年峰会议题的设置上，也表现在成员国关注点的转化上。

特别是美国总统特朗普上台后，美国政府对以G20为核心的全球治理平台态度消极，在"美国优先"口号下，美国大幅放松金融监管，与近十年来G20推动的全球金融监管合作的目标和原则背道而驰。2018 年 5 月，美国国会通过《经济增长、放松监管和消费者保护法案》，对 2010 年的《多德—弗兰克法案》进行重大调整，减轻中小银行监管压力，使面临更严格联邦监管的美国银行降至"不到 10 家"，并为未来更大规模放松监管预留空间。美放松金融监管有触发全球金融监管逐底竞争之虞。欧洲批评《巴塞尔协议 III》过于严苛，金融监管要"因地制宜"，欧洲证券及市场管理局开始寻求放宽监管标准。英国为防止脱欧后企业外流，酝酿以金融监管宽松为"卖点"，与欧洲大陆国家展开竞争。凡此种种迹象表明，通过二十国集团持续推动全球金融改革的难度上升。

## 三、分阶段制定全球金融稳定的参与战略

目前，中国已成全球第二大经济体、第一大贸易国、第三大对外投资国，客观上需要提升中国的全球金融影响力，维护内外发展利益；同时，中国日益增长的经济金融实力也为中国参与全球金融体系的改革与稳定提供了基础和支撑。中国参与全球金融体系的改革与稳定，应当始终着眼于服务中国自身发展的需要，既不能不切实际地提出超越中国发展阶段和能力范围的动议，也不能消极不作为，错失参与塑造和改革全球金融体系的良机。中国既应当正视而非低估全球金融改革的长期性和艰巨性，也应当具有推动全球治理转型的责任感和使命感，通过制定较为现实的短、中、长期全球金融战略，徐图缓进，稳步提升中国在全球金融体系的影响力和领导力。

近年来，为积极参与全球经济治理，中国政府进行了较为清晰的阐述和规划。例如，习近平总书记曾指出，中国"参与全球治理的根本目的，就是服从服务于实现'两个一百年'奋斗目

标、实现中华民族伟大复兴的中国梦"。①十八届五中全会公报指出，"必须顺应我国经济深度融入世界经济的趋势，奉行互利共赢的开放战略，发展更高层次的开放型经济，积极参与全球经济治理和公共产品供给，提高我国在全球经济治理中的制度性话语权，构建广泛的利益共同体。"《十三五规划纲要》提出，中国应"推动国际经济治理体系改革完善，积极引导全球经济议程，维护和加强多边贸易体制，促进国际经济秩序朝着平等公正、合作共赢的方向发展，共同应对全球性挑战"。十九大报告进一步提出，"中国将继续发挥负责任大国作用，积极参与全球治理体系改革和建设，不断贡献中国智慧和力量"。上述文件为中国参与全球经济金融改革提供了政策指引。参与全球经济金融改革只是手段和途径，保障中国经济金融体系的安全和发展才是目的。在参与全球经济金融改革的过程中，以何种方式主推哪些议题，均是以中国经济金融的发展阶段为着眼点，以中国经济金融体系的安全稳定运行为出发点，以构建符合中国经济金融发展利益为根本目标的。鉴于此，本节认为中国参与全球金融改革，应分阶段制定方略，明确短、中、长期战略目标。

短期以强本为核心，防范内外金融风险共振，维护中国经济金融体系的安全运行。2008年国际金融危机以来，中国步入三期叠加的艰难转型期，经济下行压力增加，尤其近年来金融体系局部性风险不断显露，主要表现为股市、汇市巨幅波动；房地产资产泡沫积累，楼市资金"虹吸效应"显著；影子银行迅速膨胀，互联网金融无序发展，非法集资、诈骗洗钱乱象丛生；经济整体杠杆率不断攀升，企业债务违约比例上升等。与此同时，近几年全球经济深度调整、复苏乏力，国际贸易增速大幅放缓，金融和

---

① 《习近平：推动全球治理体制更加公正更加合理》，载于新华网，2015年10月13日，http://www.news.xinhuanet.com/politics/2015-10/13/c_1116812159.htm.

大宗商品市场动荡加剧，全球贸易保护主义上升，地缘政治风险凸现，新兴经济体困难和风险明显加大，中国面临的外部环境不稳定因素增长。国际货币基金组织2016年4月发布的《全球金融稳定报告》判断，全球金融风险或已升至2008年金融危机以来最高点。鉴于未来数年，全球经济整体低迷、全球融资环境缩紧的趋势基成定局，为防止内外金融风险交织震荡，国内局部风险演化为系统性、地区性金融风险，中国短期内应将重点放在加固国内金融体系的稳健运行上，同时对外力推全球金融安全网建设，具体措施包括：对内加快金融监管改革，加强对系统性风险的监测与防范；适度放慢资本账户开放速度，提高国际资本流动监管质量；治理金融风险，防止资产泡沫继续膨胀。对外联合其他新兴经济体，建议以二十国集团为核心，构筑多边货币互换机制，扩大并完善全球金融安全网；建议加强全球金融监管，督促国际货币基金组织等国际金融机构充分评估美加息对新兴市场和全球经济的可能冲击；建议美联储进一步提高货币政策透明度，加强与市场和主要央行政策沟通，防止政策骤变引发国际市场混乱。

中期以外拓为重点，推动"金融走出去"，塑造与中国经济体量相称的对外金融影响力。任何经济体要在国际治理舞台上发挥重要作用，不仅应具备较大的体量，而且必须拥有基于对外密切联系而形成的巨大影响力。从体量上看，中国金融规模无疑已是世界经济体系中的巨人，但由于对外延伸拓展有限，规模优势难以转化为国际影响力。仅以中国金融服务业的出口为例，世界金融强国的金融服务业出口占全球服务业出口的比重高达20%以上，而中国仅为3%左右。[①]中期而言，中国应当培育推动并影响

---

① 姚余栋、杨涛：《推动金融供给侧改革建设金融强国》，载于《上海证券报》，2016年3月25日，第12版。

全球金融体系改革的内外能力：对内，中国应继续加强金融体系建设，通过金融体系现代化改革为中国经济的持续发展与壮大保驾护航；对外，中国应大力推动"金融走出去"，通过拓展对外金融联系提升国际金融影响力。张红力将中国"金融走出去"概括为五个方面：一是金融机构"走出去"，实施中国金融治理措施；二是货币"走出去"，实现国际货币体系公平再造；三是资本市场"走出去"，推动全球金融市场更加高效、多元和活跃；四是金融监管"走出去"，传播金融服务实体经济的监管思想；五是金融理念"走出去"，践行正确的义利观，讲信义、重情义、扬正义、树道义，将金融作为全球共同发展的工具，而非某一方谋取私利的工具。[①]鉴于中国从贸易大国向投资大国和金融强国转变是国内经济升级转型的必然要求，"走出去"战略也应适时调整为非金融企业与金融企业"走出去"双轮驱动。中期看，中国政府应加强其全球金融战略的顶层设计，统筹人民币国际化战略、"一带一路倡议"、对外发展援助战略，金砖国家合作战略、外汇储备投资策略等，助推金融"走出去"，提升对外金融话语权。

长期以国际金融监管改革为抓手，持续推动全球金融体系变革，塑造公平、合理的全球金融新秩序。日前，全球治理体制变革正处于历史转折点上。习近平总书记在中共中央政治局第二十七次集体学习时指出，"数百年来列强通过战争、殖民、划分势力范围等方式争夺利益和霸权逐步向各国以制度规则协调关系和利益的方式演进。现在，世界上的事情越来越需要各国共同商量着办，建立国际机制、遵守国际规则、追求国际正义成为多数国家的共识"，"加强全球治理、推进全球治理体制变革已是大势所

---

① 张红力：《中国金融与全球治理》，载于《金融论坛》，2015 年第 11 期（总第 239 期）。

趋。这不仅事关应对各种全球性挑战，而且事关给国际秩序和国际体系定规则、定方向；不仅事关对发展制高点的争夺，而且事关各国在国际秩序和国际体系长远制度性安排中的地位和作用。"[1]上述论述包含了两个重要判断，一是新兴经济体和发展中国家的崛起，使得以国际协商为核心的国际经济治理代替弱肉强势的丛林法则，成为未来推动全球经济体系变革的重要力量；二是全球治理体系的变革事关各国在国际秩序和国际体系长远制度性安排中的地位和作用。基于以上判断，中国应当高度重视以二十国集团为核心的全球经济治理平台，以精耕细作，谋长远布局。2008年国际金融危机爆发后，全球金融治理改革的推进是以全球金融监管改革为核心的，由此衍生出来的新的规则和组织体系仍是由西方发达国家主导的，在规则的公正性，组织的有效性、代表性和权威性及监管范围的全面性等问题上，仍存在诸多问题。尤其是，危机后全球金融治理改革的重心放在加强市场监管上，而忽视对核心规则（国际货币规则）和核心机构（国际货币基金组织等）的改革，因此无法从根本上改变不合理全球金融秩序、维护全球金融稳定。对于这些核心问题，改革不可能在短期内一蹴而就，而必须长期谋略，以战略耐心和战略定力，审时度势、借势用力、徐图缓进。

## 四、四条路径提升中国金融影响力

美国主导国际金融秩序，得益于四大结构性权力，即货币性权力、规则性权力、组织性权力和思想性权力。同样，中国提升国际金融影响力，也可以沿着这四条路径行进。

---

[1] 《习近平：推动全球治理体制更加公正更加合理》，载于新华网，2015年10月13日，http://www.news.xinhuanet.com/politics/2015-10/13/c_1116812159.htm.

## （一）货币路径

在经济全球化时代，货币的国际化程度是大国实力的关键性指标。危机后，美国主导的国际货币体系不利于中国经济的持续成长和壮大，推动国际储备货币多元化成为国际金融危机后中国的战略选择。尽管围绕"多元化国际货币体系是否有利于全球经济体系稳定"这一问题，目前学术界仍存在激烈争论，但对于中国而言，推动国际货币体系多元化趋势，是保护自身利益、拓展发展空间、争取博弈筹码的必然选择。目前，通向国际储备货币多元化的道路主要有两条：一是推动人民币国际化；二是提高特别提款权的影响力。对于中国而言，这两个选项互为补充、相互促进。

其一，打造"强势"货币，推动人民币国际使用。危机以来，人民币长期单向升值趋势曾是助推人民币国际化的强劲催化剂，但随着近年来中国经济放缓，人民币开始双向波动甚至略贬，这一因素作用下降。未来，随着人民币升值空间的压缩，必须为人民币国际使用寻找新动力，将其打造为以综合经济金融实力为基础的"强势"货币。所谓强势，意味着人民币的自由使用或可兑换程度较高、汇率相对稳定、计价金融产品丰富，也要求人民币成为国际货币与金融市场的重要"锚"之一。[①]总体而言，将人民币打造成国际接受度高的"强势"国际货币，必须从以下几个方面着手：一是保持汇率的相对稳定、提高汇率政策的独立性。二是推动国内金融改革和金融深化，壮大能孕育中国标准的金融市场。三是培育人民币的国际定价权。未来，可以人民币国际化为中心，开展国际金融中心的建设，建立一个包括股

---

[①] 姚余栋、杨涛：《推动金融供给侧改革建设金融强国》，载于《上海证券报》，2016年3月25日，第12版。

票、债券、黄金、石油、货币等所有金融品种包括衍生品在内的完全化资本市场,争夺货币权力以及大宗商品定价、信用评级等国际金融的话语权。①

其二,拓展特别提款权用途,提升人民币"入篮"效用。特别提款权作为超主权货币理论的一种实践,为改革现行货币体系提供了新的思路,未来国际货币体系的基础货币不一定是建立在某一国主权及信用上,可以由多国货币组成的"篮子"形式存在。石建勋、郑超洪(2014)测算估计,按照国际储备货币改革趋势和全球经济发展趋势,人民币纳入特别提款权货币篮子,其份额有望于2026—2030年期间增至26.81%,与美元和欧元不相上下,成为国际货币体系中的重要组成部分,人民币的国际地位也将大大加强(见表9.3)。

表9.3　2011—2030年特别提款权货币篮子构成

(单位:十亿特别提款权)

|  | 币种 | 美元 | 欧元 | 日元 | 人民币 | 英镑 |
|---|---|---|---|---|---|---|
| 2011—2015 | 出口和资本流动 | 5,451 | 7,989 | 1,692 | 4,798 | 3,590 |
|  | 储备资本 | 11,981 | 5,445 | 551 | 133 | 780 |
|  | 总额 | 17,432 | 13,434 | 2,243 | 4,931 | 4,370 |
|  | 篮子权重 | 41.10% | 32.10% | 5.99% | 11.63% | 11.66% |
| 2016—2020 | 出口和资本流动 | 7,694 | 12,848 | 2,346 | 10,953 | 5,457 |
|  | 储备资本 | 24,040 | 14,167 | 856 | 3,939 | 1,649 |
|  | 总额 | 31,734 | 27,015 | 3,202 | 14892 | 7,106 |
|  | 篮子权重 | 38.05% | 32.39% | 3.84% | 17.20% | 8.52% |
| 2021—2025 | 出口和资本流动 | 10,858 | 20,663 | 3,255 | 25,000 | 8,404 |
|  | 储备资本 | 49,586 | 34,040 | 1,631 | 12,525 | 3,189 |
|  | 总额 | 60,444 | 54,703 | 4,886 | 37,525 | 11,593 |

---

① 时吴华著:《金融国策论》,北京:社会科学文献出版社,2015年版,第49页。

续表

|  | 币种 | 美元 | 欧元 | 日元 | 人民币 | 英镑 |
|---|---|---|---|---|---|---|
|  | 篮子权重 | 35.73% | 32.34% | 2.89% | 22.18% | 6.85% |
| 2026—2030 | 出口和资本流动 | 15,325 | 33,229 | 4,514 | 57,066 | 12,943 |
|  | 储备资本 | 101,189 | 81,100 | 3,480 | 37,082 | 5,256 |
|  | 总额 | 116,514 | 114,329 | 7,994 | 94,148 | 18,199 |
|  | 篮子权重 | 33.18% | 32.56% | 2.28% | 26.81% | 5.18% |

资料来源：石建勋、郑超洪：《特别提款权定值货币新标准与人民币国际化》，载于《国际经贸探索》，2014年2月。

目前特别提款权的实际用途非常有限，为增加"入篮"效用，中国必须大力推动改革，提高特别提款权在国际收支中的使用。例如，扩大特别提款权定值的货币篮子范围，使其包括世界主要经济大国，并建立特别提款权与主权货币之间的清算关系；将特别提款权的使用范围从政府或国际组织之间扩展到私营部门，推动其成为国际贸易和金融交易的定价工具和支付手段；推动特别提款权成为各国主要的储备资产；改革货币提款权的国际管理机构，并为特别提款权提供实际资产支撑等。

## （二）规则路径

全球金融规则是全球金融秩序的外化，历来是大国金融博弈的焦点。中国欲推动建立对自己有利的全球金融秩序，须在金融规则的制定上寻求突破。目前看，核心金融规则，如国际货币规则、资本流动规则等，由于缺乏国际共识，改革阻力和难度较大，只能列为长期目标。但是，还有一些金融规则，与中国对外提升金融影响力密切相关，可作为近中期改革突破口。

国际金融机构治理规则。危机后，国际货币基金组织和世界银行均进行了份额和投票权改革。但是，新的改革方案与世界经济发展现状仍然存在较大差距，对此国际社会较有共识。未来，应继续推动两大机构的现代化改革，推动两大机构决策的民主化，逐步废除美国的一票否决特权。

国际开发援助规则。依托亚洲基础设施投资银行和金砖"新开发银行"，并结合自身长期对外援助经验，中国等发展中援助国（金砖五国都既是发展中国家，又是对外援助国）可共同打破西方援助国长期垄断国际开发援助规则制定的不合理现象，提高援助效率。

离岸人民币市场监管规则。2008年之前，离岸金融市场长期游离于国家监管之外，合谋行为普遍，投机之风盛行。危机后，美国启动长臂司法功能，对参与美元 Libor（伦敦银行间拆借利率）合谋的外国银行予以重罚。目前，中国在资本项目尚未完全开放的情况下，选择通过建设离岸人民币市场来推动人民币国际化，内存机遇，但也不应忽视其中风险。中国应同离岸市场监管当局形成密切合作关系，在实践中摸索离岸人民币市场的共同监管规则，避免风险失控，对在岸市场形成冲击。

## （三）组织路径

全球金融组织对于全球金融体系的重要性在于，它既是全球政治经济力量的分化组合之地，也是全球金融规则的孵化箱。用好组织路径，对于中国团结更多改革力量意义重大。

首先，积极推动现有国际金融机构改革。国际金融格局的变迁需要一个长期的历史演化过程，现行国际金融机构提供了发达国家与发展中国家开展多边货币金融合作与协调的场所，短中期内它们依然是发达国家维持全球金融秩序的主要工具，也是新兴市场与发展中国家争取自身利益的重要平台，因此中国还应坚持积极参与现有国际金融机构及其改革的战略不变。危机后，以二十国集团和金融稳定理事会为核心的全球金融监管机制得到较快发展,中国作为重要成员之一,应充分利用全球治理发展趋势,擅用这一平台,推动全球金融体系改革,捍卫自身发展利益。同时,中国应继续推动国际金融机构的现代化和民主化改革,提升新兴市场和发展中国家在其中的代表性和发言权。

其次,稳健推动新型国际金融机构运作。新型国际金融机构的出现将有助于撬动原有金融格局,促进全球金融组织的多元化发展,推动建立更为公正平等的国际经济金融新秩序。未来,金砖新开发银行和亚洲基础设施投资银行等新兴国际金融机构应当在稳健经营的基础上,在项目选择、融资条件、优惠政策、合作模式等方面,走出一条不同于布雷顿森林体系金融机构的发展之路。

第三,依托地区合作机制,建立以中国为核心的金融合作网络。中国可依托外汇储备的规模优势,以量力而行为原则,以政治外交中的友好关系为基础,主导构建符合自身战略利益的地区金融组织,提升人民币在国际投资和国际储备领域的影响力。例如,继续大力推动在上海合作组织框架下,建立"上海合作组织开发银行"及"上海合作组织投资基金",促进成员国能源、资源、基础设施等合作;在东盟与中国"10+1"合作框架下,在中国东盟投资合作基金基础上,主导建立"东盟投资银行";在中非基金基础上,建立中非开发银行;在拉美、中东地区推动建立国际合作银行或国际投资合作基金等。未来,可推动上述多边或双边合作金融组织开展对话交流、项目合作,以及相互交叉持股等更紧密合作与协调,最终建构覆盖全球范围、主要由新兴市场和发展中国家构成、符合中国战略利益的国际金融组织网。

(四) 理念路径

20世纪90年代以来,作为西方,特别是美国主导的金融理念，新自由主义和"华盛顿共识"长期主导国际金融市场。2008年国际金融危机爆发后，新自由主义和华盛顿共识双双走下神坛，但暂时没有可以替代的金融理念。危机后，中国对外金融影响力不断提升，表现在中国对外援助理念更受受援国赞赏，中国提出的地区合作建议，包括亚洲基础设施投资银行和"一带一路"倡议等，得到周边国家甚至部分发达国家的支持。中国提出的对外金融合作政策，之所以得到许多国家的支持，并非基于中国金融体系的"现代化"或"创新"能力，而是基于中国制造业和金融业的综合实力，以及这种结合产生的对经济发展的巨大推动力。正是中国经济 40 年的成功经验及中国金融体系支持实体经济飞速发展的道路验证，使得中国的对外金融合作政策，得到许多国家的关注。但是，到目前为止，中国还没有形成一套能够充分解释中国经济成功的经济金融理念，也还没有形成一套能够系统阐明中国的国际金融合作观的成熟理论，理论发展的滞后无疑影响了中国在全球金融体系中话语权的进一步提升。

未来，中国应加快构建具有中国特色的金融理念体系，提升国际金融话语权。近年来，国内学者就如何建构具有中国特色的金融理念体系进行了一些探讨。张尔升指出，应首先借鉴传统文化智慧，传播中国的文化观念，向国际提供共有观念，包括互联互通、互惠互利、合作共赢等，并吸收当代科学技术的最新成果，充分利用国内外学术资源，将经济学、管理学、语言学、法学、心理学、社会学等学科的思想、知识、方法融合到金融学领域，在现代金融学领域作原创性贡献，按中国的话语逻辑表述金融思想，生产中国式的金融话语。[①]张红力提出，中国金融深受儒家文化影响，核心思想是一个"和"字，包括"和而不同"的合

---

① 张尔升：《亚投行启动与中国国际金融话语权构建》，载于《财经研究》，2015 年第 10 期。

作观、"和衷共济"的产业观、"和风细雨"的发展观、"和谐有序"的监管观等。[①]本文认为,对中国式金融理念和国际金融观的提炼和总结,应当基于中国传统的政治哲学智慧、改革开放40年的成功经验和发展中国家的身份特征,其核心要素包括以下几点:

一是国际金融的发展观。金融是实体经济的润滑剂。国际金融体系发展和演进的根本目的是促进全球实体经济的发展,通过创造真实的财富,提高全世界人民的福祉。应纠正20世纪90年代以来国际金融与实体经济发展日益脱节的虚拟化、衍生化、对赌化发展倾向,使国际金融市场的发展始终以服务全球实体经济发展为目标。

二是国际金融的公平观。现有全球治理体系实质上是个别利益优先和既得利益优先。中国金融则主张共同发展、平衡发展和长远发展。[②]过去20多年金融全球化进程中,全球贫富差距不断扩大,其原因之一在于全球金融体系的权力架构、资源配置和利益分配机制存在严重失衡。未来,应改变全球金融市场弱肉强食的丛林习气,推动建立各国平等参与、共同受益、责权统一的公平的全球金融体系。

三是国际金融的稳定观。20世纪80年代以来,随着金融自由化政策在全球的广泛推行,金融周期代替实体经济周期成为经济金融危机的重要根源。国际上,金融危机频繁爆发,全球实体经济倍受袭扰,特别是2008年全球金融危机和由此引发的全球经济低迷,导致贸易和金融保护主义滋生,全球化甚至面临倒退的威胁。未来,应通过加强国内监管和国际监管合作,维护全球金

---

① 张红力:《中国金融与全球治理》,载于《金融论坛》,2015年第11期(总第239期)。

② 同上。

融市场的稳定运行，防止金融效率磨损、遏制以掠食性为特征的国际金融投机。

四是国际金融的共治观。全球金融体系有赖于全球各国的共同参与，对全球金融体系的治理也应当遵守平等协商、共享共治的原则。危机后的全球金融治理体系仍是由发达国家主导的、少数国家对多数国家的治理，其治理原则、规则、范围等均是发达国家意志和利益的反映。未来，应践行联合国宪章"促成全球人民经济及社会之进步"的基本理念与精神，提升新兴市场和发展中国家在全球金融治理中的地位和作用，建立体现全球多元化经济理念和发展利益的平衡的治理体系。

# 五、全方位打造中国金融外交

推动全球金融体系的改革和稳定，中国不能单打独斗，而应该趋利避害，通过积极开展金融外交，团结和动员国际上改革力量，为实现全球金融体系的稳定发展共同努力。"开展全方面的金融外交，有助于扩大中国在全球金融体系中的利益范围，推动全球金融体系的变革，提升中国在国际金融领域的地位。"[1]

20世纪90年代，中国金融外交开始起步，2008年后全面发力，目前已经建立了三个层次的合作体系。在全球层次上，二十国集团、金砖五国合作机制、国际货币基金组织/世界银行年会，构成中国多边/复边金融外交的重要平台。在区域层次上，中国主要依托区域合作机制，如东盟和中日韩合作机制（"10+3"）、上海合作组织、亚欧峰会等，开展和相关国家的财经合作。其中，"10+3"框架下的东亚地区金融合作取得了较大进展。成员

---

[1] 王元龙等：《后金融危机时代全球金融体系改革——中国的战略与抉择》，载于《经济研究参考》，2010年第9期。

国在金融信息分享、危机应急安排等领域合作较为紧密。在双边层次上，中国与美国、欧洲主要国家、日本，以及主要新兴经济体陆续建立了固定的财经交流渠道，双方政府定期召开会谈，交换在财政金融领域的看法和合作意向（参见表9.4）。

表9.4 中国金融外交依托的国际机制（部分）

| | | |
|---|---|---|
| 全球对话机制 | 世界银行/国际货币基金组织年会和春季会议 | 每年秋季由这两大机构召集举行由所有成员国财长和央行行长参加的年会；每年春季在华盛顿召开由各国政府官员、私人部门、学者和记者参加的春季会议 |
| | 二十国集团财长和央行行长会议/副手会议 | 1999年正式成立，每年一次 |
| | 金砖国家财长和央行行长会议 | 每年借助世界银行/国际货币基金组织年会和春季会议以及二十国集团年会等平台不定期举行 |
| 区域对话机制 | 亚太经合组织财长会议 | 成立于1993年，每年一次 |
| | 东盟与中日韩财长和央行行长会议 | 前身为1999年成立的东盟与中日韩财经对话机制（副手会议），2012年5月扩大为东盟与中日韩财长和央行行长会议 |
| | 亚欧财长会议 | 1997年成立，最初每两年举行一次；从2001年起每年举行一次，是亚欧首脑会议的一部分 |
| | 中日韩财长和央行行长会议 | 2008年成立，一年一次 |
| | 上海合作组织财长和央行行长会议 | 2009年在哈萨克斯坦举行首次会议，2012年在北京举行第二次会议 |
| | 东亚及太平洋中央银行行长会议组织行长会/副手会 | 1991年成立，每年年中召开一次行长会，听取副手级会议及各工作组机制工作汇报 |
| | 东南亚中央银行组织行长会议 | 1966年成立，中国人民银行于2011年正式加入 |

续表

| | | |
|---|---|---|
| 双边对话机制 | 中美战略与经济对话（经济部分） | 2009年成立，前身为2006年成立的中美战略经济对话，每年双方轮流举办一次① |
| | 中美联合经济委员会机制 | 1979年邓小平访美时成立，在中美两国的首都轮流举行，由两国财政共同主持 |
| | 中英经济财经对话机制 | 启动于1998年，最初为中英财经对话机制，不定期举行；2008年升格为副总理级对话，此后每年举行一次 |
| | 中欧财经对话机制 | 成立于2005年，中国财政部与欧盟委员会每年举行一次会议 |
| | 中俄财长对话机制 | 成立于2006年，起初为每年举行一次，但后来事实上每两年一次 |
| | 中德金融稳定论坛机制 | 成立于2011年，两国央行副手级对话 |
| | 中日财政部长对话机制 | 成立于2006年，每两年召开一次 |
| | 中国—巴西高层协调与合作委员会财经分委会 | 2009年9月，中巴高层协调与合作委员会下设立的副部级财经分委会，取代2006年成立的中巴财政对话机制，每年举行一次 |
| | 中哈金融合作分委会 | 2004年成立，是中哈政府副总理级合作机制下的定期会晤，每年举行一次 |

资料来源：李巍：《金融外交在中国的兴起》，载于《世界经济与政治》，2013年第2期。

中国金融外交在不同阶段拥有不同目标，这是由中国经济发展阶段和外交服务于国内建设的总体需求决定的。在未来一段时期内，中国金融外交主要服务于以下三大目标：一是推动人民币的国际使用，减少对外经济交往对美元的过度依赖；二是推动金融机构"走出去"，更好服务中资企业的国际化运营；三是通过

---

① 美国总统特朗普执政后，将"中美战略经济对话"改名为"中美全面经济对话"，并于2017年7月举行首轮对话。

亚投行、新开发银行、丝路基金等新型金融机构的健康运营，拓展中国经济金融对外发展空间，提升中国经济金融对外影响力，并谋求孵化国际金融新规则，推动全球金融体系的变革。为此，中国的金融外交应着重处理好以下几组关系：

一是与发达国家建立合作竞争的良性互动关系。当今的全球金融体系是一个以美国和美元为中心、以欧洲和欧元为次中心的体系。美欧都是当前体系的控制者和既得利益者，但相互间也有矛盾，利益诉求并不完全一致。对于美国，中国应避免正面冲突和碰撞，继续坚持构建中美新型大国关系，通过不断推动经济金融合作，削减和化解美国对中国的战略疑虑和战略压力。对于欧洲，中国应拓展合作空间，扩大共同利益。欧洲向来是美元霸权的积极反对者，在推动国际货币体系多元化上与中国观点相近。欧债危机以来，欧洲对中国持债和投资需求上升，对中国推动的人民币国际化战略、"一带一路"倡议、亚洲基础设施投资银行都持积极支持态度。因此，积极团结欧洲，扩大中欧双方的利益基础是平衡中美关系的重要一步，这也是中国金融外交的重要支柱之一。

二是与周边国家建立休戚与共的长久睦邻关系。所谓"邻居好，无价宝"，"朋友可选择，邻居须共处"。周边外交近年来一直是中国外交工作重点，也是美国等西方势力试图遏制中国的战略支点。处理好与周边国家的关系，对中国而言意义重大。从某种程度上说，金融外交可以成为化解美国战略压力，加强中国与周边国家命运共同体认知的重要途径。中国应继续推进亚洲基础设施投资银行、上合组织开发银行（拟建中）、"丝路"基金的建设，配合中国"人民币国际化"和"一带一路"外交战略，为周边国家经济发展提供金融助力。同时，以"先予后取"的胸襟，让周边国家从与中国的经济金融合作中获得实利，实现共赢与共同发展。

三是与新兴国家建立守望相助的战略共生关系。加强与新兴经济体特别是"金砖国家"多层次的货币金融合作，应是未来中国金融外交的一大重点。全球金融体系改革实际是发达国家与发展中国家在经济政治上的博弈，新兴经济体应进一步扩大全球经济中的话语权和规则制定权，共同参与全球金融体系改革。中国应与其他"金砖国家"加强协调，在新开发银行和应急储备库合作的基础上，共同推动多元化国际货币体系、公正性全球金融规则、民主化全球金融组织的建立。

四是与发展中国家建立共谋发展的互帮互助关系。发展中国家是中国外交的基石，中国同广大发展中国家同呼吸、共命运、诉求相近、理念相同，只有坚持道义为先、义利并举，从金融渠道向发展中国家提供更多的帮助，真心实意帮助发展中国家加快发展，并共同发掘合作共赢的机会，中国才能实现和发展中国家的共进退。数据表明，经济金融全球化加剧了全球的贫富分化，许多发展中国家并非受益者，它们与发达国家的差距反而进一步扩大，突出表现在一些拉美、非洲国家外债积压、经济发展负担沉重。近年来，发达国家宏观政策的调整进一步增加了发展环境的复杂性。发展中国家经济增长整体减速，部分国家面临通胀上升、外部收支恶化、资本大进大出、币值波动剧烈等现象，经济金融风险显著上升。面对这些新老问题，中国可加强与发展中国家的经济金融合作，通过提供力所能及的帮助，实现共同发展。

## 六、从金融大国向金融强国转型

中国参与全球金融体系的改革和稳定必须有强大的经济金融实力做支撑。目前，中国已经是金融大国，这表现在银行资产规模、资本市场规模、外汇储备规模等各种"量级"上；但同时，中国还不是金融强国，对外金融投射力和影响力都较为有限。目前，国内学术界对于何为"金融强国"尚无论定。张承惠认为，金融强国有六个标准：一是金融市场规模足够大，可以影响金融的资金流向；二是富有竞争力的金融服务体系；三是相当大程度上能够决定（影响）国际市场资产价格；四是金融产品能够引领世界潮流；五是本币成为国际货币；六是在国际金融规则的制定和修改上有足够话语权。①陆磊认为，金融强国有三大支柱：一是主权货币国际化程度高，参与或主导全球经济金融治理能力强；二是金融市场发育程度较高，参与甚至决定全球金融资源配置能力强；三是实体经济与金融体系良性互动，金融发展的可持续性强。②综合上述观点，"金融强国"应当具备以下四个方面的特征：一是金融体系高度发达，对外影响力大；二是金融体系与实体经济良性互动、共享共赢；三是主权货币国际化程度高；四是拥有影响国际金融规则制定的能力。目前来看，中国离"金融强国"还有较大差距，应当通过持续深化金融改革以及推动与实体经济需求相匹配的金融开放，逐步提升中国金融体系的竞争力和对外影响力。

首先，建设"金融强国"的必由之路：稳步推动金融改革与开放。"作为金融体系还在建设完善中的发展中大国，中国未来的金融发展长期目标是充分市场化，但当前时期的发展策略则应为有限全球化。"③金融改革与开放是大趋势，也是提升中国金融竞争力的必由之路。但是，由于中国金融微观主体市场化经验不足，在参与全球竞争、利用全球资本的同时，规避风险的能力较

---

① 张承惠：《发展高效率金融市场是金融强国战略重点》，载于《证券时报》，2015年6月15日。

② 陆磊：《在改革开放中建设金融强国》，载于《人民日报》，2015年10月14日。

③ 时吴华著：《金融国策论》，北京：社会科学文献出版社，2015年版，第54页。

弱。因此，金融改革与开放应当稳步推动，不可躁进。在操作上，要确定优先顺序和配套安排，通过适当的顶层设计，稳妥推进。在参与金融全球化过程中，在汇率、资本管制、货币国际化和国内改革等核心问题上，不能按成熟、发达经济体的管理一步到位。应分类逐步推进、相互配合促进，采取优先的、有序的金融改革和开放。

其次，建设现代金融体系的核心任务：提高金融服务实体经济的效率。经济发展新常态下，中国实体经济转方式、调结构的压力加大，这对金融服务实体经济提出了更高要求，需努力构建新型的产融结合生态体系，做到金融部门与实体经济利益共享、风险同担。新形势下，提高金融服务实体经济的效率有三个重点方向：一是金融支持科技创新。完善科技金融体系，促进科技与金融深层次结合，支持国家创新驱动发展战略。二是金融支持绿色发展。发展绿色金融体系，促进国民经济绿色转型。三是提高金融包容性。推进普惠金融战略，提高金融支持"三农"和小微企业的力度和水平。

第三，提高金融市场效率的关键：平衡金融创新与金融风险。有效率的金融市场应当有四个特征，即足够的广度、深度、弹性和创新能力。未来的改革方向包括：发展多层次的金融市场，包括信贷市场和资本市场；改进市场结构；推进利率市场化，减少对金融机构和金融市场交易活动的行政干预等。改革的活力来源于创新，但金融创新是把双刃剑。一方面，金融创新提高了金融市场活力和金融机构盈利能力，提升了金融行业的效率，推动了金融深化和发展，但另一方面，金融创新也孕育着难以预测的新风险，如管理不当，会破坏金融体系的稳定运行，甚至酿造危机。因此，金融市场的管理者和各类金融机构应培养鼓励创新的风险管理制度和注重风险管理的金融创新文化，塑造激励与约束机制，在金融创新和金融风险之间实现动态平衡。

第四，提升国际金融影响力的抓手：稳步推动国际金融中心建设。发达的国际金融中心既是金融强国的标配，也是提升和扩展一国金融实力的重要支撑。建设国际金融中心的根本目的是不断完善中国金融体系，深化中国的金融体系改革，从而促进中国经济的健康可持续发展。上海与香港两个国际金融中心各有优势，在提升中国对外金融影响力（如推动人民币国际化等）上既有分工又有合作。未来，应充分发挥两大中心的互补与补强效应，通过两大国际金融中心的辐射作用，带动中国其他地区金融市场的建设和完善，逐渐形成覆盖广、多层次的健全的中国金融市场体系。

第五，保障金融体系平稳运行的关键：构建现代化金融监管体制。近年来，中国金融业出现一些新的变化趋势，如混业经营、影子银行和互联网金融等。为防范金融风险、确保金融安全，迫切需要加快金融监管体系改革，完善金融监管体制。中国应借鉴国际先进经验、结合本国实际情况，完善现代化金融监管体制，理顺中央和地方金融管理体系，加强中央银行对系统重要性金融机构和金融控股公司的功能监管，实现对新型金融业态的全面监管，保障存款人和投资者合法权益，这也是建设金融强国的制度保障。

## 七、小结

当前全球金融体系"重病缠身"、危机频发，对国际经济的平稳增长造成了极大干扰。改革不合理、不公平的全球金融秩序、改善全球金融体系的运行环境、加强全球金融体系的稳定性既是人心所向，也是大势所趋，更是国际政治经济格局发展、各国追求力量"再平衡"的内在要求。随着中国综合国力的上升，推进改革以稳定全球金融体系，既是历史赋予中国的责任，也是中国经济发展的内在需求。

在推动全球金融体系改革问题上，中国既面临前所未有的历史机遇，也面临来自内部和外部的严峻挑战。过去二十多年来全球经济多极化发展趋势的不断加强，加之2008年国际金融危机的爆发，使得改革与稳定全球金融体系被提上全球经济治理议程。与此同时，中国成长为全球第二大经济体、第一大贸易国、第三大对外投资国，国际经济金融影响力大幅提升，为中国参与全球金融体系改革，塑造未来全球金融秩序，提供了实力的保障。可以说，国际机遇和中国自身强大的实力，因缘际会中使得中国走上了推动全球金融体系改革的前台。但实事求是的说，中国目前处于经济结构调整的关键期，经济金融风险凸显；经济、金融、政治、军事等综合国力仍不十分强大，在全球金融博弈中优势并不突出，尚无法主导全球金融体系的改革；美西方将中国视为战略竞争对手，采取围堵、诱压两手策略，中国发展面临的国际战略环境恶化。

中国推进全球金融体系改革、构建全球金融新秩序的过程，也是中国实现从金融大国向金融强国转型的过程。尽管近中期，中国尚无主导全球金融改革的能力，但中国可积极扮演体系修补者的角色，促进全球金融体系的稳定。一方面，中国需顺应历史大势，加强战略设计，积极参与全球金融体系改革，努力营造合作、互利的外部经济金融环境，通过货币、规则、组织、理念四个维度提升中国的全球金融影响力及对全球金融事务的话语权；另一方面，中国尚需提升经济金融综合实力，通过稳定推进金融改革与开放、加强资本市场和国际金融中心建设、提高金融监管水平等夯实自身金融基础，练好金融力量的"基本功"。

# 结　　语

　　全球金融稳定即全球金融体系的稳定。全球金融体系是资本主义发展到一定阶段的产物，也是伴随着近现代国际体系的建立与完善而产生并不断扩大。随着全球贸易联系、资本流动的不断增强，不同国家金融体系间的藩篱被打破，全球金融体系逐渐形成，并日趋复杂。由于金融体系本身固有的不稳定性，从全球金融体系诞生之刻起，如何控制全球金融风险、增强体系稳定性就成为摆在主要国家面前的一道难题。从全球金融体系自身的演化来看，其经历了从金本位制的稳定期、两次世界大战之间的不稳定期、布雷顿森林体系的稳定期到牙买加体系的不稳定期的转化，呈现出典型的波浪式发展特点。这背后，金融霸权国意志和大国博弈构成全球金融体系不断演进的推动力，也构成全球金融体系稳定性的决定因素。

## 一、结构、规则、组织、秩序和监管是影响全球金融体系稳定的五大因素

　　全球金融稳定即全球金融体系的稳定，指全球金融体系整体上保持平稳发展，全球金融风险或冲击能够得到较好地吸收和化解。全球金融体系总是在一定的国际政治经济环境下运行的。在这个复杂的环境中，全球金融结构、全球金融规则、全球金融组织、全球金融秩序、全球金融监管构成影响全球金融稳定的五个

主要变量。

全球金融结构的演进和变迁是影响全球金融稳定的重要因素。全球金融结构总是处于不断调整和变化中,其驱动力是金融创新、制度变迁及国际经济金融实力格局的变化。金融结构性变化容易引发金融失衡和金融风险的过度积聚,从而导致金融体系不稳定增强。如果全球金融结构的趋势性变化导致全球金融体系的稳定性下降,往往昭示着全球金融体系中的利益分配机制即全球金融秩序存在缺陷。而纠正这一缺陷,意味着必须对全球金融秩序进行调整,使得全球金融利益的分配符合新的国际经济金融实力对比。

全球金融规则是在全球金融结构的发展和演化中逐渐形成的,其目的是维护结构的稳定性。全球金融规则一经形成便具有一定凝固性,因此与处于不断调整中的全球金融结构之间始终存在矛盾。全球金融结构的变化客观上驱动着全球金融规则的变化,而脱离全球金融结构的全球金融规则将陷入陈旧和无效。全球金融规则是霸权国和新兴国妥协与合作的结果,更多反映霸权国利益。一方面,霸权国总是希望通过控制全球金融规则的制定和主导全球金融规则的变革,来加固由其主导的全球金融秩序;另一方面,新兴国家也试图通过改变全球金融规则来捍卫自身利益。在新规则的酝酿和制定过程中,全球金融秩序的内核也将被重塑。

全球金融结构在发展和演化过程中形成了规则,而维护规则需要国际组织的保障。从组织结构的视角来看,"全球金融组织结构"是为了保障全球金融体系按照某种规则运行,不同国际机构、准机构和合作协调机制之间在职、责、权方面的动态分工协作体系。其中,核心组织/机制是金融霸权国维持全球金融秩序的工具。由于秩序的存续总以一定程度的稳定为条件,因此,核心组织/机制也承担了部分金融稳定职能,但其根本目的是维护金融霸权国主导的金融秩序。

全球金融秩序是全球金融结构演化和规则、组织调整的结果。秩序一旦形成，就具有一定规范性和稳定性，并通过进一步强化对金融规则和组织的控制和塑造，来加强自身权威。全球金融秩序构成全球金融体系的权力内核，其核心功能是分配利益。其外化形式是基于国际经济金融实力对比的一系列市场和制度安排，即全球金融规则和组织。作为强者提供的全球金融秩序，其权力来源主要有四种形态，分别是货币性权力、规范性权力、组织性权力和思想性权力。这四大权力相互交叉强化，共同保证全球金融秩序得到国际社会的遵守。尽管为保持秩序的合理性和吸引力，全球金融秩序也隐含在一定程度上维护全球金融稳定的义务，但秩序对稳定的促进不是必然的。全球金融秩序的存在并不意味着全球金融稳定，有时甚至以全球金融不稳定为代价，来维持有利于金融霸权国的权力结构和利益分配。

全球金融监管是全球金融一体化发展到一定阶段的产物，反映了全球金融体系的内在稳定要求，也是其自稳定机制。其通过国际合作制定全球监管规则（从而矫正不合理的全球金融规则）、建构全球监管架构，来消除全球金融结构性失衡或风险、重塑全球金融秩序，以此起到稳定全球金融体系的作用。由于全球金融监管是个新生因素，国际实践时间很短，目前仅具雏形，在组织、规则、功能各方面均不完善，因此发挥作用有限。作为未来全球金融合作的一个重要发展方向，其能在多大程度上发挥全球金融稳定的作用，仍待时间检验。

在全球金融监管出现之前，全球金融体系是在前四大因素推动下，按照"强权—利益"的逻辑演化发展的。其中，全球金融结构的演化是破坏稳定和现状的力量，而金融秩序是维持现状的力量。这两股力量斗争、角力、妥协、相互影响和重塑的过程，就是全球金融体系从不稳定走向稳定的过程。在这一过程中，金融秩序的内核，国际金融权力版图被重新改写，其外在表现，及金融规则和组织被相应调整，而全球金融结构的失衡被消除、新发展趋势得到确认。全球金融监管出现后，全球金融体系的变迁动力向"国际合作—博弈变革"的方向转变。全球金融监管成为介入并调整全球金融结构和全球金融秩序之间关系的变量，它通过改革全球金融规则和组织对不合理的全球金融秩序予以限制和改造，同时起到消除全球金融结构性失衡的作用。在这一过程中，全球金融体系得到进化发展，并从不稳定状态走向新的稳定。

## 二、全球金融秩序的"有序性"特征是全球金融稳定的基石

国际金本位制和布雷顿森林体系时期，全球金融秩序均呈现"有序性"特征。表现为全球汇率关系较为稳定、全球金融规则明确公平、全球金融组织能够有效发挥作用。两个时期均实行合作型的国际货币制度，核心是保持各国货币间汇率相对稳定，前者建立在自愿参与的基础上，后者建立在国际条约的基础上；金融霸权国都受到全球金融规则制约，不能无限度透支其特权。金本位制下，主要央行间的合作有效地吸收了金融风险，抑制了系统性金融危机爆发；布雷顿森林体系则鼓励长期资本流动，抑制短期投机性资本流动，各国国内对金融业实施管理，有效驯服了金融周期。在这两个时期，资本主义世界金融危机几乎绝迹，世界贸易和实体经济都得到飞速发展。

两次世界大战间的"无序"竞争，导致全球金融体系稳定性下降。一战后，合作型的国际货币体系崩塌，全球金融体系陷入混乱：一是投机性资金轮番攻击主要国家汇率，货币危机频繁发生；二是国际资本高度流动，缺乏约束，加剧了各国国内金融周

期的波动幅度和泡沫破碎后的破坏力;三是1929年经济危机爆发后,主要国家打着维护汇率主权的旗帜,竞相采取以邻为壑的贬值政策,不仅加剧全球经济金融动荡,最终令全球经济金融体系四分五裂。这一时期,由于老牌帝国英国和新兴大国美国斗争激烈,全球金融秩序混乱、全球金融规则破碎、全球金融组织失效,全球金融体系自然也难以稳定。

20世纪70—80年代,美国主导的国际金融秩序由"有序"变为"无序",国际金融体系的稳定性大大降低。国际货币体系从固定走向浮动,削弱了全球金融体系平稳运行的根基。由于体制的惯性,美元虽与黄金脱钩,但依然享有美元霸权;美国在全球金融体系中享有结构性特权,却不承担对等的责任和义务。这一时期,由于处于冷战时期两大军事集团全面对抗的大背景下,美国以军事安全保障为承诺换取了西方主要大国对美国继续主导全球金融秩序的支持。尽管国际上金融危机频繁爆发、体系稳定性大幅减弱,表明改革全球金融秩序已是刻不容缓,但特殊的国际政治军事背景,为这一"无序"或"失序"的存在提供了一定可能性。这一时期,以金融自由化为指导的全球金融规则和以国际货币基金组织为核心的全球金融组织均被美国控制为其利益服务,全球金融稳定机制的效用大打折扣,不仅不能吸收因全球金融结构变化而产生的新型金融风险,还在一定程度上推波助澜。

三、经济全球化时期,美国主导的全球金融秩序呈现"无序"特征,全球金融结构性失衡不断积累,全球金融规则和全球金融组织为"无序"推波助澜,新生的全球金融监管机制尚难发挥稳定全球金融体系的作用

世界经济格局多极化发展趋势和全球金融市场的一体化,客

观上要求全球金融秩序也随之调整，以实现国际权利、责任与义务的匹配。然而，当前全球金融体系延续了20世纪70—80年代的无序、不均衡特征，且程度进一步加深。美国主导的全球金融秩序与全球经济格局多极化发展趋势之间矛盾更加尖锐。20世纪90年代，全球范围内金融危机频发，债务危机、货币危机、银行危机、资本市场危机等在世界各地轮番上演，小型经济体与大型经济体概莫能免。21世纪初以来，在美国放松监管和金融创新双重推动下，全球金融市场的发展进一步与实体经济脱离，最终在全球经济体系的核心——美国和欧洲爆发国际金融危机，其对全球经济产生巨大的负面外溢影响。全球金融危机的频繁爆发，凸显出全球金融体系的内在缺陷，主要表现在以下几个方面：

首先，美国主导的全球金融秩序呈现"无序"特征，集中表现在以美元为核心的国际货币体系的巨大弊端上：美元享有国际铸币税收益、巨额投资收益、负债消费收益和政策自由度等种种特权，但却不用承担稳定体系的义务。由于美元的发行不受任何约束，美元的信用基础受到持续削弱，美国经济竞争力不断下滑，全球经济失衡成为国际经济体系难以去除的顽疾。

其次，美国经济金融化导致全球金融结构性失衡不断积累。20世纪90年代，随着美国政府进一步放松金融管制，美国的金融结构发生巨大变化，美国资本主义呈现明显的金融资本主义特征，并对全球经济金融结构产生巨大影响，全球金融市场虚拟化、衍生化、泡沫化趋势不断加强，金融风险持续攀升，最终以美国次贷危机为导火索引爆2008年国际金融危机，并拖累全球实体经济陷入长期低迷。

第三，全球金融规则和组织是全球金融秩序的外化形式，为"无序"推波助澜。在全球金融规则的制定上，美国通过强化对新规则的主导权塑造对己有利的全球金融发展环境；在对全球金融组织的控制上，美国长时间搁置国际货币基金组织的民主化改革方案，并利用国际货币基金组织和世界银行等国际金融机构，在全球推行新自由主义、"华盛顿共识"等符合美国金融利益的经济金融理念。美国通过货币权力、规范性权力、组织性权力和思想性权力，强化了对国际金融秩序的控制使其为美国利益服务。全球金融规则和全球金融组织沦为为美国金融利益服务的工具，无法发挥应有的金融稳定职能。

第四，全球金融监管仅初具雏形，难以起到监控风险、维护稳定的作用。处于全球金融监管核心的金融稳定论坛，在推动全球金融标准制定上发挥了较为积极的作用，但由于在权威性、代表性、执行力、监管理念等多方面存在不足，以该论坛为核心的全球金融监管忽视了对发达经济体金融风险的监管，未能有效阻止2008年国际金融危机的爆发。

## 四、危机后全球金融改革提上议程，但未涉及核心问题，因此对于稳定全球金融体系效果有限

当前，全球政治版图发生了巨大变化，美国已难以维持单极状态，政治格局的变化也要求全球金融体系产生与之匹配的变革。经济方面，世界经济格局多极化发展和全球金融市场一体化趋势，也客观上要求全球金融秩序随之调整，以实现国际权利、责任与义务的匹配。2008年国际金融危机的爆发，暴露出全球金融体系的内在脆弱性和全球金融稳定机制的缺陷。稳定全球金融体系，必须加强全球金融监管，推动全球金融规则和全球金融组织的变革，以此达到消除全球金融结构性失衡、制约不合理全球金融秩序、稳定全球金融体系的作用。

危机后，在二十国集团领导下，以强化全球金融监管为主要内容的"自上而下"改革取得较大进展，具体表现在初步建立了

以金融稳定理事会为核心的全球金融监管架构,通过提倡宏观审慎监管,及推动加强对国际银行业、系统重要性金融机构、衍生品市场和影子银行的监管,引领全球金融监管改革。此外,国际金融机构民主化改革和国际货币体系改革(主要表现在特别提款权的增量与货币篮子扩容上)也获得一定突破。与此同时,由于全球金融改革的不彻底性和稳定全球金融市场的有限性,发展中国家也开始尝试推动自下而上的改革,例如探索建立资本管制新规、加强区域金融安全网建设、组建由新兴经济体主导的国际金融机构等。

总体而言,全球金融改革取得了一些积极的成效,如新兴经济体首次进入国际经济治理的核心平台、改革议题触及全球金融体系根本缺陷、具体改革获得阶段性进展、新兴经济体建立新型国际金融机构等。但是,由于以美国为首的发达国家仍牢牢把持改革主导权,改革多流于浅表、推动迟缓,难以触及全球金融体系的核心矛盾。整体而言,目前的改革举措仅是对现有体系的零敲细补,重点聚焦金融市场监管改革,而在国际货币体系改革、资本流动规则和国际金融机构改革上推进缓慢。在缺乏整体设计和协同推进的情况下,现有改革措施对于稳定全球金融体系的作用非常有限。

金融全球化应当有全球化的金融监管架构、清晰公正的全球金融规则和现代化、民主化的全球金融组织与之相匹配,否则,难以从根本上稳定全球金融体系。全球金融体系改革涉及内容广泛,牵涉利益众多,改革阻力巨大。美国经济实力虽然相对衰落,但金融、政治和军事等综合实力仍然无以匹敌,"在位优势"依然明显。主要经济体在改革过程中的利益不同,进一步增加了改革的难度,因而全球金融体系的改革是一项长期而艰巨的系统工程。近中期看,务实的做法是进一步深化现有改革,由易到难,由点及面,由边缘逐渐向核心推进,以修补方式增强全球金融体系的稳定性；远期看，须对国际货币体系和全球金融监管构架进行根本性变革，才能消除金融全球化与现有全球金融秩序之间的深刻矛盾。未来，应继续提高全球金融监管的代表性、权威性和执行力，借此推动全球金融规则和全球金融组织改革，起到限制不合理的全球金融秩序、稳定全球金融体系的作用。

## 五、中国参与全球金融稳定面临机遇与挑战

当前全球金融体系"重病缠身"、危机频发，对国际经济的平稳增长造成了极大干扰。改革不合理、不公平的全球金融秩序、改善全球金融体系的运行环境、加强全球金融体系的稳定性既是人心所向，也是大势所趋，更是国际政治经济格局发展，各国追求力量"再平衡"的内在要求。随着综合国力的上升，中国已走到了历史的十字路口，是挑战现有的全球金融体系、推翻不公平的全球金融秩序、发出中国的呐喊，还是渐进改革、徐图缓进，这既是历史给予"上升者"的考验，也是中国今后如何发展的一个重大难题。

在推动全球金融体系改革问题上，中国既面临前所未有的历史机遇，也面临来自内部和外部的严峻挑战。过去二十多年来全球经济多极化发展趋势的不断加强，加之2008年国际金融危机的爆发，使得改革与稳定全球金融体系被提上全球经济治理议程。与此同时，中国成长为全球第二大经济体、第一大贸易国、第三大对外投资国，国际经济金融影响力大幅提升，为中国参与全球金融体系改革，塑造未来全球金融秩序，提供了实力的保障。可以说，国际机遇和中国自身强大的实力，因缘际会中使得中国走上了全球金融改革的前台。但实事求是地说，中国目前经济、金融、政治、军事等综合国力仍不十分强大，在全球金融博弈中优势并不突出，尚无法主导全球金融体系的改革；美西方将中国视

为战略竞争对手，采取围堵、诱压两手策略，中国发展面临的国际战略环境恶化；中国处于经济结构调整的关键期，内部经济金融风险凸显。

中国推进全球金融体系改革、构建全球金融新秩序的过程，也是中国实现从金融大国向金融强国转型的过程。尽管近中期，中国尚无主导全球金融改革的能力，但中国可积极扮演体系修补者的角色，促进全球金融体系的稳定。一方面，中国需顺应历史大势，加强战略设计，积极参与全球金融体系改革，努力营造合作、互利的外部经济金融环境，通过货币、规则、组织、理念四个维度提升中国的全球金融影响力及对全球金融事务的话语权；另一方面，中国尚需提升经济金融综合实力，通过稳定推进金融改革与开放、加强资本市场和国际金融中心建设、提高金融监管水平等，夯实自身金融基础，练好金融力量的"基本功"。

# 参考文献

## 一、中文著作

1. 曹远征著：《人民币国际化战略》，学习出版社、海南出版社，2013年版。

2. 陈炳才、田青、郑慧著：《主权货币结算，终结美元霸权之路》，北京：中国金融出版社，2010年版。

3. 陈雨露、马勇著：《大金融论纲》，北京：中国人民大学出版社，2013年版。

4. 成思危著：《人民币国际化之路》，北京：中信出版社，2014年版。

5. 丁剑平、赵晓菊等编著：《"走出去"中的人民币国际化》，北京：中国金融出版社，2014年版。

6. 傅梦孜著：《世界直接投资——发展、理论与现实》，北京：时事出版社，1999年版。

7. 樊勇明著：《西方国际政治经济学》，上海：上海人民出版社，2001年版。

8. 江时学著：《金融全球化与发展中国家的经济安全——拉美国家的经验教训》，北京：社会科学文献出版社，2004年版。

9. 李巍：《金融发展、资本账户开放与宏观经济金融不稳定》，上海：上海财经大学出版社，2008年版。

10. 李扬、胡滨主编：《金融危机背景下的全球金融监管改革》，北京：社会科学文献出版社，2010 年版。

11. 刘慧著：《复杂系统与世界政治研究》，南京：南京大学出版社，2011 年版。

12. 梅新育著：《国际游资与国际金融体系》，北京：人民出版社，2004 年版。

13. 孙刚、路妍、齐佩金、王志强著：《当代国际金融体系演变及发展趋势》，大连：东北财经大学出版社，2004 年版。

14. 陶然著：《金融稳定目标下的资本账户开放研究》，北京：中国财政经济出版社，2009 年版。

15. 王在邦：《霸权稳定论批判——布雷顿森林体系的历史考察》，北京：时事出版社，1994 年版。

16. 向新民著：《金融系统的脆弱性与稳定性研究》，北京：中国经济出版社，2005 年版。

17. 谢平、管涛等主编：《金融的变革》，北京：中国经济出版社，2011 年版。

18. 应寅锋著：《金融结构、政府行为与金融稳定》，北京：中国社会出版社，2009 年版。

19. 许传华、边智群、李正旺著：《金融稳定协调机制研究》，北京：中国财政经济出版社，2008 年版。

20. 徐振伟著：《美国对欧经济外交 1919—1934》，北京：知识产权出版社，2009 年版。

21. 原毅军、卢林著：《离岸金融中心的建设与发展》，大连：大连理工大学出版社，2010 年版。

22. 余元洲著：《超经济学》，上海：上海三联书店，2014 年版。

23. 张振江著：《从英镑到美元：国际经济霸权的转移（1933—1945）》，北京：人民出版社，2006 年版。

24. 郑鸣著：《金融脆弱性论》，北京：中国金融出版社，2007年版。

25. 中国人民大学国际货币研究所著：《人民币国际化报告（2012）》，北京：中国人民大学出版社，2012年版。

26. 中国人民大学国际货币研究所著：《人民币国际化报告（2014）》，北京：中国人民大学出版社，2014年版。

27. 中国人民银行西安分行课题组著：《最后贷款人与金融稳定》，经济科学出版社，2007年版。

## 二、中文译著

1. ［美］利雅卡特·艾哈迈德著，巴曙松、李胜利等译：《金融之王，毁了世界的银行家》，北京：中国人民大学出版社，2011年版。

2. ［美］巴里·埃森格林著，麻勇爱译：《资本全球化，一部国际货币体系史》，北京：北京：机械工业出版社，2014年版。

3. ［美］巴里·埃森格林著，陈召强译：《嚣张的特权，美元的兴衰和货币的未来》，北京：中信出版社，2011年版。

4. ［美］卡齐米耶日·Z.波兹南斯基著，佟宪国译：《全球化的负面影响，东欧国家的民族资本被剥夺》，北京：经济管理出版社，2004年版。

5. ［美］彼得·L.伯恩斯坦著，黄磊译：《黄金简史》，上海：上海财经大学出版社，2009年版。

6. ［美］威廉·恩道尔著，顾秀林、陈建明译：《金融海啸，一场新鸦片战争》，北京：知识产权出版社，2009年。

7. ［美］杰弗里·弗里德曼、弗拉迪米尔·克劳斯著，段灿、张霞等译：《助推金融危机——系统性风险与监管失灵》，北京：中国金融出版社，2013年版。

8. ［日］富田俊基著，彭曦、顾长江等译：《国债的历史——凝结在利率中的过去与未来》，南京：南京大学出版社，2011年版。

9. ［美］理查德·戈德堡著，雨珂译：《华尔街的伟大博弈》，北京：中信出版社，2010年版。

10. ［美］雷蒙德·W.戈德史密斯著，周塑译：《金融结构与金融发展》，上海：上海三联、上海人民出版社，1994年版。

11. ［美］加里·戈顿著，陈曦译：《银行的秘密，现代金融生存启示录》，北京：中信出版社，2011年版。

12. ［美］威廉·格莱姆斯著，译科、任峰译：《东亚货币对抗》，北京：法律出版社，2010年版。

13. ［英］约翰·格雷著，刘继业译：《伪黎明：全球资本主义的幻想》，北京：中信出版社，2011年版。

14. ［美］大卫·格雷伯著，孙碳、董子云译：《债，第一个5000年》，北京：中信出版社，2012年。

15. ［美］约瑟夫·格里科、约翰·伊肯伯里著，王展鹏译：《国家权力与世界市场：国际政治经济学》，北京：北京大学出版社，2008年版。

16. ［美］艾伦·格林斯潘著，余江译：《动荡的世界：风险、人性与未来的前景》，北京：中信出版社，2014年版。

17. ［澳］彼得·哈契著，范立夫、孙冰洁、孙越译：《泡沫先生，艾伦·格林斯潘与消失的七万亿美元》，北京：东北财经大学出版社，2008年版。

18. ［美］迈克尔·赫德森著，嵇飞等译：《金融帝国——美国金融霸权的来源和基础》，北京：中央编译出版社，2008年版。

19. ［美］迈克尔·赫德森著，杨成果、林小芳等译：《全球分裂——美国统治世界的经济战略》，北京：中央编译出版社，2010年版。

20. ［美］罗伯特·基欧汉、海伦·米尔纳主编，姜鹏、董素华译：《国际化与国内政治》，北京：北京大学出版社，2003年版。

21. ［美］罗伯特·基欧汉、约瑟夫·奈著：《权力与相互依赖（第三版）》（原版影印丛书），北京：北京大学出版社，2004年版。

22. ［美］罗伯特·基欧汉著，苏长河、信强等译：《霸权之后，世界政治经济中的合作与纷争》，上海：上海人民出版社，2006年版。

23. ［美］罗伯特·吉尔平著，杨宇光、杨炯译：《全球政治经济学，解读国际经济秩序》，上海：上海世纪出版集团，2006年版。

24. ［美］查尔斯·P. 金德尔伯格著：《1929—1939年世界经济萧条》，上海：上海译文出版社，1986年。

25. ［美］查尔斯·P. 金德尔伯格著：《经济过热、经济恐慌及经济崩溃——金融危机史》，北京：北京大学出版社，2000年版。

26. ［美］保罗·克鲁格曼著，张碧琼等译：《克鲁格曼的预言——美国经济迷失的背后》，北京：机械工业出版社，2008年版。

27. ［美］保罗·克鲁格曼著，刘煜辉译：《投机败局——克鲁格曼谈不稳定汇率》，北京：中信出版社，2010年版。

28. ［美］兰德尔·克罗茨纳、罗伯特·希勒著，王永桓、陈玉财译：《美国金融市场改革》，大连：东北财经大学出版社，2013年版。

29. ［美］劳伦斯·J. 克特里考夫、斯科特·伯恩斯著，李靖野等译：《即将到来的世代风暴——美国经济的未来》，大连：东北财经大学出版社，2007年版。

30. [苏] B.Ⅱ. 库兹明著,王炳文、贾泽林译:《马克思理论和方法论中的系统性原则》,北京:生活·读书·新知三联书店,1976年版。

31. [美] 鲍勃·莱斯著,郑磊、龚荻涵译:《另类投资》,北京:机械工业出版社,2014年版。

32. [美] 卡门·M. 莱因哈特、肯尼斯·S. 罗格夫著,基相、刘晓峰、刘丽娜译:《这次不一样,八百年金融危机史》,北京:机械工业出版社,2012年版。

33. [瑞典] 瑞斯托·劳拉詹南:《金融地理学》,北京:商务印书馆,2001年版。

34. [日] 泷田洋一著,李春梅译:《日美货币谈判》,北京:清华大学出版社,2009年版。

35. [英] 罗杰·麦克罗米著,胡滨译:《金融市场中的法律风险》,北京:社会科学文献出版社,2009年版。

36. [美] 杰拉尔德·M. 迈耶著:《世界货币秩序问题》,北京:中国金融出版社,1989年版。

37. [美] 默顿·米勒:《默顿·米勒论金融衍生工具》,北京:清华大学出版社,1999年版。

38. [美] 罗伯特·A. 蒙代尔、保罗·J. 扎克主编,张明译:《货币稳定与经济增长》,北京:中国金融出版社,2004年版。

39. [美] 海曼·P. 明斯基著,石宝峰、张慧卉译:《稳定不稳定的经济——一种金融不稳定视角》,北京:清华大学出版社,2010年版。

40. [美] 约翰·莫尔丁、[英] 乔纳森·泰珀著,章爱民译:《看懂全球债务危机终局》,北京:机械工业出版社,2012年版。

41. [英] 彼得·诺兰著,丁莹译:《十字路口,疯狂资本主义的终结和人类的未来》，北京：中信出版社，2011 年版。

42. ［德］尼古劳斯·皮珀著，周方等译：《大衰退——美国与世界经济的未来》，北京：译林出版社，2012 年版。

43. ［美］弗雷德里克·普赖尔著，黄胜强等译：《美国资本主义的未来》，北京：中国社会科学出版社，2002 年版。

44. ［美］克莱德·普雷斯托维茨著，何正云译：《经济繁荣的代价》，北京：中信出版社，2011 年版。

45. ［法］费朗索瓦·沙奈等著，齐建华、胡振良译：《金融全球化》，北京：中央编译出版社，2006 年版。

46. ［瑞士］班奴·施耐德编著，王可、张敖、史长俊译：《通往金融稳定之路，主要金融标准是解决之道吗?》，北京：中国金融出版社，2009 年版。

47. ［美］戴维·施韦卡特著，李智、陈志刚等译：《反对资本主义》，北京：中国人民大学出版社，2008 年版。

48. ［美］大卫·施韦卡特著，宋萌荣译：《超越资本主义》，北京：社会科学文献出版社，2006 年版。

49. ［英］罗伯特·斯基德尔斯基著，秦一琼译：《重新发现凯恩斯》，北京：机械工业出版社，2011 年版。

50. ［英］莱斯利·斯克莱尔著，梁光严等译：《资本主义全球化及替代方案》，北京：社会科学文献出版社，2012 年版。

51. ［英］苏珊·斯特兰奇著：《疯狂的金钱—当市场超过了政府的控制》，北京：中国社会科学出版社，2000 年版。

52. ［英］苏珊·斯特兰奇著，肖宏宇、耿协峰译：《权力流散，世界经济中的国家与非国家权威》，北京：北京大学出版社，2005 年版。

53. ［英］苏珊·斯特兰奇著，杨宇光译：《国家与市场》，上海：上海世纪出版集团，2012 年版版。

54. ［美］乔治·索罗斯著：《开放社会：改革全球资本主

义》，北京：商务印书馆，2001年版。

55. ［美］乔治·索罗斯著：《金融炼金术》，海口：海南出版社，1999年版。

56. ［美］罗伯特·特里芬著：《黄金与美元危机——自由兑换的未来》，北京：商务印书馆，1997年版。

57. ［挪］拉斯·特维德著，周为群译：《金融心理学》，北京：中信出版社，2013年版。

58. ［美］狄克逊·韦克特著，秦传安译：《大萧条时代》，北京：新世界出版社，2008年版。

59. ［美］保罗·沃尔克、［日］行天丰雄：《时运变迁——国际货币及对美国领导地位的挑战》，中国金融出版社，1996年版。

60. ［美］约翰·H.伍德著，陈晓霜译：《英美中央银行史》，北京：上海财经大学出版社，2011年版。

61. ［德］鲁道夫·希法亭著：《金融资本》，北京：商务印书馆，2009年版。

62. ［美］约瑟夫·熊彼特著，吴良健译：《资本主义、社会主义与民主》，北京：商务印书馆，2009年版。

63. ［英］克恩·亚历山大、拉胡尔·都莫、约翰·伊特威尔著，赵彦志译：《金融体系的全球治理，系统性风险的国际监管》，大连：东北财经大学出版社，2010年版。

64. ［美］格雷格·伊斯特布鲁克著，李升炜译：《刺耳的繁荣》，北京：中信出版社，2011年版。

65. ［英］约翰·伊特威尔、［美］艾斯·泰勒著：《全球金融风险监管》，北京：经济科学出版社，2001年版。

66. ［美］巴瑞·易臣格瑞著：《迈向新的国际金融体系：亚洲金融危机后的思考》，北京：北京出版社，2000年版。

67. ［英］张夏准著，孙建中译：《资本主义的真相，自由市场经济学家的 23 个秘密》，北京：新华出版社，2011 年版。

## 三、外文原著

1. Acharya, Viral V. & Matthew Richardson, eds. , Restoring Financial Stability, How to Repair a Failed System, New York University Stern School of Business, 2009.

2. Allen, Larry, The Global Financial System 1750 – 2000, Reaktion Books, 2001.

3. Andrews, David M. , C. Randall Henning and Louis W. Pauly, eds. , Governing the World's Money, Ithaca, New York: Cornell University Press, 2002.

4. Aryuz, Yilmaz, ed. , Reforming the Global Financial Architecture, New York: United Nations, 2002.

5. Barbera, Robert J. , the Cost of Capitalism (Understanding Market Mayhem and Stabilizing Economic Future), London McGraw Hill, 2009.

6. Barkin, J. Samuel, Social Construction and the Logic of Money, Albany, New York: State University of New York Press, 2003.

7. Barnett, William A. , John Geweke, and Karl Shell, eds. , Economic Complexity: Chaos, Sunspots, Bubbles, and Nonlinearity, Cambridge: Cambridge University Press, 1989.

8. Beck, T. , A. Demirguc – Kunt, and R. Levine, Bank concentration and Crises, NBER Working Paper No. 9921, Cambridge, Massachusetts: National Bureau for Economic Research, 2003.

9. Blinder, Alan S. , After the Music Stopped, Penguin Group, 2013.

10. Brenner, Reuven, The Force of Finance: Triumph of the

Capital Markets, New York: Texere Publishing Limited, 2001.

11. O'Brien, Richard, Global Financial Integration: the End of Geography, London, Royal Institute of International Affairs, 1992.

12. Brummer, Chris, Soft Law and the Global Financial System, Cambridge University Press, 2012.

13. Buckley, Ross P., and Douglas W. Arner, From Crisis to Crisis, The Global Financial System and Regulatory Failure, Wolters Kluwer International BV, The Netherlands, 2011.

14. Capie, Forrest, and Geoffrey E. Woods, Financial Crises and the World Banking System, New York: St Martin's, 1986.

15. Claessens, Stijn, Richard J. Herring and Dir Schoenmaker, A Safer World Financial System: Improving the Resolution of Systemic Institutions, International Center for Monetary and Banking Studies (ICMB), 2010.

16. Chant, John, "Financial Stability as a Policy Goal", in Essays on Financial Stability, Bank of Canada Technical Report No. 95, Ottawa: Bank of Canada, 2003.

17. Cornes, Richard, and Todd Sandler, The Theory of Externalities, Public Goods, and Club Goods, Cambridge, England: Cambridge University Press, 1996.

18. Crane et al. eds., The Global Financial System: A Functional Perspective, Boston, MA, Harvard Business School Press, 1995.

19. Demirguc-Kunt, Asli, and Ross Levein, eds., Financial Structure and Economic Growth: A Cross-Country Comparison of Banks, Markets, and Development, Cambridge, Massachusetts: MIT Press, 2001.

20. Dewatripont, Mathias, and Jean Tirole, The Prudential Regulation of Banks, Cambridge, Massachusetts: MIT Press, 1993.

21. Dewatripont, Mathias, Jean – Charles Rochet, and Jean Tirole, Balancing the Banks, Global Lessons from the Financial Crisis, Princeton University Press, Princeton and Oxford, 2010.

22. Duisenberg, Wim F. , "The Contribution of the Euro to Financial Stability," in Globalization of Financial Markets and Finanical Stability—Challenges for Europe, Baden – Baden, Germany: Nomos Verlagsgesellschaft, 2001.

23. Eatwell, John, and Lance Taylor, Global Finance Risk: The Case for International Regulation, New York: The New Press, 2000.

24. Engelen Ewald, et al. , After the Great Complacence, Oxford University Press, 2011.

25. Evans, Owen, A. M. Leone, Martin Gill, and Paul Hilbers, "Macroeconomic Indicators of Financial System Soundness," IMF Occasional paper No. 192, Washington: International Monetary Fund, 2000.

26. Ferran, E. , and C. Goodhart, eds. , Regulating Financial Services and Markets in the 21st Century, Oxford: Hart, 2001.

27. Folkerts – Landau, David, and Carl – Johan Lindgren, Toward a Framework for Financial Stability, World Economic and Financial Surveys, Washington: International Monetary Fund, 1998.

28. Greenspan, Alan, "Risk Management in the Global Financial System," remarks before the Annual Financial Markets Conference of the Federal Reserve Bank of Atlanta, Miami Beach, Florida, 1998.

29. Goldsmith, R. W. & R. E. Lipsey, Studies in the National Balance Sheet of the United States, Studies in Capital Formation and Financing, Princeton University Press, 1963.

30. Gurley, J. G. & Shaw, E. S. , Money in a Theory of Finance, Washington, D. C. : Brookings Institution, 1960.

31. Halliday, Terence C. , and Bruce G. Carruthers, Bankrupt, Global Lawmaking and Systemic Financial Crisis, Stanford University Press, 2009.

32. Hoelscher, David, and Marc Quintyn, Managing Systemic Banking Crises, Washington: International Monetary Fund, 2003.

33. International Monetary Fund, Financial Stability Reports, Washington D. C. : International Monetary Fund, 2002 - 2015.

34. Jarsulic Marc, Anatomy of a Financial Crisis, Palgrave Macmillan, 2010.

35. Kaiser, Karl, John J. Kirton and Joseph P. Daniels eds. , Shaping a New International Financial System, Challenges of Governance in a Globalizing World, Ashgate, 2000.

36. Kates, Steven ed. , Macroeconomic Theory and its Failings, Alternative Perspectives on the Global Financial Crisis, Edward Elgar Publishing Limited, 2010.

37. Kawamoto, K. , Z. Nakajima, and H. Taguchi, eds. , Financial Stability in a Changing Environment, London: Macmillan, 1995.

38. Kindleberger, Charles P. , A Financial History of Western Europe, Routledge, 1984.

39. Kindleberger, Charles P. , Europe and the Dollar, The M. I. T. Press, 1966.

40. Kindleberger, Charles P. , Power and Money, The Politics of International Economics and the Economics of International Politics, Basic Books, 1970.

41. Kindleberger, Charles P. & Jean - Pierre Laffargue eds. , Cambridge University Press, 1982.

42. Kirshner, Jonathan, Monetary Orders: Ambiguous Econom-

ics, Ubiquitous Politics, Cornell University, 2003.

43. Kohli, Harinder S., and Ashok Sharma, A Resilient Asia Amidst Global Financial Crisis, Asian Development Bank and Sage Publication, 2010.

44. Loayza, N. & Ranciere, R., Financial Fragility, Financial Development, and Growth, World Bank, 2002.

45. Mattione, Richard P., OPEC's Investments & the International Financial System, the Brookings Institution, 1985.

46. Mckinnon, Ronald I., Money and Capital in Economic Development, Washinton D. C.: Brookings Institution, 1973.

47. Mclean, Bethany and Joe Nocera, All the Devils Are here, the Hidden History of the Financial Crisis, Penguin Group, 2010

48. Mishkin, F. S., Understanding Financial Crisis: A Developing Country Perspective, in Michael Bruno and Boris Pleskovic, eds., Annual world Bank Conference on Development Economics, World Bank, Washington, D. C., 1996.

49. Piketty, Thomas, Capital in the Twenty – First Century, the Belknap Press of Harvard University Press, 2014.

50. Porteous, D. J., The Geography of Finance: Spatial Dimensions of Intermediary Behaviour, USA: Avebury, Athenaeum Press, 1995.

51. Portes, Richard & Alexamder K. Swoboda eds., Threats to International Financial Stability, Cambridge University Press, 1987.

52. Rajan, Raghuram G., and Luigi Zingales, Saving Capitalism from the Capitalists, New York: Crown Business, 2003.

53. Schinasi, Garry J., Safeguarding Financial Stability: Theory and Practice, International Monetary Fund, 2006.

54. Sinn, Hans – Werner, Casino Capitalism, Oxford University

Press, 2010.

55. Stiglitz, Joseph E. , The Stiglitz Report, Reforming the International Monetary and Financial Systems in the wake of the Global Crisis, the New Press, 2010.

56. Shubik, Martin, Theory of Money and Financial Institutions, Cambridge, Massachusetts: MIT Press, 1999.

57. Strange, Susan, Sterling and British Policy, A Political Study of an International Currency in Decline, Oxford University Press, 1971.

58. Sundaram, Jomo Kwame ed. , Reforming the International Financial System for Development, Columbia University Press, 2011.

## 四、文献资料

1. 边卫红：《未来 20 年国际金融格局演进的推动因素与新特征》，载于《中国货币市场》，2010 年 10 期。

2. 蔡庆丰、李鹏：《全球对冲基金业的新发展及其影响》，载于《证券市场导报》，2008 年 5 月号。

3. 樊纲：《21 世纪的金融全球化和国际金融改革》，载于《中国外汇管理》，2000 年 1 月。

4. 方琳：《流动性状态转换冲击全球金融稳定——以次贷危机和欧债危机为例》，载于《时代金融》，2014 年第 4 期中旬刊。

5. 方兴起、贺锋荣：《国际货币体系改革：世界货币的非国家化》，载于《管理学刊》，2010 年 8 月。

6. 何泽荣、严青、陈奉先：《东亚经济体外汇储备库建设的利益博弈》，载于《当代经济研究》，2014 年 2 月。

7. 贺小勇：《全球金融危机爆发的法律思考——以国际货币体系缺陷为视角》，载于《华东政法大学学报》，2009 年第 5 期。

8. 基相：《国际金融监管改革启示》，载于《金融研究》，2015年第2期。

9. 柯居韩：《国际金融改革为何雷声大雨点小》，载于《瞭望新闻周刊》，1999年8月16日，第33期。

10. 李仁真、刘真：《全球金融稳定法律机制的理论构想》，载于《法学杂志》，2011年第2期。

11. 李巍：《金融外交在中国的兴起》，载于《世界经济与政治》，2013年第2期。

12. 李增刚：《国际规则变迁与实施机制的经济学分析》，载于《制度经济学研究》，2005年12月期。

13. 刘道远：《国际金融法制改革现代进路》，载于《河南大学学报》，2009年9月期。

14. 刘真：《国际金融稳定法律机制研究》，载于《国际关系与法学刊》（第4卷），2014年11月。

15. 刘霞：《对美国虚拟经济与实体经济的分析与思考》，载于《兰州学刊》，2010年第1期。

16. 乔依德等：《全球金融治理：挑战、目标和改革——关于2016年G20峰会议题研究》，载于《科学发展》，2016年4月。

17. 盛斌、陈镜宇：《亚太新兴经济体资本流动与资本管制政策的新动向》，载于《亚太经济》，2013年第4期。

18. 石建勋、郑超洪：《特别提款权定值货币新标准与人民币国际化》，载于《国际经贸探索》，2014年2月期。

19. 王轶颖、马睿翔：《美国金融危机与美国金融权力精英》，载于《国外理论动态》，2010年第12期。

20. 王信：《经济金融全球化背景下国际货币博弈的强与弱》，载于《国际经济评论》，2009年7-8月期。

21. 王元龙：《后金融危机时代国际金融体系改革——中国的战略与抉择》，载于《经济研究参考》，2010年第9期。

22. 王元龙：《中国推进国际金融体系改革的远虑与近忧》，载于《首度经济贸易大学学报》，2010 年第 2 期。

23. 魏民：《世纪之交的国际金融秩序改革》，载于《国际问题研究》，2000 年 1 月。

24. 吴晓灵、唐欣语：《对未来国际金融改革的建议》，载于《国际金融研究》，2009 年第 5 期。

25. 徐明棋：《国际货币体系缺陷与国际金融危机》，载于《国际金融研究》，1999 年第 7 期。

26. 杨洁勉等：《国际金融体系改革的评估与展望》，载于《国际展望》，2011 年第 5 期。

27. 姚余栋、杨涛：《推动金融供给侧改革建设金融强国》，载于《上海证券报》，2016 年 3 月 25 日第 12 版。

28. 尹继志：《金融稳定理事会的职能地位与运行机制分析》，载于《金融发展研究》，2014 年 1 月。

29. 余永定、张明：《资本管制和资本项目自由化的国际新动向》，载于《国际经济评论》，2012 年 9 月。

30. 张尔升：《亚投行启动于中国国际金融话语权构建》，载于《财政研究》，2015 年第 10 期。

31. 张红力：《中国金融与全球治理》，载于《金融论坛》，2015 年第 11 期（总第 239 期）。

32. 郑联盛、张明：《国际货币体系改革与全球金融安全机制构建：关联与问题》，载于《国际安全研究》，2015 年第 6 期。

33. （哥伦比亚）若泽·安东尼奥·奥坎波：《有关国际金融改革的关键因素》，载于《国际社会科学杂志（中文版）》，2001 年 11 月。

34、（意）马里奥·德拉吉：《货币战争视角下的冲突与新联盟》，载于《中国金融》，2011 年第 18 期。

35. （美）斯坦利·费希尔：《危机后金融监管改革进展》，

载于《中国金融》，2014 年第 17 期。

36.（美）约翰·B. 福斯特著，云南师范大学马克思主义理论研究中心译：《垄断资本的新发展：垄断金融资本》，载于《国外理论动态》，2007 年 3 月期。

37.（美）约翰·B. 福斯特著，王年咏、陈嘉丽译：《资本主义的金融化》，载于《国外理论动态》，2007 年 7 月期。

38.（美）迈克尔·赫德森著，曹浩瀚译：《从马克思到高盛：虚拟资本的幻想和产业的金融化（上）》，载于《国外理论动态（上）》，2010 年 9 月期。

39.（美）迈克尔·赫德森著，曹浩瀚译：《从马克思到高盛：虚拟资本的幻想和产业的金融化（上）》，载于《国外理论动态（下）》，2010 年 10 月期。

40.（德）乔纳森·泰尼伯姆：《全球金融体系的癌变过程》，载于《经济与信息》，1999 年 2 月期。

41. Tobias Adrian, Arturo Estrella, Hyun Song Shin, Monetary Cycles, Financial Cycles, and the Business Cycle, Federal Reserve Bank of New York, Staff Reports, No. 421, January 2010.

42. David Aikman, Andrew G Haldane, Benjamin Nelson, Curbing the credit cycle, CEPR's Policy Portal, 17 March 2011. www.voxeu.org/article/curbing–credit–cycle

43. Jean–Louis Arcand, Enrico Berkes and Ugo Panizza, Too Much Finance? IMF Working Paper, WP/12/161, June 2012.

44. Silvana Bartoletto, Bruno Chiarini, Elisabetta Marzano, Paolo Piselli, Business Cycles, Credit Cycles and Bank Holdings of Sovereign Bonds: Historical Evidence for Italy 1861 – 2013, June 15, 2015, http://www.cepr.org/sites/default/files/events/Piselli%20 –%20BCMP_2015_06_16_0.pdf

45. Borio, Claudio, The Financial Cycle and Macroeconomics：

What Have We learnt? BIS Working Paper, No 395, December 2012.

46. Borio, Claudio, Monetary Policy and Financial Stability: What Role in Prevention and Recovery? BIS Working Paper, No 440, January 2014.

47. Borio, Claudio, Harold James and Hyun Song Shin, The International Monetary and Financial System: a Capital Account historical Perspective, BIS Working Papers, No 457, August 2014.

48. Borio, Claudio, and Philip Lowe, Asset Prices, Financial and Monetary Stability: Exploring the Nexus, BIS Working Paper, No. 114, Basel: Bank for International Settlements, 2002.

49. Borio, Claudio, and Philip Lowe, Asset Prices, Financial and Monetary stability: Exploring the nexus, BIS Working Papers No114, July 2002.

50. Stijn Claessens, M. Ayhan Kose and Marco E. Terrones, Financial Cycles: What? How? When? IMF Working Paper 11/76, April 2011.

51. Mathias Drehmann, Claudio Borio, Kostas Tsatsaronis, Characterising the Finanical Cycle: don't lose sight of the medium term! BIS Working Papers No 380,

52. Balazs Egert and Douglas Sutherland, The Nature of Financial and Real Business Cycles: The Great Moderation and Banking Sector Pro – cyclicality, OECD Working Papers No. 938, January 9, 2012.

53. Leonardo Gambacorta, Jing Yang, Kostas Tsatsaronis, Financial Structure and Growth, BIS Quarterly Review, March 2014.

54. Helene Rey, Dilemma not Trilemma: the Global Financial Cycle and Monetary Policy Independence, August 31, 2013, VOX CEPR's policy Portal. http://www.voxeu.org/article/dilemma – not – triemma – global – financial – cycle – and – monetary – policy – inde-

pendence.

55. Hanno Stremmel, Capturing the Financial Cycle in Europe, ECB Working Paper Series, No 1811, June 2015,

56. Hanno Stremmel and Balazs Zsamboki, The Relationship between Structural and Cyclical Features of the EU Financial Sector, ECB Working Paper Series, No 1812, June 2015.

## 五、网站与数据库部分

1. 金融稳定理事会（FSB）网站及其资料库
2. 国际货币基金组织（IMF）网站及其数据库
3. 世界银行（WB）网站及其数据库
4. 国际清算银行（BIS）网站及其数据库
5. 联合国贸发会议（UNCTAD）网站及其数据库
6. 世界贸易组织（WTO）网站及其数据库
7. 经济与合作发展组织（OECD）网站及其数据库
8. 联合国商贸数据库（UN Comtrade Database）
9. 美国财政部网站及其数据资料
10. 美联储（FED）网站及其数据资料
11. 美国商务部经济分析局网站及其数据库
12. 欧洲央行网站及其数据库
13. 中国人民银行网站
14. 中国统计局网站
15. Thomson Reuters EIKON 数据库
16. Thomson Reuters DATASTREAM 数据库

# 后　　记

　　时光荏苒、岁月如梭，难以相信，转眼间博士毕业已过两年。数年前刚拿到博士生录取通知书时的欢欣雀跃，仿佛昨日；课堂上为求真知和同窗论辩时的面红耳赤，仿佛昨日；和导师就论文选题达成一致时的踌躇满志，仿佛昨日；在浩瀚书海中挑灯夜战反复推敲时的彷徨纠结，仿佛昨日……现在，当我将博士论文经过修改，梳理拓展为书等待接受师长和同行检阅时，内心既有骄傲和激动，也有惶恐和期待。骄傲，是因为在导师的谆谆鼓励和大力支持下，我勇敢地挑战了一个较为艰涩的选题；激动，是因为经过长期积累和思考，自觉学有所得，并形成了观察和解释全球金融稳定问题的独特视角；惶恐，是因为学无止境，在贯通宏观、微观、博采众长方面，深感仍有巨大提升空间；期待，是因为在这一领域终于有了自己的阶段性成果，从而能更加从容而自信地面对未来的研究工作。当然，此时此刻，充盈我胸口的更多是深沉的感激之情。没有师长、同事、亲友的扶持和鼓励，很难想象我能有毅力和决心完成十几万字的专著。或许，我早就被自我怀疑所摧毁；或许，我早就因无法兼顾工作和学业而退却；或许，我早就被家庭琐事和人情世故所淹没。

　　首先，要感谢我的导师王在邦老师。王老师知识渊博、治学严谨，他的思想深度和研究厚度，他的学术视野和人文情怀，他的耿直性格和执着态度，既是我难以企及的高度，也是我人生的方向、治学的指引。对这本书，王老师倾注了大量的心血。从选题和布局，到理论的构建和完善，王老师都给予了我巨大的启发。当我在写作中因困苦而沮丧，甚至畏难时，老师的鼓励和信任是我继续坚持的动力。能在攻读博士阶段，得到王老师的指点和教诲，我深感幸运。

本书的完成也离不开其他老师的殷切帮助：中国工商银行的张红力老师在百忙之中拨冗指点，对论文观点的修改和完善提出了宝贵的建议；《工商时报》的刘衫老师给我的鼓励和修改建议，令我受益颇深；中国社科院金融所的胡滨老师既是我的硕士导师，也是我博士论文的预答辩和答辩委员，他的中肯建议令论文提升到新高度；中国现代国际关系研究院的傅梦孜老师，一直非常关心我的论文进展，无论在研究上还是工作中都处处给我提点；刘军红老师时常为我解惑，他提出的建议也促使我对理论框架进行了大幅调整；北京大学的王勇老师也在百忙之中给予我细心指导；还要感谢亦师亦友的领导和朝夕相处的同事，包括宿景祥研究员、张运成研究员、江涌研究员、倪建军副研究员，他们坦率而珍贵的建议令我打开了思路，也令本书更加完善。

最后，还要特别感谢我的家人，家人的鼓励和支持是我完成学业的动力。在我眼中，我的父亲和母亲、公公和婆婆都是世上最通情达理的人，他们豁达而宽容，总是为我着想，给我减压；还要感谢我的丈夫，他的坚韧与才华，温和与宽厚，成就了今天的我和我们这个家；最后还有我那个可爱的小宝贝，有了他，天空格外湛蓝、生活格外舒心。

师长、益友、同事、家人，正是有了这么多人的关爱和帮助，才有了今天的我和这本总结了多年研究心得的拙作。回望来时路，步步艰辛然心存感激；展望未来途，我将继续奋进，做一个不忘初心、永求真知的学子。

黄 莺